毛泽东书信故事

《湖南红色基因文库》编纂出版委员会／中共湖南省委党史研究院◎编著

湖南人民出版社

图书在版编目（CIP）数据

毛泽东书信故事 /《湖南红色基因文库》编纂出版委员会，中共湖南省委党史研究院编著. --长沙：湖南人民出版社，2024. 7
（湖南红色基因文库）
ISBN 978-7-5561-3562-2

I. ①毛… II. ①湖… ②中… III. ①毛泽东著作—书信集 IV. ①A43

中国国家版本馆CIP数据核字（2024）第107424号

MAO ZEDONG SHUXIN GUSHI
毛泽东书信故事

编 著 者　《湖南红色基因文库》编纂出版委员会　中共湖南省委党史研究院
责任编辑　李思远　谭　乐
装帧设计　谢俊平

出版发行　湖南人民出版社［http://www.hnppp.com］
地　　址　长沙市营盘东路3号
邮　　编　410005
经　　销　湖南省新华书店

印　　刷　长沙超峰印刷有限公司
版　　次　2024年7月第1版
印　　次　2024年7月第1次印刷
开　　本　787 mm × 1092 mm　1/16
印　　张　17.5
字　　数　310千字
书　　号　ISBN 978-7-5561-3562-2
定　　价　72.00 元

营销电话：0731-82221529　（如发现印装质量问题请与出版社调换）

《湖南红色基因文库》
编纂出版委员会

《毛泽东书信故事》编委会

总序

习近平总书记反复强调，要把红色资源利用好、把红色传统发扬好、把红色基因传承好。红色基因记录着中国共产党筚路蓝缕、奠基立业的光辉历程，蕴含着共产党人初心如磐、使命如山的坚定信仰，承载着党带领全国各族人民不懈奋斗、实现中华民族伟大复兴的使命担当，是党带领人民战胜一个又一个艰难险阻、不断从胜利走向胜利的精神密码和重要法宝。

湖南是伟人故里、红色圣地、革命摇篮，拥有得天独厚的党史资源和革命胜迹，以毛泽东、刘少奇、任弼时、彭德怀、贺龙、罗荣桓等为代表的一大批革命家、军事家及英雄模范人物群体在这里孕育诞生。百年来，湖南以其砥柱之坚、开创之功、牺牲之众、贡献之大，奠定了在百年党史特别是中国革命史上的重要地位，成为当之无愧的红色基因宝库。

习近平总书记高度赞誉湖南“十步之内，必有芳草”“寸土千滴红军血，一步一尊英雄躯”，多次嘱托湖南“要教育引导广大党员、干部发扬革命传统，传承红色基因，牢记初心使命，走好新时代长征路”。为深入贯彻习近平总书记系列重要讲话指示精神，推动全省红色资源保护利用，中共湖南省委部署启动《湖南红色基因文库》这一大型党史系列丛书编纂出版项目。

编纂出版《湖南红色基因文库》是一项重要的政治工程、历史工程、文化工程。省委对此高度重视，先后担任省委书记的杜家毫、许达哲、张庆伟多次作出指示批示，省委几任秘书长谢建辉、张剑飞、谢卫江多次协调调度并作出批示，省委办公厅、省委组织部、省委宣传部、省教育厅、省财政厅、省社科联、省新闻出版局等部门单位密切配合，省委党史研究院精心组织、周密安排，各市州及相关县市区委高位统筹、协同协作，确保丛书征编、组稿、审核、出版等各项工作稳步推进、有序展开。

《湖南红色基因文库》以中国共产党在湖南百年历史中的重大事件、重要人物为经纬，共编纂百余种图书，包含湖南地方党史基本著作、以新中国成立后国家批准认定的湖南一类革命老区县为基础编纂的地方革命斗争史、以湖南发生的重大党史事件及重要历史经验为内容的专题史书、以湖南重要党史人物及先锋模范人物为内容的史料著作，以及重要红色遗址遗迹、纪念场馆、红色文献资料图书，从史料的时间跨度、覆盖的广度、挖掘的深度上可谓“百科全书”式的党史著作。

丛书编纂出版始终坚持以习近平新时代中国特色社会主义思想为指导，以党的三个历史决议为遵循，坚持辩证唯物主义和历史唯物主义，坚持正确党史观，牢牢把握党的历史发展的主题主线、主流本质，按照突出重点、区分层次、优化设计的要求，以收集整理历史文献资料为主，适当兼顾党史故事叙述宣传，力求融政治性、思想性、资料性、可读性于一体，做到观点正确、史实准确、主题鲜明、图文并茂。

丛书编纂出版从一个侧面显现中国共产党的百年苦难辉煌历程，集中反映百年党史中湖南的重大事件、重要人物及其重要思想，着力阐释宣传中国共产党团结带领全省人民在为实现民族独立、人民解放和国家富强、人民幸福而不懈奋斗中取得的重要成就、成功经验及所锻造形成的伟大精神，为党员干部、社会群众尤其是青少年提供最好的“教科书”“营养剂”“清醒剂”。

迢迢复兴路，悠悠中国梦。一切向前走，都不能忘记走过的路，走得再远、走到再光辉的未来，也不能忘记走过的过去，不能忘记为什么出发。让我们永远传承弘扬中国共产党的伟大建党精神，紧密团结在以习近平同志为核心的党中央周围，砥砺初心、高举旗帜，不断把红色基因滋养转化为加快建设现代化新湖南、实现中华民族伟大复兴中国梦的强大精神力量。

是为序。

《湖南红色基因文库》编纂出版委员会

前言

作为中国革命事业的引领者，人民心中的伟大领袖，毛泽东的伟大人格魅力，见微知著，体现在日常的工作、学习和生活中，反映在他的书信之内。品读毛泽东的书简信函，似信手涂抹，却又纵横捭阖，别具神采，一纸一笺，蕴含着丰富的信息。

亲情、友情、乡情，是每一个中国人都躲不开的巨大网络。它连着中国人民的优秀传统，有联络感情、化解矛盾、促进和谐的作用。毛泽东热爱家乡，热爱亲友，与家乡的长辈、同族兄弟、表兄弟、老师、同学、邻居、少年时的朋友，都有书信往来。仅1949年9月至1964年春，他给湖南乡亲的信件保存至今的就达252封。展开毛泽东的书信，可以打开一扇能够进入毛泽东相对私密内心世界的窗户，照亮历史，照亮伟人缜密的工作作风、拳拳的亲情与友情，帮助我们更加直观地感受到伟人的风范。

毛泽东书信里，传承着厚重的底蕴和智慧。展读毛泽东的书信，可以深切感受到中华民族五千多年文明所孕育的中华优秀传统文化，特别是湖湘文化中“若道中华国果亡，除非湖南人尽死”的“以天下为己任”的担当精神，“风气自创”、富有“独立根性”的“敢为天下先”的创新精神，“先天下之忧而忧，后天下之乐而乐”的忧国忧民的爱国精神，“吃得苦，霸得蛮，耐得烦，扎硬寨，打死仗，顶得住”的自强不息的奋斗精神，关注现实和国计民生的“经世致用”的务实精神。

毛泽东的书信里，传递着真切质朴的感动。毛泽东的情感，深厚而朴实。对于亲朋好友的来信，他总是有信必复，有问必答，并针对不同对象、不同情况、不同要求，给予满腔热情的回答，做到有情有义，仁爱待友。他有原则，有说服力，能感化亲友。对烈属的遗孀、子女和对革命有贡献的老人，则尽心尽力帮助、安慰、鼓励；对自己的子女、近亲，则管教严格，约束有方。

毛泽东的书信里，显现了博大的伟人风范。热情洋溢的字迹，集中反映了毛泽东对故乡亲友的关切和尊师敬老的情怀；也从一个侧面反映了他与人民群众休戚与共、息息相通，富有人情味、亲和力。在龙飞凤舞、字字有情的墨迹中，渗透着伟人重调查、求实在、严要求、善引导、敬老尊贤、平等待人的思想作风，以及艰苦朴素、廉洁自律、夙兴夜寐、以民为本、执政为民、全心全意为人民服务的崇高品德。

习近平总书记曾说过：“毛泽东同志属于中国，也属于世界。”毛泽东身处于一个必须奋进并不断激发力量的时代。他的一生，是光辉的一生，也是奋进的一生。从毛泽东的书信故事中感悟力量，让我们执守那一面永不褪色的精神旗帜，构筑起一座抵御诱惑的精神堡垒，让毛泽东的精神成为新时代从严治党、反腐防腐、不以权谋私、不徇私情、廉洁奉公、立党为公、勤政为民的强大力量！

目 录

★

一

国是家，没有国哪有家

以爱国主义为核心的民族精神，在毛泽东价值观体系中占有突出地位。爱国主义是一种信仰，是对民族、国家命运的关切、忧虑和思考。爱国主义更是一种行动，在国家、民族的危险关头，有维护和捍卫国家独立统一、民族团结的自我牺牲精神，有为国家富强、民主、文明、和谐、美丽进行艰苦的创业精神，有为全社会实现真正的自由、平等、公正、法治而不懈奋斗的精神。总之，爱国主义是物质文明、精神文明的基础，民族精神的核心。毛泽东爱国思想从少年时代就萌芽了。他在上私塾时看了《盛世危言》《日知录》《论中国有被列强瓜分之危险》等书后，就产生了“天下兴亡，匹夫有责”的担当抱负。1915 年，毛泽东的爱国之情更加强烈，并有了理性的认识。他悼念学友易咏畦的挽联、诗词，尤其是《明耻篇》上的题诗：“五月七日，民国奇耻；何以报仇？在我学子！”《沁园春·长沙》的“问苍茫大地，谁主沉浮？”这些都鲜明、强烈地反映了他对国家命运的担忧与担当精神。抗日战争时期，毛泽东致国民党各派将领、党国故人、学界师友的信，凝聚了他对国家、民族、人民命运的关切，彰显了他对抗日救国的主张，阐明了中国共产党的抗日民族统一战线策略，明确地表达了他的急切救国、报国之心。抗美援朝，保家卫国，是爱国主义与国际主义的高度统一；珍宝岛自卫反击战，中印边界的自卫反击战，“一寸国土都不能失”；为解决台湾问题，香港、澳门回归问题，立下定海神针，都是他爱国主义精神的发扬光大。他是一位激越的爱国主义者，是一位伟大的民族英雄。

01

悼念学友，毋忘国耻

——毛泽东给湘生信

★

○ 1913 年，在湖南省立第四师范学校求学时的毛泽东

毛泽东在长沙求学期间，与结识的一些同学建立和形成了密切的关系。我们现在见到的毛泽东较早的书信是他与一位名叫湘生的同学的暑假通信，除谈对学业的认识外，毛泽东与同学也交流了对时事的见解。

1915 年 3 月，湖南第一师范学校第八班学生易昌陶（易咏畦）在家中因病去世，第一师范师生不甚悲痛。毛泽东与易咏畦相交甚厚，他的去世，使毛泽东陷入了深深的沉思。他建议学校召开追悼会，以唤醒全校师生的爱国热情。学校认为这个建议很好，于是确定追悼会由校长张干领衔，学监王季范、教员杨昌济发起，由第八班学生毛泽东、罗学瓒、周世钊等人操办具体事务。一场爱国风暴在素日平静的湖南第一师范校园里悄然掀起。

时值第一次世界大战爆发的第二年。1914 年 8 月，日本以英日同盟条约为幌子，纠集少量英军向山东青岛的德军发起了军事进攻，企图夺取德国的在华势力范围，于是中国的土地上爆发了近代第二次列强之间的战争。1914 年 11 月，日军攻陷青岛，胶州湾德国租借地全部落入日本人之手。日本在中国扩张侵略的进一步行径是于 1915 年 1 月提出的对华“二十一条”，以山东撤兵问题与强迫北洋政府接受“二十一条”相联系，从而引起中日之间更大的交涉，且日本人已经看穿袁世凯称帝的野心，决定将支持帝制作为将中国变为其保护国的重要手段。

日本人步步紧逼的行径和北京政府的屈辱外交激起了全国舆论的强烈反对。

在毛泽东等人的努力下，易咏畦追悼会于 5 月 23 日召开，全校师生共送挽联 256 副，并编印成册，题为《易君咏畦追悼录》。诗联内容多含“悼念学友，毋忘国耻”之意。毛泽东赠送了挽联：

胡虏多反复，千里度龙山，腥秽待湔，独令我来何济世；生死安足论，百年会有役，奇花初茁，特因君去尚非时。

在“胡虏”入侵，“腥秽待湔”，日本军国主义对我国人民虎视眈眈的危急时刻，同窗好友的早逝，“奇花初茁”，年轻有为的学友易咏畦早逝，是救国英杰群体的损失。毛泽东一时陷入“独令我来何济世”，“特因君去尚非时”的悲愤境地。在追悼会期间，毛泽东还撰写了一首《五古·挽易昌陶》诗：

去去思君深，思君君不来。愁杀芳年友，悲叹有馀哀。衡阳雁声彻，湘滨春溜回。感物念所欢，踯躅南城隈。城隈草萋萋，涔泪侵双题。采采余孤景，日落衡云西。方期沆瀣游，零落匪所思。永诀从今始，午夜惊鸣鸡。鸣鸡一声唱，汗漫东皋上。冉冉望君来，握手珠眶涨。关山蹇骥足，飞飙拂灵帐。我怀郁如焚，放歌倚列嶂。列嶂青且蒨，愿言试长剑。东海有岛夷，北山尽仇怨。荡涤谁氏子，安得辞浮贱。子期竟早亡，牙琴从此绝。琴绝最伤情，朱华春不荣。后来有千日，谁与共平生？望灵荐杯酒，惨淡看铭旌。惆怅中何寄，江天水一泓。

这首挽诗，是毛泽东的见于文献的最早的一首诗，也是他抒发爱国情怀的第一件作品。毛泽东深感此时的中华民族，东有日本帝国主义的侵略，北有帝俄的虎视眈眈，因此怀着“去去思君深，思君君不来。愁杀芳年友，悲叹有馀哀”的心境，决心化悲痛为力量，擦枪试剑，磨炼以待敌寇。年轻的他已经深刻地认识到，“荡涤谁氏子，安得辞浮贱”，救国的重任，终将落在我们年青一代人的身上。因此，他提出，我们要自信，要有民族自信，不要自卑。

同年 6 月 25 日，毛泽东致信湘生，除交流学业上的认识之外，也提起同学易咏畦，“君工书善文，与弟甚厚，死殊可惜”，并附录为其追悼会所撰挽诗。

在同日给湘生的信中，毛泽东还提到了第一师范教师石广权收集当时报刊有关披露“二十一条”内容，揭露袁世凯和北京政府接受“二十一条”幕前幕后的文章，汇编成一本名为《明耻篇》的小册子，“于中日交涉，颇得其概”。

《明耻篇》陈述了救国方法，力图唤醒全国人民不忘国耻，奋起挽救民族危机。毛泽东阅读这本小册子时做出了标记和说明，在封面的题志是“五月七日，民国奇耻；何以报仇？在我学子！”从同学的早逝到国家的危急，毛泽东的政治志向跃然纸上。

02

惟有合群奋斗，驱除日本帝国主义，才有生路

——毛泽东致文运昌信

運昌吾兄：

莫立本到，接讀手書，本月又接十一月十六日詳示，快慰莫名。八舅父母仙逝，至深痛惜。諸表兄嫂幸都健在，又是快事。家境艱難，此非一家一人情況，全國大多數人皆然，惟有合群奮鬥，驅除日本帝國主義，才有生路。吾兄想來工作甚好，惟我們這裏僅有飯吃，上自總司令下至火夫，待遇

○ 1937 年，毛泽东致文运昌信

毛泽东的表兄文运昌早年毕业于湘乡东山高等小学堂和湘乡县立师范学校，是毛泽东在湘乡的亲戚中文化程度最高的人。毛泽东青年时期与文运昌来往密切，对这位表兄一直是心存感激的。在毛泽东求学过程中，文运昌极力帮助毛泽东走出风气闭塞的韶山冲，到湘乡东山学校就读新学，而且多方寻找各种新书报供毛泽东阅读学习，用新知识开阔毛泽东的眼界。1936 年，毛泽东在接受美国记者斯诺的采访时就曾提到少年时文运昌对自己的帮助。

1925 年，毛泽东曾以“养病”为名，带着妻子杨开慧和三个孩子回到老家韶山，发动组织农民运动。这引起了反动军阀的不满，当时的湖南省政府派人到韶山抓捕毛泽东和杨开慧。在一次聚会中，反动军阀派兵来抓毛泽东，文运昌身材、形象有些像毛泽东，他挺身而出掩护了毛泽东脱险，自己却不幸被捕，后来经过多方营救才获保释。毛泽东自秋收起义上井冈山后，由于国民党反动派的封锁，多年无法与韶山毛家、湘乡文家亲人书信往来。真正是望断秋水、望眼欲穿，亲人的书信终于来到了。1937 年 11 月，远在陕北的毛泽东，辗转收到了来自表兄文运昌写的信。信中，文运昌向毛泽东介绍了家乡的情况，并提出自己希望能到陕北参加革命工作的愿望。毛泽东收到家书，触发了浓浓的乡情。感慨之余，他欣然提笔回信三封。

其中写道：

运昌吾兄：

莫立本到，接获手书，本日又接十一月十六日详示，快慰莫名。八舅父母仙逝，至深痛惜。诸表兄嫂幸都健在，又是快事。家境艰难，此非一家一人情况，全国大多数人皆然，惟有合群奋斗，驱除日本帝国主义，才有生路。吾兄想来工作甚好，惟我们这里仅有衣穿饭吃，上自总司令下至火夫，待遇相同，因为我们的党专为国家民族劳苦民众做事，牺牲个人私利，故人人平等，并无薪水。如兄家累甚重，宜在外面谋一大小差事俾资接济，故不宜来此。道路甚远，我亦不能寄旅费。在湘开办军校，计划甚善，亦暂难实行，私心虽想助兄，事实难于做到。前由公家寄了二十元旅费给周润芳（即周文楠），因她系泽覃死难烈士（泽覃前年被杀于江西）之妻，故公家出此，亦非我私人的原故，敬祈谅之。

在这封信中，毛泽东阐明了三个极为重要的思想：一是日本帝国主义的侵略，是造成中国人民极端贫困的主要原因。中国人民要独立解放，唯有建立抗日民族统一战线，实现全国人民的大团结，驱逐日本帝国主义，才有生路。二是在中国共产党领导的革命队伍内，上自总司令，下到普通士兵，是官兵平等，待遇相同，实行供给制，没有薪俸。三是我们这个队伍，完全是为中华民族的独立，中国人民的解放，没有个人的私利。

他继续写道：

我为全社会出一些力，是把我十分敬爱的外家及我家乡一切穷苦人包括在内的，我十分眷念我外家诸兄弟子侄，及一切穷苦同乡，但我只能用这种方法帮助你们，大概你们也是已经了解了的。

虽然如此，但我想和兄及诸表兄弟子侄们常通书信，我得你们片纸只字都是欢喜的。

不知你知道韶山情形否？有便请通知我乡下亲友，如他们愿意和我通信，我是很欢喜的。

毛泽东对故乡人民及少年时朝夕相处的韶山亲人，有无法摆脱的、浓厚而又纯洁的思念。同时，身为一个革命者，他时刻不忘革命事业，家书中他给乡亲指明了革命胜利的前景。他表示，只有全国人民团结起来，打倒日本帝国主义，中国人民才有生路；中国共产党和其党员没有个人私利，只有国家民族的利益，劳动人民的利益，他自己唯有为国家、为民族、为工农阶级的利益而奋斗，作为眷念亲友及一切穷苦人的情谊。

请告慰唐家圫诸位兄嫂侄子儿女们。并告他们八路军的胜利就是他们大家的胜利，用以安慰大家的困苦与艰难。

这是现今保存的毛泽东致文运昌的第三封信。这封信把国与家，爱国、报国、担当精神与爱亲、敬亲、恋亲有机地统一起来了。1950 年 5 月，文运昌将这几封珍藏了几十年的书信、毛泽东父母的遗像、毛泽东兄弟三人同母亲的合影等珍贵文物一起献给了国家。

03

非抗日无以图存，非合作无以抗日

——毛泽东与易礼容

★

○ 毛泽东与易礼容共事过的长沙文化书社旧址

1936 年 8 月，一位朋友来到延安，向毛泽东谈及老朋友易礼容在上海国民党控制的工会内工作，在他的周围，还有很多老朋友，他们愿意和共产党合作抗日。毛泽东欣喜之中，注视南天，感叹说：“甚为怀念。”随后提笔，写了一封信：

韵珊兄：

还是在五年之前，从文亮口中得知吾兄尚未忘记故人，那时我就写了一封信给你，不知寄到你手否？近有人来，知兄从事群众工作并露合作之意，我听了非常欢喜。现在局势，非抗日无以图存，非合作无以抗日，统一战线之能得全国拥护，可知趋势之所在了。兄之苦衷，弟所尽知。然今非昔比，救国自救只有真诚地转向抗日革命工作，这个意见不知能得兄之完全赞成否？上海工人运动，国共两党宜建立统一战线，共同对付帝国主义与汉奸，深望吾兄努力促成之。如有进一步办法，希望能建立秘密联系，可以时常通信。……闻兄之周围有许多从前老同事，甚为怀念他们，希并致意。希望你们能发展一个有益于国有益于民的集体力量。

文煊还在你身边吗？她好否？一同致意。弟躯体如故，精神较前更好，十年磨练，尚堪告慰。临书仓卒，不尽欲言。敬祝

健康。

杨子任

八月十四日

这是一封充满感情、思念故友、寄予希望为国为民的信件。“韵珊”是易礼容的号。人们书信往来中以号称呼，是对亲密兄友的尊敬。“杨子任”是毛泽东的化名，源于毛泽东对杨开慧的爱戴和“国家兴亡，匹夫有责”。毛泽东署名“杨子任”包含了他与易礼容有一段难以忘怀的交往，是信任，是期望，是要重新启动他们难忘的战斗友谊。

甲、共同战斗的青春岁月

易礼容，湖南湘乡新研铺人，距韶山不远。他与毛泽东是五四运动时期认识的。那时，易礼容是湖南商业专科学校学生，是湖南省学生联合会评议部部长。毛泽东是湖南省学生联合会创办的《湘江评论》的主编，住在商专教员宿舍内，指导学联的工作。毛泽东忘我的工作精神使易礼容深受感动。据易礼容回忆：

记得一天早上我去宿舍看望他，朝阳正照在他的黑色夏布蚊帐上，他还没睡醒（当然是因为夜间工作耽误了睡眠），我轻轻揭开他的帐子看，不料惊动了好几十只臭虫，在他用作枕头的暗黄色线装书上面乱窜，每一只似都肚皮饱满。……臭虫饱尝了主编《湘江评论》的人的血……

1919 年下半年，易礼容在武汉明德大学学习期间，参加了毛泽东领导的驱逐皖系军阀湖南省长张敬尧的斗争。12 月，毛泽东率领赴京驱张代表团前往北京，路过武汉时，由易礼容出面，在明德大学借了两间房子作为代表团在汉口的临时住宿处。

毛泽东就是在这里起草了著名的《驱张宣言》。

毛泽东赴京后，易礼容留在武汉继续开展驱张斗争。12月24日，易礼容等人在武昌鲇鱼套车站查获了张敬尧部队私运的鸦片烟种45袋，每袋约200斤。他们随即携带烟种、照片，前往北京，与毛泽东商议。毛泽东就此起草了《湘人对张敬尧私运烟种案之公愤》，由平民通讯社向全国散发，揭穿了张敬尧在湘强迫农民种植鸦片烟的罪恶，为“驱张运动”赢得了社会支持。

在“驱张运动”接近尾声之际，毛泽东等人又开始了关于湖南自治运动的探索活动。1920年6月30日，易礼容在《致毛泽东、彭璜信》的信中提到：

今天在报上看见你们关于“湖南自治运动答曾毅书”，很满意。随即与恽代英商议，觉得又有缺点，“准备不足”。你们的“同志”太少，湖南的少年界、绅士界，少有能力的人，有，亦未必与你们联络，你们的意见书上所说的一些事，到底叫谁去做？他建议，“先有预备，取分工作用”。

毛泽东阅信后，深感易礼容情真意实，是一个知己，从上海回湖南途中去找他。易礼容当时在武汉明德大学经济系读书，毛泽东动员他回湖南，共同创办长沙文化书社。易礼容接受了毛泽东的建议，终止了大学学习生活。

毛泽东在武汉逗留期间，经易礼容介绍，会见了恽代英，参观了利群书社，并请恽代英传授创办利群书社的经验。7月7日，毛泽东返回长沙，寄住在楚怡学校何叔衡住处，撰写《文化书社缘起》。《缘起》说“一枝新文化小花，发现在北冰洋岸的俄罗斯”，我们认定，“没有新文化由于没有新思想，没有新思想由于没有新研究，没有新研究由于没有新材料。湖南人现在脑子饥荒实在过于肚子饥荒，青年人尤其嗷嗷待哺。文化书社愿以最迅速、最简便的方法，介绍中外各种最新书报杂志，以充青年及全体湖南人新研究的材料”。

8月2日，长沙文化书社在楚怡学校开发起会，推选易礼容、彭璜、毛泽东为筹备员，担负起草议事会及营业部细则，觅定房屋，联系外埠订购书报等事项。9月9日开张临时营业。10月22日，文化书社召开第一次议事会，决定易礼容任经理，毛泽东任特别交涉员。

1920年10月，英国哲学家罗素应湖南教育会的邀请在长沙演说，谓“宜用教育的方法使有产阶级觉悟”，“以武力为革命的方法，是俄国共产党极大的错误”。毛泽东作为湖南《大公报》的特约记者，也是湖南教育会特聘的讲演会记录员，负责记录罗素等人的演说。彭璜、何叔衡、易礼容、贺民范等与会听讲。会后，毛泽东、彭璜、易礼容等“有极详之辩论”，对于罗素的主张，他们有两句评语，“理论上说得通，事实上做不到”。

1921年长沙的新民学会会员新年大会上，传达了留法勤工俭学的新民学会会员蒙达尔尼会议精神，讨论“改造中国与世界”的指导思想、道路、方法。易礼容赞成毛泽东的意见：“以激烈方法的共产主义，即所谓劳农主义，用阶级专政的方法”改造社会。他说：“过激主义本不可怕，不研究自然怕它，研究要深切，宣传以诚恳态度出之，必有成效。宣传组织宜一贯，即组织，即宣传；即宣传，即组织。要造成过激派万人，从各地传播。”又说：“社会要改造，故非革命不可。革命之后，非有专政不可。但专政非普通所谓专政，要有目的专政。”在这次会议之后，易礼容被吸收为毛泽东、何叔衡、彭璜发起组织的共产党长沙早期组织成员。

1921年10月10日，中共湖南省支部成立。那是一个秋高气爽的日子。长沙城郊协操坪旁边的一个小丛林里，有几个人在散步，他们一时沉默地站在树丛和石碑中间，一时在丛林的小路上走动，彼此热烈地谈论着。这些人，就是毛泽东、何叔衡、彭平之、陈子博和易礼容等。在这次会上，毛泽东当选为书记，何叔衡任组织委员，易礼容任宣传委员。1922年5月，中共湘区执行委员会成立，毛泽东、何叔衡、易礼容继续当选为委员。

在中共湘区执行委员会全力领导的湘区（包括江西安源）工人运动中，易礼容兼任长沙泥木工会秘书。1922年10月，长沙4000泥木工人罢工，易礼容率领罢工工人浩浩荡荡，从经武门到长沙县署，长达数里，“真是威风极了”。就此，他曾回忆：“第一天领队请愿，是我承命干的。长沙县长周瀛干说要杀我。深夜，毛泽东同志要我们撤退。‘明天，我领头，你就不出面了。’第二天，是毛泽东亲自带头，手里拿着赵恒惕炮制的《湖南省宪法》，与周瀛干辩论……终于取得了胜利。”

乙、“兄之苦衷，弟所尽知”

1927年马日事变后，毛泽东回湖南，担任中共湖南临时省委书记，易礼容为委员。7月初，毛泽东奉命返回武汉，由易礼容代理书记职务。在白色恐怖下，易礼容按照毛泽东制定的《行动纲领》，积极恢复各地的党组织，成立了11个特委，7个直辖县委，3个直属区委，恢复与建立各地的秘密工会、农会组织，部署各地工农武装上山，保存工农武装。在代理书记期间，他写了两封《给润之并转中央的信》，报告省委“各部工作……无不吃紧”，“惟盼润返驾”。因当时中共中央正在拟订秋收起义计划，毛泽东不能回湘。1927 年 7 月底，中共中央正式决定易礼容为中共湖南省委书记，并通知易礼容到汉口开会。由于他工作紧张，由彭公达代理出席，参加八七会议。

在此期间，苏联驻长沙领事馆领事马也尔到长沙，在领事馆内召开中共湖南省委会议，传达共产国际的指示：改组中共中央，撤销陈独秀的总书记职。易礼容感到惊愕，发表了不同见解。他提出：不能提打倒陈独秀，并要求共产国际拨款给我们，进行武装斗争。这个要求未得到答应。马也尔回到武汉后，污蔑中共湖南省委“代表地主阶级”。毛泽东当即驳斥马也尔对易礼容的诬陷。

八七会议后，毛泽东奉命回湖南，以中共中央特派员身份领导湘赣边秋收起义。在中共湖南省委领导下成立秋收起义前敌委员会和行动委员会。毛泽东任中共湖南省委前敌委员会书记，易礼容任中共湖南省委行动委员会书记，负责指挥各县工农群众暴动，配合毛泽东领导的湘赣边秋收起义。中共湖南省委书记彭公达《关于湖南秋收暴动经过的报告》记载，在军事暴动问题上：“毛泽东和易礼容的意见完全一致。”

由于湘赣边秋收起义，没有打“国民党旗子”，而是高举着共产党的旗帜、工农革命军的旗子，也没有按照中共中央的计划执行夺取长沙，而是由城市退却，向农村进军，因而，11 月中央政治局会议按照共产国际代表罗明纳兹给以“政治纪律处分”的意见，撤销了毛泽东中共中央政治局候补委员、彭公达中共湖南省委书记、易礼容省委委员的职务。1928 年 2 月易礼容被分配去安源，任安源市委委员。由于路线上的争论，他不赞成省委的盲动，不赞成省委发动以醴陵、安源为中心的“湘东暴动”，主张把安源工人骨干输送到井冈山去，被中共安源市委开除出党，报告中共湖南省委和中央后，予以批准。

易礼容对这段经历有回顾：“我是被中央开除的干部，没有工作，在长沙等安排。”“这时我找过省委书记王一飞。我向他要求去安源，上井冈山找毛泽东同志一道打游击。他答复两条：第一，我同意你上井冈山；第二，你自由走，一切后果你自己负责。结果发给我 30 块大洋作路费。”“在安源我派人去井冈山茅坪找到了毛泽东同志。毛看到了我的信，后即回了信。大意说：我到农村六个月，斗争六个月。中央、省委没有一个与我联系。今接来信，我很高兴，你是头一个和我联系的人，真是空谷足音——空谷足音。”他还说，“我们昨天晚上开会，决定由你担任行委书记，我任前委书记，希望你快些来，快些来啊！”当他接到毛泽东的复信时，情况发生了变化，中共中央收到了中共湖南省委转呈安源市委开除他的党籍的决议。这就是毛泽东“兄之苦衷，弟所尽知”的内容。

04

民族利益高于一切

——致国民党各派将领、党国故人、学界师友信

★

○ 1927 年 3 月 10 日，出席国民党二届三中全会的委员合影，二排右三为毛泽东，前排右五为宋庆龄

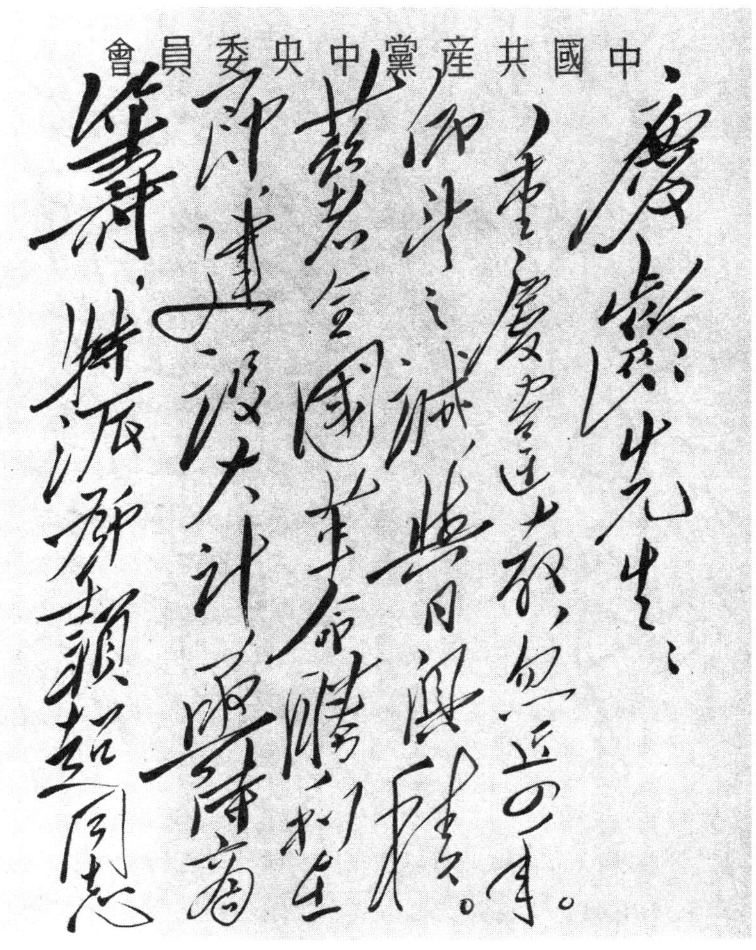

中國共產黨中央委員會

慶齡先生：

重慶違教，忽近四年。仰望之誠，與日俱積。茲者全國革命勝利在即，建設大計，亟待商籌，特派鄧穎超同志

○ 1949 年 6 月 19 日，毛泽东致宋庆龄信

在西安事变前后，为了推动建立抗日民族统一战线，毛泽东不仅公开发表了许多文章，还以大量书信向国民党各派将领、党国故人、学界师友和社会朋友宣传中国共产党的“停止内战，一致抗日”的方针。他在信中多次阐明，构建抗日民族统一战线，关键在实现第二次国共合作，双方都要做些让步。要巩固、扩大、坚持抗日民族统一战线，在统一战线中务须坚持各党派的独立自主原则，独立自主、原则性和灵活性的统一。信中洋溢着中华民族传统文化的爱国、团结、“兄弟阋于墙，外御其侮”的美德。

1935 年 12 月 17 日至 25 日，中共中央在瓦窑堡会议上确立了抗日民族统一战线的策略。毛泽东在瓦窑堡党的活动分子会议上，发表了著名的《论反对日本帝国主

义的策略》:

我们要把敌人营垒中间的一切争斗、缺口、矛盾统统收集起来，作为反对当前主要敌人之用。组织千千万万的民众，调动浩浩荡荡的革命军，是今天的革命向反革命进攻的需要。

张学良是东北军中的爱国将领。1935 年 10 月开始任国民党西北“剿总”副司令（蒋介石自任司令），受蒋介石的逼迫，不敢公开与共产党建立抗日联合战线。1936 年 10 月 5 日毛泽东致信张学良:

先生是西北各军的领袖，且是内战与抗战歧途中的重要责任者，如能顾及中国民族历史关头的出路，即祈当机立断，立即停止西北各军向红军的进攻，并祈将敝方意见转达蒋介石先生速即决策，互派正式代表谈判停战抗日的具体条件。

毛泽东在信中袒露了自己共产党人维护团结的爱国胸怀:

为了迅速执行停止内战一致抗日的主张，只要国民党军队不拦阻红军的抗日去路与侵犯红军的抗日后方，我们首先实行停止向国民党军队的攻击，以此作为我们停战抗日的坚决表示，静待国民党当局的觉悟，仅在国民党军队向我们攻击时我们才在自卫的方式上与以必要的还击，这同样是为着促进国民党当局的觉悟。

甲、毛泽东与王以哲

红一方面军到达陕北后，就准备与东北军、西北军进行谈判，停止内战，一致抗日。1936 年 1 月 19 日，李克农携带中共中央政治局瓦窑堡会议政治决议案，随同东北军团长高福源前往洛川谈判。高福源是国民党第六十七军军长王以哲麾下的爱将，在榆林桥战斗中被红军俘获，经过教育后，他接受了中国共产党的抗日主张，于 1936 年初获得释放，返回洛川。随后，高福源携带东北军张学良、王以哲的信件，邀请红军正式代表赴洛川与王以哲会谈。

王以哲是一位富有正义感和爱国心的军人。在九一八事变前，他驻防沈阳，在得悉日军将发起军事挑衅后，亲自跑到北平，向张学良面陈回师东北，准备奋勇御敌。但由于蒋介石下令不抵抗，王以哲只能怀抱满腔愤怒，退出东北。入关后，王以哲参加了长城抗战，获得全国人民的赞扬。1936 年 2 月，他奉张学良的指示，与中共代表李克农、钱之光在洛川达成口头协议。4 月 9 日周恩来与张学良在肤施（今延安）庙儿沟天主教堂会谈，中共接受了张学良“逼蒋抗日”的建议。

5 月 5 日，红军发出了要求南京政府停战议和、一致抗日的通电，开始放弃

"反蒋"口号，实行"逼蒋抗日"的方针。随后，张学良部队主动让出肤施给中共作为抗日的指挥中心，并在王以哲的军部设立与中共直接联系的电台，解除了对陕北根据地的经济封锁。红军方面则任命刘向三为常驻六十七军的采购联络员。9月，经毛泽东、周恩来精心考虑，派出了叶剑英、彭雪枫、潘汉年等人进入东北军和西北军的总部驻地，肩负起沟通中共中央与张学良、杨虎城的重任。仅1936年10月，西安城里发往红色保安的密电，就达18次。

8月底，毛泽东曾致信王以哲，"张副司令及我兄联俄联共抗日救亡之主张，并非少数人的主张，实全国爱国同胞的主张"，"我兄与张副司令实此政策之首先提倡与首先实行者"，高度颂扬4月份以来他俩的贡献。当时传闻蒋介石拟在解决"两广事变"之后，有进攻东北军，分化张学良部的阴谋。毛泽东提醒他们，蒋介石历来有挑拨离间，排除异己的政策，要提高警戒，并表示："谁要反对张副司令及我兄，不但弟等所率领的红军必以全力出而声讨蒋氏及东北军中叛逆分子之罪恶行为。"

在中国共产党的促进下，在东北军、西北军广大官兵和全国人民抗日激情的推动下，张学良、杨虎城毅然发动了"西安事变"，扣押蒋介石，迫使蒋介石答应"停止内战，准备抗日"等五个条件，推动了抗日民族统一战线工作的进展。可惜，抗日民族统一战线尚未筑成，王以哲就被害了。得此噩耗，毛泽东致电悼念，赞扬王以哲"不但是国家民族之干城，亦爱国人士之领袖"。

乙、致信国民党高级将领

1936年1月16日毛泽东致高桂滋信，又从一个侧面，表达了他的爱国情怀。1935年底，国民党军第八十四师师长高桂滋受蒋介石的"驱迫"，进攻陕北红军，在直罗镇一役受到重创，开始幡然觉醒。毛泽东抓住这一机遇，在直罗镇战役后，派马志明同志前往国民党军驻地，并亲笔致信高桂滋，提出了建立"抗日联军"的提议。这封信阐明了全体红军将士的爱国情思："敝军间关南北，克抵三秦，所务者救中国，所求者抗日本。"重申凡出于蒋介石"驱迫"，能够"转旆击贼"，则前事消忘"。信末表明共产党人的诚意："当此国亡无日关头，鄙人等决不因小节而忘大难。"国家利益、民族利益、人民利益高于一切的中华传统美德，融入了毛泽东的骨髓。在毛泽东的积极争取之下，高桂滋成为最先秘密接受停战协定八条的国民党将领之一。中华人民共和国成立后，他出任西北军政委员会委员。

1936年8月13日毛泽东还致信杜斌丞："仲节君回来，盛称德意，并聆抗日救国宏论，无任钦迟。……虎臣先生同意联合战线，但望百尺竿头，更进一步。时机已熟，正抗日救国切实负责之时，先生一言兴邦，甚望加速推进之力，西北各部亦望大力斡旋。救西北救华北救中国之伟大事业，愿与先生勉之。"字字句句体现了共产党的诚意。杜斌丞系陕西米脂人，爱国民主人士，曾任杨虎城的第十七路军总参议，对促成杨虎城接受中国共产党的抗日民族统一战线政策，起了积极作用。

同日，毛泽东给杨虎城信，明确提出欲与他建立抗日联合战线。书信开门见山，赞扬"先生同意联合战线，盛情可感"。并说明：九个月以来，我方坚持联合政策，不以先生之迟疑态度而稍变自己之方针。"然为友为敌，在先生不可无明确之表示……兹派张文彬同志奉诚拜谒，望确实表示先生之意向，以便敝方作全盘之策划。先生如以诚意参加联合战线，则先生之一切顾虑与困难，敝方均愿代为设计，务使先生及贵军全部立于无损有益之地位。"即是防止蒋介石对杨虎城部的逼迫。具体办法及迅速建立通信联络等事，均嘱张同志当面商定。杨虎城当时任国民党军第十七路军总指挥，西安绥靖公署主任。他是接受中共提出的"停止内战，一致抗日"协议最有影响力的爱国将领。这年12月12日他与张学良一起发动西安事变，迫使蒋介石停止内战，一致抗日。因此，后被蒋介石长期囚禁，1949年重庆解放前夕被杀害。

丙、争取地方实力派

1936年2月20日，红一方面军主力组成中国人民红军抗日先锋军东渡黄河，开始东征抗日。部队进入山西省境，遭到地方军阀阎锡山的阻拦。为了保存国防实力，避免内战，中国红军革命军事委员会决定把红军撤回黄河西岸，并于5月5日发出回师通电，要求国民党政府"在全国范围首先在陕甘晋停止内战，双方互派代表，磋商抗日救亡具体办法"，实现全国一致抗日。

阎锡山是山西地方军阀，当时任国民政府军事委员会副委员长，太原绥靖公署主任，是红军进入华北地区抗日的拦路虎。5月25日，毛泽东借由红军俘虏后释放的郭登瀛团长，致信阎锡山，表明红军回到陕北，是为了避免内战的行动，是敦促阎锡山部及蒋介石的觉悟，以达到共同抗日的目的。

为了争取傅作义，毛泽东先后两次致信傅作义。在1936年8月14日信中，毛泽东特别指出："保卫绥远，保卫西北，保卫华北，先生之责，亦红军及全国人民之责也。今之大计，退则亡，抗则存；自相煎艾则亡，举国奋战则存。”希望一致联合，共同抗日。

毛泽东在致于学忠的信中写道：“夙稔先生热诚爱国，对日抗战早具同心，而西北停战议和，首先贵我两军停止自相残杀，实为刻不容缓。兹派彭雨峰君晋谒崇阶，申述敝方联合救国之旨，敬祈不佞赐教，指示一切。”于学忠时任国民党甘肃省政府主席，国民党第五十一军军长，是较早赞成抗日者，是第一个签订“停战议和，一致抗日”协定者。中华人民共和国成立后曾任国防委员会委员。毛泽东在致于学忠的信中提到的“彭雨峰”君，即彭雪枫，是中国工农红军和新四军的杰出指挥员、军事家，曾参加过第三、四、五次反“围剿”，二万五千里长征，组织过土城战役，两次率军攻占娄山关，直取遵义城，横渡金沙江，飞越大渡河，进军天全城，通过大草原，毛泽东为了争取靠近陕甘宁革命根据地几个省的地方实力派的支持，专门指派的沟通联络员。彭雪枫先后前往甘肃、绥远、山西等地，为红军打破敌人的包围，早日建成抗日统一战线立下过不可磨灭的功勋。1944 年，彭雪枫在率领新四军转战河南作战时不幸中流弹牺牲，毛泽东、朱德誉其为“共产党人的好榜样”。

丁、致信民主人士、社会名流

早在大革命时期，毛泽东与宋庆龄、许德珩、陈公培、章乃器、陶行知、沈钧儒、邹韬奋等民主人士就有过交往，与宋子文等国民党中的左、中、右各类人物都打过交道。在构建抗日民族统一战线时，他充分利用了这种以往的关系，广泛宣传共产党的抗日主张。

1936 年，停止内战、联合抗日之呼声虽已遍及全国，然而统率国民党军队及国民党中央的蒋介石，尚无彻底悔过之心。宋庆龄在国民党内享有很高的声誉，她自始至终与中国共产党站在一起，呼吁停止内战，一致抗日。9 月 18 日，毛泽东致宋庆龄，在信中，毛泽东满腔热忱地写道：“武汉分别，忽近十年。每从报端及外来同志口中得知先生革命救国的言论行动，引起我们无限的敬爱。一九二七年后，真能继承孙中山先生革命救国之精神的，只有先生与我们的同志们。”

毛泽东提出，要唤醒国民党中枢负责人员，认识到亡国之可怕与民意之不可侮，迅速改变其错误政策，“有赖于先生利用国民党中委之资格作具体实际之活动。特派潘汉年同志前来面申具体组织统一战线之意见，并与先生商酌公开活动之办法，到时敬求接洽，予以指导”。这封信，明确地提出了以孙中山先生的革命的三民主义和三大政策作为建立国共合作的抗日民族统一战线的政治基础。同时附上8月25日《中国共产党致中国国民党书》，并请她介绍国民党中枢人物，如吴稚晖、孔祥熙、宋子文、蔡元培、孙科等与潘汉年接洽、商讨。潘汉年是受毛泽东委托专做国民党中枢人物的联络工作的同志，长期在国民党统治区从事地下工作。

宋子文是宋庆龄的弟弟，与孙中山是郎舅，当时任国民党政府全国经济委员会主席、中国银行董事长，是国民党中的亲美派。1936年8月14日，毛泽东致信给他：“先生邦国闻人，时有抗日绪论，甚佩甚佩！”深望他起为首倡，排斥卖国贼汉奸，“恢复贵党一九二七年以前孙中山先生之革命精神，实行联俄联共农工三大政策”。这是毛泽东再一次明确提议：以恢复孙中山革命精神，实行联俄联共扶助农工三大政策，为抗日民族统一战线的政治基础。毛泽东在信末急切而诚恳地呼吁：“寇深祸亟，情切嘤鸣，风雨同舟，愿闻明教。”

1936年5月，著名爱国人士沈钧儒、陶行知、邹韬奋、章乃器等人发起了全国各界救国联合会，接受中共抗日民族统一战线策略，广泛开展抗日救亡活动。7月15日他们四人联合署名发表《团结御侮的几个基本条件与最低要求》的公开信，赞成中国共产党关于建立抗日民族统一战线的主张。9月18日，毛泽东致信他们：“先生们抗日救国的言论和英勇的行动，已经引起全国广大民众的同情，同样使我们全体红军和苏区人民对先生们发生无限的敬意！但要达到实际的停止国民党军队对红军进攻，实行停止内战一致抗日，先生们与我们还必须在各方面作更大的努力与更密切的合作。我相信我们最近提出的民主共和国的口号，必为诸位先生所赞同，因为这是团结一切民主分子实行真正抗日救国的最好方策。”“民主共和国”的方案是同年8月25日中共中央致国民党中央信中首次提出的，又在9月17日中共中央通过的决议中，对于民主共和国的口号做了具体的说明。为使这些民主人士真正地了解中国共产党的抗日救国主张，毛泽东特地委托潘汉年携带《中国共产党致中国国民党书》前往各民主人士居所，登门拜访，转达毛泽东对诸位先生的热烈希望。

毛泽东与蔡元培在五四时期有过师生关系。1936年9月22日毛泽东致蔡元培信记载：“五四运动时期北大课堂，旧京集会，湘城讲座，数聆先生之崇论宏议，不期忽忽二十年矣！……从同志从朋友称述先生同情抗日救国事业，闻之而欢跃者，更绝不止我一人，绝不止共产党……然而百尺竿头，更进一步，持此大义，起而率先……作狂澜逆挽之谋，不但坐言，而且起行，不但同情，而且倡导，痛责南京当局立即停止内战，放弃其对外退让对内苛求之错误政策，撤废其爱国有罪卖国有赏之亡国方针，发动全国海陆空军，实行真正之抗日作战，恢复孙中山先生革命的三民主义与三大政策精神，拯救四万万五千万同胞于水深火热之境，召集各党各派各界各军之抗日救国代表大会，召集人民选举之全国国会，建立统一对外之国防政府，建立真正之民主共和国，致国家于富强隆盛之域，置民族于自由解放之林。”毛泽东在信中指出，建立“富强”“民主”“文明”“和谐”的人民共和国，复兴中华民族，立于世界自由解放之林，是五四运动以来中国人民为之奋斗的目标。

毛泽东还将《中国共产党致中国国民党书》寄送70多位民主人士。在给蔡元培的信尾，附有一批“党国故人，学术师友，社会朋旧”名单，如何香凝、于右任、郭沫若、程潜、沈雁冰、陈望道、章士钊、周谷城等70人。可见，毛泽东充分发动曾经共事或有过联系的人，共同呼唤“停止内战，一致抗日”，为构筑抗日民族统一战线努力。

戊、致信国民党抗日将领

毛泽东给赞成抗日的国民党中的将领冯玉祥、宋哲元、蒋光鼐、蔡廷锴、李济深、李宗仁、白崇禧等写信，寄送中国共产党起草的《国共两党抗日救国协定草案》。

冯玉祥自九一八事变后，主张抗日，反对不抵抗政策。1933年与中国共产党合作，在张家口组织民众抗日同盟军，任总司令。这是名震中外的长城抗战。1936年任国民党政府军事委员会副委员长。毛泽东曾将《中国共产党致中国国民党书》、中国共产党起草的《国共两党抗日救国协定草案》寄给他。12月5日再次寄语：“有何评判，愿接高明。”冯玉祥复信赞成，并表示“愿尽绵薄之力”。

冀察政务委员会是国民党政府适应日本帝国主义关于“华北政权特殊化”的要求而设立的政权机构。宋哲元曾担任国民党冀察政务委员会委员长，国民党第二十九军军长。在华北人民的抗日热潮中，宋哲元深受感染，“情殷抗日”，“奋力边陲，慨然御侮”。卢沟桥事变后，宋哲元领导的第二十九军进行了英勇抵抗。8月14日，毛泽东致信宋哲元，“甚望先生能于艰难困苦之中坚持初志，弟等及全国人民必不让先生独当其难，誓竭全力以为后援”，并派遣张经武为驻“尊处之联络代表”，共组北方联合战线。

9月22日，毛泽东分别给蒋光鼐、蔡廷锴、李济深、李宗仁、白崇禧写信。在致蒋光鼐、蔡廷锴的信中，毛泽东谈道：“国难日亟，寇进不已，南京当局至今尚无悔祸之心，内战持续如故，全国人民之水深火热又如故。瞻念前途，殷忧何极！”毛泽东指出，为了抗日救国，“敝党八月二十五日致国民党书提出了新的具体方案，检呈一份，敬祈审察。为达推动全国（包括南京在内）进行真正之抗日战争起见，特向先生及十九路军全体同志提议，订立根据于新的纲领之抗日救国协定，拟具草案八条借供研讨”，忧国忧民之心跃然纸上。在致李济深、李宗仁、白崇禧的信中，毛泽东指出：“当前急务，在于在全国范围内停止内战一致对日。”希望各实力派对蒋介石给予“督促批判，责其更新”。

对顽固不化的反共将领给予警告、争取。9月8日，毛泽东致国民党政府驻甘肃省绥靖公署主任朱绍良信：“十年酣战，随处与先生相遇”，“鹬蚌相持，渔人伺于其侧”。朱绍良是蒋介石系统中的一个反共顽固派。毛泽东告诫他：在民族危难时，“两党两军之间，无胶固不解之冤，有同舟共济之责”。希望他能够“抛嫌释怨，以对付共同之敌”，不要再做亲者痛、仇者快的蠢事。同日，毛泽东在给王均的信中谈道：“从井冈山就同先生打起，打了十年，也可以休息了！”王均是国民党军第三军军长。毛泽东渴望化干戈为玉帛，做到了仁至义尽。

己、力促和平解决“西安事变”

山城堡战役，红军消灭了蒋介石的亲信胡宗南部一个多旅。此后，胡宗南部被迫全线后撤。战役结束后，毛泽东立即给蒋介石一封敦促信：“自去年八月以来，共产党、苏维埃与红军曾屡次向先生要求，停止内战，一致抗日。自此主张发表后，全国各界不分党派，一致响应。而先生始终孤行已意，先则下令‘围剿’，是以有去冬直罗镇之役……而集胡宗南、关麟征、毛炳文、王均、何柱国、王以哲、董英斌、孙震、万耀煌、杨虎臣、马鸿逵、马鸿宾、马步芳、高桂滋、高双成、李仙洲等二百六十个团，其势汹汹，大有非消灭抗日红军荡平抗日苏区不可之势。吾人虽命令红军停止向先生之部队进攻，步步退让，竟不能回先生积恨之心。吾人为自卫计，为保存抗日军队与抗日根据地计，不得已而有十一月二十一日定边山城堡之役……吾人身在战阵知之甚悉，彼等之心与吾人之心并无二致，亟欲停止自杀之内战，早上抗日之战场。即如先生之嫡系号称劲旅者，亦难逃山城堡之惨败。所以者何，非该军果不能战，特不愿中国人打中国人，宁愿缴枪于红军耳。人心与军心之向背如此，先生何不清夜扪心一思其故耶？……吾人敢以至诚，再一次地请求先生，当机立断，允许吾人之救国要求，化敌为友，共同抗日，则不特吾人之幸，实全国全民族唯一之出路也。今日之事，抗日降日，二者择一。徘徊歧途，将国为之毁，身为之奴，失通国之人心，遭千秋之辱骂。……何去何从，愿先生熟察之。”毛泽东的这封信情真意切，字字是泪，句句是血，充分展示了全国人心所向，共产党人“化敌为友，共同抗日”的宽宏大量胸怀。

然而，蒋介石把个人的统治权，把大资产阶级、大买办、大地主阶级的利益，置于国家利益、民族利益之上，顽固不化地抱着“攘外必先安内”的反动方针，在山城堡战役后，还以“剿共”总司令身份飞来西安，逼迫张学良领导的东北军、杨虎城指挥的西北军进攻红军。张、杨在劝说无效的情况下，被迫对来西安督促“剿共”的蒋介石，实行“兵谏”。12 月 12 日，张学良、杨虎城一道发动“西安事变”，扣押蒋介石，逼蒋抗日。

在得知“西安事变”和国民党各派的动向后，党中央和毛泽东、周恩来决定采取和平调解的方针。毛泽东说：“共产党员必须懂得以局部需要服从全局需要这个道理。如果仅仅从我们党的私仇这一局部利益出发，杀蒋介石来解恨，忘记了民族危亡这个大局，我们就不配称为马克思主义的党。我们共产党就是要以整个中华民族的利益为重，不记私仇，以德报怨，迫使蒋介石改变反动政策，团结一致，共同抗日。”

第二天，中共中央派周恩来赴西安，在张学良、杨虎城与宋子文、蒋介石之间来往奔波，劝说、调解。12 月 22 日，毛泽东致信阎锡山，声明“敝方为大局计，不主决裂，亦丝毫不求报复南京，愿与我公及全国各方调停于宁陕之间，诚以非如此则损失尽属国家，而所得则尽在日本”。主张和平解决西安事变，防止内战爆发。这封信，再次说明共产党人以民族利益高于阶级利益，阶级利益服从民族利益，不计前嫌的宽广胸怀。

经中国共产党的调停，在蒋介石承诺停止内战一致抗日，改组国民党与国民政府，驱逐亲日派，容纳抗日分子，释放上海爱国领袖，释放一切政治犯，保证人民的自由权利，召集各党各派各界各军的救国会议，决定抗日救国方针等条件下，“西安事变”得到了和平解决，蒋介石得以释放。

“西安事变”和平解决，也使得毛泽东的抗日救国主张得以实现。经过 14 年艰苦卓绝的抗日斗争，中国人民终于取得了抗日战争的胜利，洗涤了甲午战争以来的国耻大辱，并为中国人民的解放事业创造了胜利的条件。

★

二

立党为公，不谋私利

立党为公，执政为民，全心全意为人民服务，是毛泽东一贯倡导与践行的价值观。他强调理论联系实践，领导干部要严以修身，严以律己，严以用权，严以执法。他对自己严、对党内同志严、对亲友严；严于教育，严于管理。新中国成立时，许多亲朋好友向他写信或上北京，请他推荐、介绍工作，他都耐心说服、教育、婉拒。“我是国家主席，只能解决大多数人的困难，为大多数人谋利益。”“文家任何人都要勤耕守法，不应特殊。”他劝告杨开智“不要有任何奢望，一切按正常规矩办理。”严以修身，不为亲友“形诸荐牍”走后门，是毛泽东治国理政的一条原则。他的亲戚毛、文、杨、贺家，没有一个经他介绍、推荐，走上工作岗位或谋取了私利的。

01

“不要有任何奢望，一切按正常规矩办理”

——致杨开智信

○ 毛泽东致杨开智信

杨开智是毛泽东结发妻子杨开慧的哥哥，毛泽东的妻舅，又是光荣的抗日烈属。1938 年，他将唯一的女儿杨展送往延安，1941 年，在日军扫荡时，时任华北联合大学政治部干事的杨展，为了掩护身体病弱的同志快速地撤离危险境地而不幸失足坠崖，年仅 21 岁。他还是 1925 年北京农业大学的毕业生，有一技之长。按照旧社会的说法，新中国成立后，毛泽东担任了共产党的主席和国家的主席，杨开智可谓“国舅”，沾亲故友，也应荣华富贵了。在 1949 年国庆前夕，他致信毛泽东，以委婉的笔调，试探性地提出了工作安排问题，又通过表弟向三立，给毛泽东的长子毛岸英写信，希望获得厅局级的安置。为此，1949 年 10 月 9 日，毛泽东亲笔复信：

杨开智先生：

希望你在湘听候中共湖南省委分配合乎你能力的工作，不要有任何奢望，不要来京。湖南省委派你什么工作就做什么工作，一切按正常规矩办理，不要使政府为难。

毛泽东

十月九日

同日，毛泽东给湖南省军政委员会委员、长沙军管会副主任王首道写信：

首道同志：

杨开智等不要来京，在湘按其能力分配适当工作，任何无理要求不应允许。其老母如有困难，可给若干帮助。另电请派人转送。

毛泽东

九日

10 月 9 日是开国大典举行后的第八天，这天毛泽东处理了亲情的第一件事。为全党开了一个好局，带了一个好头，具有强烈的示范效应。

毛泽东自己亲笔复信外，毛岸英也给舅舅写信，做思想工作。1949 年 10 月 24 日毛岸英在复向三立的信中，遵照父亲的复信内容，坦率地表示自己反对利用亲属关系谋取私利的看法：

三立同志：

来信收到。你们已参加革命工作，非常高兴。……来信中提到舅父“希望在长沙有厅长方面位置”一事，我非常替他惭愧。新的时代，这种一步登高的“做官”思想已是极端落后的了，而尤以为通过我父亲即能“上任”，更是要不得的想法。新中国之所以不同于旧中国，共产党之所以不同于国民党，毛泽东之所以不同于蒋介石，毛泽东的子女妻舅之所以不同于蒋介石的子女妻舅，除了其他更基本的原因以外，正在于此：皇亲国戚仗势发财，少数人统治多数人的时代已经一去不复返了。靠自己的劳动和才能吃饭的时代已经来临了。在这一点上，中国人民已经获得了根本的胜利。而对于这一层舅父恐怕还没有觉悟。望他慢慢觉悟，否则很难在新中国工作下去。翻身是广大群众的翻身，而不是几个特殊人物的翻身。生活问题要整个解决，而不可个别解决。大众的利益应该首先顾及，放在第一位。个人主义是不成的。我准备写封信将这些情形坦白告诉舅父他们。

反动派常骂共产党没有人情，不讲人情，如果他们所指的是这种帮助亲戚朋友、同乡同事做官发财的人情的话，那么我们共产党正是没有这种“人情”，不讲这种“人情”。共产党有的是另一种人情，那便是对人民的无限热爱，对劳苦大众的无限热爱，其中也包括自己的父母子女亲戚在内。当然对于自己的近亲，对于自己的父、母、子、女、妻、舅、兄、弟、姨、叔是有一层特别感情的，一种与血统、家族有关的人的深厚感情的。这种特别感情共产党不仅不否认，而且加以巩固并努力于倡导它走向正确的与人民利益相符合的有利于人民的途径。但如果这种特别感情超出了私人范围并与人民利益相抵触时，共产党是坚决站在后者方面的，即“大义灭亲”亦在所不惜。我爱我的外祖母，我对她有深厚的描写不出的感情，但她也许现在在骂我“不孝”，骂我不照顾杨家，不照顾向家；我得忍受这种骂，我决不能也决不愿违背原则做事，我本人是一部伟大机器的一个极普通平凡的小螺丝钉，同时也没有“权力”，没有“本钱”，更没有“志向”来做这些扶助亲戚高升的事。至于父亲，他是这种做法最坚决的反对者，因为这种做法是与共产主义思想、毛泽东思想水火不相容的，是与人民大众的利益水火不相容的，是极不公平、极不合理的。

无产阶级的集体主义——群众观点与资产阶级的个人主义——个人观点之间的矛盾，正是我们与舅父他们意见分歧的本质所在。这两种思想即在我们脑子里也还在尖锐斗争着，只不过前者占了优势罢了。而在舅父的脑子里，在许多其他类似舅父的人的脑子里，则还是后者占着绝对优势，或者全部占据，虽然他本人的本质可能不一定是坏的。

关于抚恤烈士家属问题，据悉你的信已收到了。事情已经转组织部办理，但你要有精神准备：一下子很快是办不了的。干部少事情多，湖南又才解放，恐怕会拖一下。请你记住我父亲某次对亲戚说的话：“生活问题要整个解决，不可个别解决。”这里所指的生活问题，主要是指经济困难问题；而所谓整个解决，主要是指工业革命，土地改革，统一的烈士家属抚恤办法等，意思是说应与广大的贫苦大众一样地来统一解决生活困难问题，在一定时候应与千百万贫苦大众一样地来容忍一个时期，等待一个时期，不要指望一下子把生活搞好，比别人好。当然，饿死是不至于的。

你父亲写来的要求抚恤的信也收到了。因为此事经你信已处理，故不再另复。请转告你父亲一下并代我问候他。

你现在可能已开始工作了罢，望从头干起，从小干起，不要一下子就想担负个什么责任，先要向别人学习，不讨厌做小事，做技术性的事。我过去不懂这个道理曾碰过许多钉子，现在稍许懂事了——即是说不仅懂得应该为人民好好服务，而且开始稍许懂得应该怎样好好为人民服务，应该以怎样的态度为人民服务了。为人民服务说起来很好听，很容易，做起来却实在不容易。特别对于我们这批有小资产阶级个人英雄主义的没有受过斗争考验的知识分子是这样的。信口开河，信已写得这么长，不再写了。有不周之处望谅。祝你健康。

这是一篇深入浅出的伦理哲学著作，是一部生动而又实在的人生价值教科书；回答了什么是“人情”，共产党的“人情”与国民党的“人情”，新时代的“人情”与旧时代的“人情”有何区别。共产党的人情味是对人民的无限热爱，对劳苦大众的无限热爱，其中也包括对自己的父母子女亲戚在内。对于自己的父母、子女、兄弟、妻舅、姨、叔等近亲，是有一种特殊感情的，一种与血统、家族有关的深厚感情；但是这种特殊感情不能超出私人范围而与人民利益相抵触。人民的利益是第一位的，个人的利益要服从人民的利益。“生活问题要整个解决，不可个别解决”，即不能有特殊，不能有奢望。

不久后，杨开智根据人民的需要，自己的特长，按照政府的分配，愉快地走上了新的工作岗位，担任省农业厅的技师，研究室主任。同年 12 月，杨开智高兴地致信毛岸英，提到自己现在“工作很忙，负的责任很大很多”，甚至负有“拟好明年全省增加茶业生产计划”，“复兴全省茶园，改良制茶方法的责任”。

1950 年底，杨开智到北京开会，夫人李崇德和他们的幼女杨瑛同去北京，毛泽东派秘书接他们去中南海。久别重逢，谈不完的往事。毛泽东仔细问了杨开慧牺牲情况。杨开智说完后，毛泽东沉痛地说：“霞妹是为党为我牺牲的。她死得好惨啊！”“她葬在何处？”毛泽东急想知道。

杨开智答复：“葬在板仓棉花坡。”

“墓修好了吗?”毛泽东继续问。杨开慧牺牲后不久，在江西中央革命根据地的毛泽东得知消息，通过地下党的渠道，给杨开智寄来了极表悲痛的信件，同时汇来了修墓的银圆。

杨开智抱歉地说：当年修好了，立了碑，落款是毛岸英、岸青、岸龙。他停顿片刻说：年代久了，又是三合土修建的，现在应该整修了。

毛泽东交代：你回到板仓时，代我去看她。清明节扫墓时，把周围的草扯掉，把土护理一下吧！

1952年冬，杨开智又一次去北京开全国茶叶工作会议，再次去中南海探望毛泽东。毛主席详细询问了茶叶公司开展“三反”运动情况，鼓励他积极参加“三反”运动，告诫他注重调查研究，密切联系群众，不要犯官僚主义。主席还详尽地问了茶叶的化学成分，直至茶叶中草宁酸的分子构造式。杨开智一一作了回答。临走时交代：你下次来时帮我搞点茶叶资料来。过了几天，在大会秘书处同志的帮助下，杨开智整理了一份有关茶叶和茶叶工作的情况，亲自呈报给毛泽东。

毛泽东关注杨开智一家的身心健康，但不徇私，不利用自己手中的权力与社会地位、影响，去为他们谋私利。杨开智曾任湖南茶叶公司的副经理（副处级）、湖南省茶叶经营管理处副处长。他在这岗位上，勤勤恳恳，兢兢业业，为湖南茶业的发展做出了可贵的贡献。他是第二、三届湖南省政协委员，湖南省第四届政协副主席，第五届全国政协委员。

02

“文家任何人都要勤耕守法，不应特殊”

——致文家亲友信

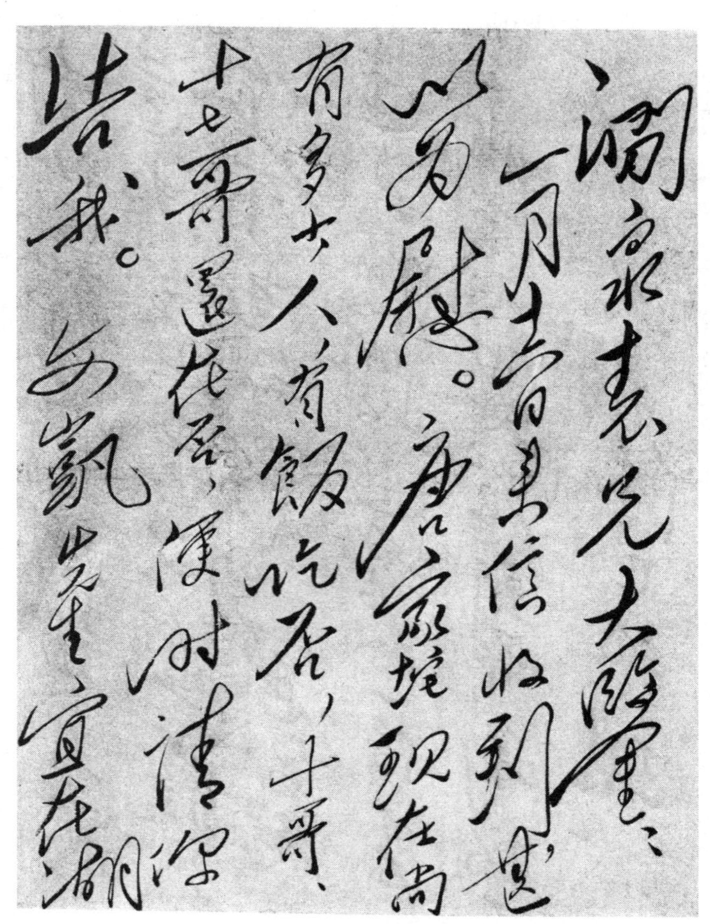

润泉表兄大鉴：二月来信收到，甚以为慰。唐家圫现在尚有多少人，有饭吃否，十哥、十七哥还在否，便时请你告我。文凯先生宜在湖

○ 1950 年 5 月 7 日，毛泽东致文涧泉信

1950 年，毛主席的秘书田家英，收到毛泽东表兄文运昌于 7 月 20 日发来的一封信，随信开列了 15 个人的名单，都是毛泽东外婆家的亲属，都是初小、高小生，要求安排“技工学徒”或保送升学。毛泽东在名单上面批示：“许多人介绍工作，不能办，人们会要说话的。”

“人们会要说话的”7 个字，体现了毛泽东对人民的话语权的敬畏与尊重。得人心者得天下。得人心者务须立党为公，执政为民，权为民所用，利为民所谋。没有私心杂念的毛泽东以他对中国人民的大爱和无私，替代了那种基于血缘和亲情、乡情、友情的“小爱”与私心。他把对家乡亲友的真挚爱戴，化作一种对整个国家全体人民和法律制度的敬畏、尊重，对自己品德上的慎思、慎言、慎行、慎独，让人民赋予的权力在人民的监督下运行。

在这前后，毛泽东外祖家的亲人陆续给毛泽东写了一些信，凡是要求他照顾一类的事，都被他婉言谢绝。他对亲友有三条原则：“恋亲，但不为亲徇私；念旧，但不为故旧谋利；济亲，但不以公济私。”

1950 年 5 月 7 日，他给文涧泉信记载：

文凯先生宜在湖南就近解决工作问题，不宜远游，弟亦未便直接为他作介，尚乞谅之。

同年 5 月 12 日在给另一位表兄文南松的信中说：

运昌兄的工作，不宜由我推荐，宜由他自己在人民中有所表现，取得信任，便有机会参加工作。

这不是毛泽东对亲友的“冷淡”。中华人民共和国成立后，毛泽东多次邀请文家表兄嫂和表侄儿们去北京欢聚、游览、畅谈乡情，听取他们的意见——农民的呼声。文涧泉（十一哥）七次到北京，文梅清（十七哥）六次到北京，四次与毛泽东合影。文运昌（十六哥）、文南松（二十哥）、堂表弟文东仙都是多次去北京，多次合影。大表哥文泮香（十哥）已于 1949 年逝世，毛泽东深为悲痛，当即寄钱给其妻黄氏慰问，后来又邀请黄氏及其女儿女婿、孙子去京参观。文家兄弟子侄、侄孙去北京受到毛泽东接待者不下 20 人。

毛泽东对文家诸表兄侄，一方面给予关怀，另一方面进行教育，不让他们搞特殊，除与表兄侄直接写信或面谈教育外，还给湘乡地方政府写信，请地方政府对他们的缺点进行教育，不能放纵，不能搞特殊。

1950 年 5 月 27 日，毛泽东致湘乡县长刘亚南信：

亚南同志：

兹有湘乡四都凤音乡大坪坳文氏兄弟四人来信，付上请你看一下。他们对当地区乡政府的工作有些不满意的话，未知实际情形究竟如何。假如可能的话，请你派一个同志去调查一下，以其结果告我。文氏兄弟都是贫农，信上则替地富说话，是何原因，亦请查明告我。至于文家（我的舅家）生活困难要求救济一节，只能从减租和土改中照一般农民那样去解决，不能给以特殊救济，以免引起一般人民不满。此祝

健康。

毛泽东

一九五〇年五月二十七日

从这封信观察，文氏四兄弟去信北京告了“御状”，但毛泽东没有支持他们，而是给县长写信，不同意给文家“特殊救济”，否则，将“引起一般人民不满”。毛泽东是站在全国人民的立场来处理亲属的要求，并请地方政府对他的亲属严格管教。

1954 年 4 月，毛泽东的表侄文炳璋写信给毛泽东，反映文家兄弟骄傲自满，不服当地政府领导的情况。为此，4 月 29 日毛泽东致信中共石城乡党支部和乡政府：

石城乡支部
石城乡政府 诸同志：

毛月秋同志来北京，带来你们的报告，甚为感谢。

我的亲戚唐家圫文家，过去几年常有人来北京看我。回去之后，有些人骄傲起来，不大服政府管，这是不对的。文家任何人，都要同乡里众人一样，服从党与政府的领导，勤耕守法，不应特殊。请你们不要因为文家是我的亲戚，觉得不好放手管理。我的态度是：第一、因为他们是劳动人民，又是我的亲戚，我是爱他们的。第二、因为我爱他们，我就希望他们进步，勤耕守法，参加互助合作组织，完全和众人一样，不能有任何特殊。如有落后行为，应受批评，不应因为他们是我的亲戚就不批评他们的缺点错误。

现有文炳璋同志的一封信，付给你们看，我是同意文炳璋同志的意见的，请你们加以处理。并请你们将我这信及文炳璋的信给唐家圫的人们看，帮助他们改正缺点错误。我相信，只要我和你们都采取正确的态度，只要他们不固执成见，他们的缺点错误是可以改正，并会进步的。

此致

同志的敬礼。

毛泽东

一九五四年四月二十九日

毛泽东这封信写得情意殷切深长，力透纸背，虽然是严厉批评，但却洋溢着暖暖的亲情。

这封信由毛泽东派表侄女章淼洪带去，并委托她去处理这件事。章淼洪在湘乡县长刘亚南的协助下，妥善地解决了群众反映文家兄弟骄傲自满等问题，取得了群众、文家、政府都满意的结果。

03

“我是国家主席，只能解决大多数人的困难，要为大多数人谋利益”

——毛泽东与堂弟毛泽连

○ 1959 年 6 月，毛泽东回到故乡韶山，同家乡人民亲切交谈

毛泽连（1913—1995），字润发，排行第九，是毛泽东六堂叔毛慰生的次子，毛泽建的同胞弟弟，与毛泽东共曾祖父，是与毛泽东最亲近的堂弟。由于毛泽东、毛泽建（在毛泽东家长大，共产党员、烈士）的革命活动，招致国民党反动派对革

命者家属的迫害。大革命失败后，毛泽连家亦被反动军警抄家，本来就很贫苦的毛泽连遭此灾难，雪上加霜，一贫如洗。为躲避国民党反动派的搜捕，毛泽连逃到外地，白天打零工度日，晚上在岩洞睡觉，由于生活不安定，风餐露宿，导致眼疾，无钱医治，终于左眼失明，右眼仅能见一丝光。

甲、七亩田的启示

1949 年 8 月，程潜、陈明仁起义，长沙和平解放，中国人民解放军第四野战军四十六军一三八师，途经湘潭地区，派遣湖南人民解放军总队湘中一支队第五团政治部政训员刘亚雄来韶山，寻找毛泽东亲属下落。刘亚雄找到和慰问了毛泽覃的岳母周陈轩老人，又把毛泽连及堂侄毛远翔、毛远忠，姑表弟李祝华接到一三八师。师长任昌辉了解情况后，拟安排毛泽连去北京，并通过各级党组织把这喜信传给了毛泽东。

10 月 9 日，毛泽东致信中国人民解放军第四野战军副政委、华中军区副政治委员谭政，第四野战军政治部副主任、华中军区政治部副主任陶铸："六日电悉。毛泽连、李祝华（又名李轲）二人可许其来京一看，但请你们对他们二人讲明是许其来京看一看，随即回到湖南乡下去。"

1949 年 10 月，毛泽连、李祝华到达北京。第二天，受到毛泽东接见。毛泽连见到毛泽东，激动得双目流泪，亲切地呼唤"主席三哥"。

毛泽东紧握毛泽连的手，说："你是泽连——润发九弟吧！"

"我是润发呀！"毛泽连回话道。

"你父亲是六叔吗？"毛泽东问。

"我的父亲是毛慰生六阿公。不过，我过继给毛菊生二阿公了。"

毛泽东的父亲毛顺生，与毛慰生、毛菊生是共爷爷的堂兄弟。谈到毛菊生二阿公，立即引出了毛泽东的回忆："我爷爷毛翼臣和你爷爷毛德臣分家时，你爷爷虽然多分了一些田，但你爷爷有三个儿子，再分到你父亲手里，田就少得多了。"

毛泽东少年时，亲见二堂叔毛菊生家境困难，度日如年，不得不将赖以活命的七亩田出卖。父亲毛顺生乘人之危，要买进这七亩田，遭到妻子文素勤和儿子毛泽东的反对，认为这是不道德的，但是没有说服父亲。这件事他一生都没有忘记。他对毛泽连说："旧社会那种私有制，使兄弟间也不顾情义。我父亲和你父亲是堂兄弟，买你家那七亩田时，就只顾自己发财，全无兄弟之情，什么劝说都听不进去。

当时，我思考这件事：只有彻底改造这个社会，才能根绝这类事。从那时开始，我就下决心要寻找一条解放穷苦人民的道路。”

乙、为大多数人谋利益

毛泽东又亲切地问：“六婶身体好吗？”

“身体不好，经常患病。”毛泽连说，“她还想来北京看望你。”

毛泽东摇头：“她有病，路这么远，不要来。先让她在湖南治病，等病治好后，我再接她来北京，住一住。”停顿了一下，又说：“你年纪不大，就坏了眼睛，太可惜了。”随后，交代毛岸英陪伴九叔到协和医院去治眼睛。

毛泽连在协和医院住了一个月，右眼恢复了一点功能。

有一天，李祝华谈起毛泽连的困难，想请毛泽东给他安插一个适合的工作。毛泽东心情沉重而又温和地说：“泽连的困难，我知道，我了解。我是国家主席，只能解决大多数人的困难，为大多数人谋利益。如果只解决泽连一个人的困难，那我这个主席就不好当了。当然有困难要钱用，我自己可以尽力支持一点。但如果要打我的牌子，凭我的关系，找公家的麻烦，那是不行的。”“成千成万的先烈为革命牺牲了他们宝贵的生命。我们活下来的人想事、办事，都要对得起他们才是。”“我们国家遭战争的创伤还很严重，国家和人民都需要恢复元气，医治好战争的创伤。这需要全国人民的努力，包括我们都在内。你们在家乡种好田，多打粮食，支援国家建设，争取国家财政经济好转，也是为人民服务，为国争光嘛！你们还是回去种田吧！”“泽连，你是我的亲属，在乡村中凡事都要带一个好头。”

12 月初，在毛泽连返程的时候，毛泽东还细心地准备了一些衣服、药品和人民币，托毛泽连带回赠予六嫂。

丙、带头执行中央人民政府精简节约、反对浪费的决定

1950 年春，毛泽连在中共湘潭县委的帮助下，送母亲到湘潭县医院治疗。同年冬，又转到长沙湘雅医院。前后近两年，疗效不显著。毛泽连想送母亲（六婶）去北京治病。1951 年 12 月 11 日，毛泽东复信：

泽连、远悌：

来信收到。慰生六婶及泽连均不要来京，也不宜在长沙住得太久，诊病完了即回韶山为好。现在人民政府决定精简节约，强调反对浪费，故不要来京，也不要在

长沙住得太久。

泽连家境困难，待将来再设法略作帮助，目前不要靠望。

这年12月4日至8日，中共中央和人民政府发出系列文件，决定在全国开展反贪污、反浪费、反官僚主义的斗争，决定开展精简节约，反对浪费的运动。毛泽东身体力行，劝告“慰生六嫂及泽连均不要来京，也不宜在长沙住得太久”。随即，毛泽东给泽连寄去200元，作为六婶的医疗费，结算了在湘雅医院的住院费用。

丁、“这些钱均是我自己的稿费”，注意“节用”

1952年6月，慰生六婶病逝，毛泽连又跌伤了脚。毛泽东得知这些不幸信息，于10月2日寄去300元，其中100元是六婶的安葬费，200元为毛泽连的治病费。另有200元给另一个堂弟毛泽荣“助其家用”。信末尾还补充嘱咐：“这些钱均是我自己的稿费”，注意“节用”。

1953年5月，毛泽连（润发）又写信告知毛泽东，提出眼疾依旧，脚也未痊愈，想上京治病。毛泽东回信劝导：“润发贤弟：五月八日的信收到。你的眼病脚病未好，甚念。仍以在家养治为宜，不要来京。因为湘雅医院诊不好，北京也不见得能诊好。”因为他的眼睛已是多年的旧疾，前在协和医院已经治疗过，未有多大好转；享有“北‘协和’，南‘湘雅’”盛名的两个医院都住过了，没有必要再到协和医院了。而且那时全国的干部都是实行供给制，毛泽东也不例外，无法负担。

1954年国民经济恢复，全国经济情况有所好转，又正在实行工资改革，由供给制改为薪金制，毛泽连才获准两次进京治疗眼疾，然而，痼疾难治，双目失明。毛泽连的生活费用，除国家和当地政府、社队集体对烈属的优抚外，就由毛泽东用稿费来补助，每年200元。

04

严以修身，不为亲友“形诸荐牍”走后门

——致毛春秀等人信

○ 1959 年 6 月毛泽东回韶山在故居旁的晒谷坪留影

毛泽东素来对亲戚严、长者尊，对党内同志严、党外朋友宽，在要求推荐、介绍工作问题上，不徇私情，不开后门，不利用自己的地位、权力和影响为亲友谋取特殊利益。新中国成立初期，要求毛泽东帮助介绍工作的信件如雪花般飞向中南海，仅据《毛泽东致韶山亲友书信集》统计，就有 17 人次。事实上，在人事工作上，

毛泽东婉拒亲朋故友、老师同学的要求的事例，不胜枚举。仅根据《建国以来毛泽东文稿》《毛泽东书信选集》统计，当有 40 多人次。面对亲友不正当要求，他坚持原则，绝不徇私；离开原则，违背党和政府政策的，他往往晓之以理，断然拒绝。

甲、不为亲友“走后门”，是治国理政的一条原则

毛泽东不越权，不干预地方事，尊重地方干部的职责，更不为亲友“开后门”，是毛泽东治国理政中的一条原则，“铁性纪律”。

毛春秀是毛泽东的姑妈，她深知毛泽东对长者很尊敬，因此顺理成章地认为向毛泽东要求将她的儿子李敦厚，从小学教育岗位调往财经部门工作，是轻而易举的事，却没有料到会是直爽的拒绝：

调你儿子做财经工作一事我不能办，要在当地所属机关自己申请，乞谅为荷！

毛泽东的远房叔父毛贻华，叔祖父毛春轩，是韶山韶源村的木工和农民。他们想通过毛泽东在党内、国家中的崇高威望，找到一项理想的工作。毛泽东分别给他们复信：

贻华先生：

三月九日来信收到。工作事尚望就近设法解决，我现在难于为助，尚祈鉴谅。

春轩叔祖大鉴：

去年十二月来信业已收到，甚为感谢。浪秋、迪秋诸位均宜在家工作，不要来北京，以免浪费时间。

这两封信简明扼要，既尊敬长辈，体谅他们的要求，又坚持了原则，“我现在难于为助”，委婉拒绝；再给他们指导解决途径：“就近设法解决”与“宜在家工作”——务农。

浪秋是叔祖父毛春轩的孙子，迪秋是烈士毛福轩的儿子。他们遵照毛泽东的意见均在家务农，是农业合作化的带头人。他们依靠自己的艰苦奋斗，求得了前程。后来，毛迪秋曾任中共韶山大队支部书记、中共韶山区委常委、湘潭市人大常委会副主任、中共湖南省委委员、全国人大常委会委员等职务。

乙、对待恩人终生未忘，但也不能例外

郭士逵原是韶山市银田镇的农民。1925 年毛泽东在韶山领导农民运动时，他在

湘潭县政府当炊事员。那年韶山大旱，青黄不接，农民饥饿，大地主成胥生却囤积居奇，将谷米偷运出境。毛泽东发动农民开展阻止谷米出境的斗争，遭到省长赵恒惕的通缉。逮捕令被湘潭县议员郭鹿宾发现，即请侄儿郭士逵赶回韶山通报毛泽东："泽东兄，事急，省里密电拿你，务希在今晚离开韶山。"毛泽东从而得以安全脱险。此事，毛泽东终生没有忘记。1936 年他与美国记者埃德加·斯诺谈话，回忆这件险事，说：在韶山，"我们就组织了二十多个农会，这引起了地主的仇恨，他们要求把我抓起来。赵恒惕派军队追捕我，于是我逃到广州。"中华人民共和国成立后，毛泽东多次向韶山亲友询问郭鹿宾的下落，却得知他早已离世。毛泽东曾深表怀念地说：那次我在韶山脱险，是郭鹿宾通报的信息，是他的侄儿郭士逵送来的。

然而，中华人民共和国成立后，面对"恩人"郭士逵请求解决工作的信函，1950 年 3 月 14 日，毛泽东给郭士逵复信：

士逵先生：

去年十月五日来信收到，迟复为歉。先生处境困难，深为系念。工作问题，仍以就近设法等候机会为宜，不宜远出省外，徒劳往返。

郭士逵收到毛泽东的复信，当日就欢天喜地找到乡政府、乡农会。根据郭士逵文化低、年龄大的实情，当地政府安置他做一些力所能及的工作。后来，毛泽东又多次寄款给予郭士逵做生活补助，以示酬谢。

丙、对待少年朋友的无理要求晓之以理，耐心做思想工作

张四维是韶山乡韶山村人，是毛泽东少年时放牛、游泳的朋友。他曾多次致信毛泽东，要求在北京给他找一份工作，毛泽东先后四次复信给他。

1949 年 11 月 17 日毛泽东复信：

长沙福寿桥三号张四维先生：

未阳（8 月 7 日）电悉，甚感好意。湖南需才孔急，似以在当地工作为宜。

对毛泽东这位少年时期的朋友，当地政府将他安置在中国盐业公司湖南省公司工作，但他依然没有放弃到北京工作的愿望，又继续写信。毛泽东仍持耐心说服的态度。1950 年毛泽东再次复书：

四维兄：

一月十六日来信收到。吾兄已在盐业公司获得职业，甚好，应就此项工作努力，取得成绩与信任，不要来北京。北京人浮于事，不好安置。

1955年张四维已过花甲之年，被中国盐业公司湖南省公司辞退，办了退休手续。退休工资不高，生活艰难，他请求毛泽东给他说话，能否不退休，或者提高退休待遇。当时，全国还没有确立退休制度，辞退年老体衰不能胜任工作者，都由各地各单位决定。毛泽东坦诚地告诉他：

四维兄：

三月二日的信收到。你说的事，我不能答复。生活困难，付上二百元，以为小助。

毛泽东用自己的稿费给予安慰。

彭石麟是韶山乡花园村人，乡村教师，是毛泽东少年时的朋友。1954年3月9日，他寄信毛泽东，请他推荐到省文史馆谋一个职位，解决老有所养问题。毛泽东于同月31日复信：

尊事已托毛蕊珠兄，我的斡旋可以不必了。我不大愿意为乡里亲友形诸荐牍。

毛泽东的复信，一方面坚持了原则，表明自己的态度是“不大愿意为乡里亲友形诸荐牍”，直爽回绝了彭石麟的请求。另一方面，毛泽东又随信寄去了200元，对彭石麟的实际困难用自己的稿费予以资助，做到了有情有义，仁至义尽。

05

“最要紧的是服从政府法令”

——毛泽东与谭世瑛

1950年新年伊始，门前冷落，无人问津的湘乡葛家大屋，突然沸腾了，人们奔走相告：“毛主席给谭老倌来信了。”顿时，附近的群众、村干部、乡干部，乃至县工作组的同志也来了。谭老倌手捧来信，笑脸盈盈，高声地宣读：

世瑛兄：

惠书及大作诵悉，甚为感谢！尊况如何，甚念。如有意见，尚望随时示告。

顺致敬意。

毛泽东

一九五〇年一月二〇日

足见毛泽东没有忘记离别40个春秋的同学，体现了毛泽东的友善、谦虚谨慎、博大胸怀。

谭老倌反复诵读，越读越亲切，越读越荣幸，不断地向大家讲述他与毛泽东同窗共读的往事。听者神情不一样，有说“谭老倌可以不要挨斗了”，有说“谭老倌可能会有大官做”，有说“他给毛主席的信，隐恶扬善，没有说真话吧”。

甲、谭世瑛是恩师谭咏春的儿子

谭老倌就是谭世瑛，是毛泽东在湘乡县立东山学校同班同桌同宿舍的同学。他的父亲谭咏春是他们的国文教员。毛泽东入湘乡东山学校求学时，东山学校不收外县学生，是主持入学考试的谭咏春审阅了他的作文，赏识人才，极力推举录取。谭咏春器重毛泽东，特地将自己的儿子谭世瑛与毛泽东编入戊班，同桌，同宿舍，相互学习，互相鼓励。虽然二人同窗仅有半年，但友谊之深厚，不同一般。有一天，毛泽东、谭世瑛、胡崇诚环绕校园的护校池塘散步，杨柳轻盈，蛙声鸣鸣，毛泽东乘兴赋诗《咏蛙》：

独坐池塘如虎踞，绿荫树下养精神。

春来我不先开口，哪个虫儿敢作声？

此诗在同学中迅速地传开，老师们惊奇毛泽东志大有为。后来，毛泽东回忆：“我在这个学校有不少进步，教员都喜欢我，尤其是那教国文的教员谭咏春。”

1950 年 4 月 24 日，谭世瑛再次致信毛泽东，说自己是贫农，仅在 20 多年前在邵阳县政府做过半年科员，一生从事私塾教育，是一个自由职业者，现在失业，休闲在家，希望获得一个从事教育的工作岗位。1953 年 5 月谭世瑛再次致信毛泽东，要求安排工作，以养天年。毛泽东爽直地告诉他：“现在到人民政府所属机构做事或到学校教书，薪入甚微，对家口众多者，不易赡给。”“以吾兄状况观之，能就近获得工作职位，为最好；否则须远出参加短期研究班的学习，须准备吃很大的苦楚，又难于赡家。”毛泽东以真实的笔调、劝说的方式，回答了他的要求。同时汇寄了 200 元“聊为杯水之助”。

1955 年 2 月初，谭世瑛又写信给毛泽东，只讲眼疾，无钱医治。毛泽东念及旧情，不厌其烦，复信安慰：

世瑛兄：去年夏历十二月二十八日来书收读，情况困难，甚表同情，寄上人民币三百元，聊为杯水之助。如有所需，尚望续告。年老出门，颇多不便，似以劳动为宜。

谭世瑛以毛泽东的资助为路费，前往武汉找谭政，求治眼疾。谭政与谭世瑛是近邻、同族。谭政少年时也在谭咏春门下读过书，此时是中国人民解放军大将，在武汉工作。谭世瑛到达武汉时，适逢谭政外出，不在汉口；于是，谭世瑛从汉口直上北京，求见毛泽东。

毛泽东在中南海接见了他，两人共同回忆了在湘乡县立东山学校的学习生活。对谭世瑛深情地回忆谭咏春：“你父亲是一位热心的教育工作者，他是爱惜人才的。……没有他，我进不了湘乡县立东山学校，也到不了长沙，只怕还出不了韶山呢！”

乙、致中共湘乡县委信，请查明谭世瑛的历史

谭世瑛有四个儿子。长子谭可夫，当过国民党军队的营长，参加过反革命组织，

有血债，被逮捕法办了。次子谭吉生，卖壮丁外出未归，下落不明。三子谭斗生，当过国民党军队的排长，因隐瞒其兄的罪恶，又有血债，也被镇压了。仅有四子谭可有，一直在家务农。谭世瑛因为未能正确地对待人民政府对他两个儿子的处理，也被判处管制一年。

在中南海，毛泽东问及谭世瑛的家庭状况和眼病，谭世瑛才如实地讲述了他有两个儿子被人民政府法办了，自己也受到一年的管制处分。毛泽东静静地倾听，教育他要正确地对待，要遵守政府的法令，最后，交代身边工作人员安排他到北京一所知名的眼科医院诊治眼疾。

同日，毛泽东给湘乡县委致信：

湘乡县委，并转第二区区委、石洞乡支部各同志：

石洞乡的谭世瑛，四十多年前，曾在湘乡东山学校和我有过同学关系。解放后来过几次信，我亦回过几封信，因他叫困难，最近又寄了一点钱给他。最近因患眼病，到汉口找谭政同志求治，谭不在，到北京找我。现正进医院治眼，两三星期即回乡。我嘱他好好听区乡党政干部管教。据他说，他有两个儿子在三年前镇反斗争中被枪决，一个是营长，一个是排长，听说有血债被枪决的。他本人也被剥夺公民权，管制一年，现已解除管制但仍不能入农会。他的妻和他的其他两个儿子则有公民权并入了农会。他说他的成分是贫农。他又说，他教了几十年书，只在二十七年前在国民党的邵阳县政府当过五个月的科员，并未作坏事云云。此人历史我完全不清楚，请你们查明告我为盼。

祝你们工作顺利。

毛泽东。

一九五五年五月十七日。

中共湘乡县委接到此信，派人调查，写了调查报告。

丙、督促谭世瑛“服从政府法令”

同年6月4日谭世瑛在医院给毛泽东写信，并寄诗一首，告知近日出院离京返湘。6月8日，毛泽东复信：

六月四日的信及大作一首收到，甚谢！我赞成你于日内返乡。

中共湘乡县委有信（乡支部也有一信）给我，对于你家情况有所说明。据称：你的两个儿子确实有罪，这是因为他们在几次宽释之后还要犯罪，而且犯了严重罪行的原故。因此，政府和人民对他们依法处理，是应该的。你则只有一些旧社会带来的缺点和在对待你两个儿子的态度上有些不当，故给以一年管制，现已解除。县委来信认为你无其他罪行。我认为县委对你的评语，是公道的。

你应当在新旧社会的根本变化上去看问题，逐步地把你的思想和情绪转变过来。这样就可以想开些，把一些缺点改掉，督促全家努力生产。最要紧的是服从政府法令，听干部们的话。这样，几年之后，人们对你的态度就会更好些了。

如你认为必要的话，此信可给县区乡负责同志一阅。

这是一个无产阶级革命家对待家境复杂、有反革命儿子的故友的态度：一方面坚持原则，不徇私情，支持地方党政工作；另一方面教育、引导故友要从“新旧社会的根本变化上去看问题”，改正缺点，端正态度，服从政府法令，督促他率领全家努力生产，争取人们的信任。

★

三

不忘恩情，彰显仁德

古人有言："国有四维，礼义廉耻。四维不张，国乃灭亡。"《孟子》中，有七篇是道德论，而且是专讲"仁""义"二字。毛泽东也曾在《祭母文》中回顾"吾母高风，首推博爱""爱力所及，原本真诚"。母亲的真诚、博爱、诚信品德，潜移默化影响了毛泽东，使其终生受益。"德之用，孝为先"，毛泽东对开慧母亲杨老太太的敬爱，对文家七舅、八舅的尊重，对杨开慧的保姆陈玉英的感恩，对民主人士章士钊的关怀，彰显了他的仁义大德，真正是恩深似海恩无底，义重如山义更高。

01

为母亲治病，“亲侍汤药，未尝废离”

——致七、八舅信

★

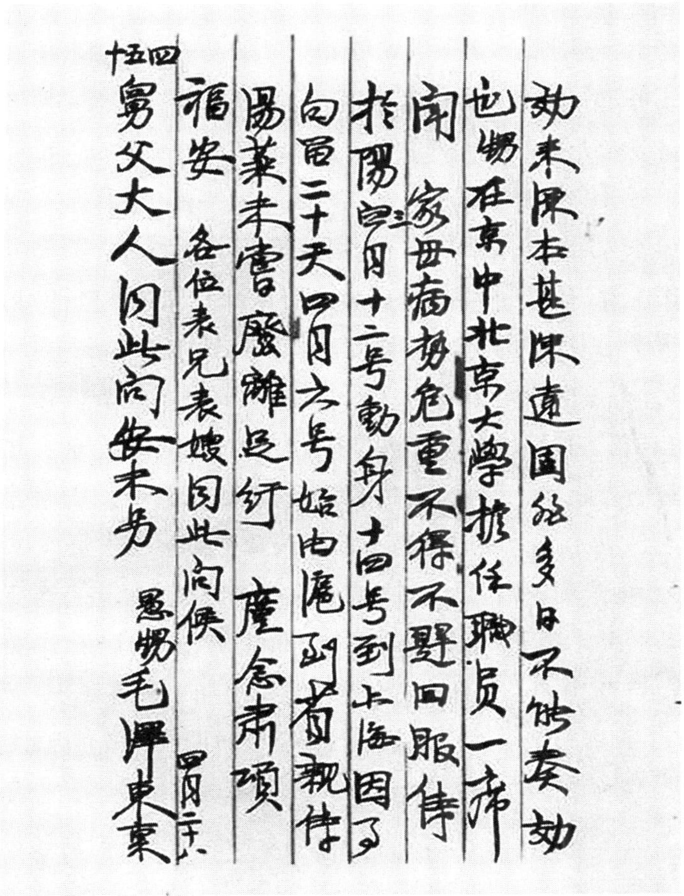
劝来深本甚深远国经多日不能奉劝
也甥在京中北京大学担任职员一席
闻家母病势危重不得不暂回服侍
於阳历三月十二号动身十四号到上海因事
勾留二十天四月六号始由沪到省亲侍
汤药未尝废离足纾廑念肃颂
福安 各位表兄表嫂同此问候 四月廿八
十五四舅父大人同此问安未另 愚甥毛泽东禀

○ 毛泽东致七舅、八舅信（局部）

毛泽东在外祖家度过了童年的大部分时间，对外婆家的舅舅和表兄弟是很有感情的。

毛泽东的大舅父文正兴，号玉瑞，排行第七，毛泽东称他为七舅。七舅父特别喜欢毛泽东，列为干儿子，并将他与自己的子侄们排行，列为第二十三，悉心照顾，关怀备至。

二舅父文正莹，号玉钦，排行第八，毛泽东称他为八舅。他是一个性情温和的知识分子，在家开馆授徒。毛泽东常去旁听，受益匪浅。

“德之用，孝为先。”1918 年 8 月，毛泽东护送新民学会会员赴北京留法预备班学习。这是他第一次出省远行。出发前，为了母亲的病，他前往舅父家商议，征求舅父的意见；随即返回长沙找名医，开出医方，随信寄给舅父：

七、八二位舅父大人座下：

前在府上拜别，到省忽又数日。定于初七日开船赴京，同行有十二三人……家母在府上久住，并承照料疾病，感激不尽。乡中良医少，恐久病难治，故前有接同下省之议。今特请人开来一方，如法诊治，谅可收功。如尚不愈之时，到秋收之后，拟由润莲（注：毛泽民）护送来省，望二位大人助其成行也。

毛泽东的母亲久居娘家，病情没有多大好转，由毛泽民护送来长沙，住在蔡和森家，在湘雅医院看门诊，由蔡和森的母亲葛健豪及妹妹蔡畅照料。毛泽东闻讯，辞去了在北京大学图书馆的职务，返回湖南，为母亲“亲侍汤药”。1919 年 4 月 28 日毛泽东致舅舅信，简明地记载了这次返湘为母亲医病的情节。

“甥自去夏拜别，匆忽经年，中间曾有一信问安……甥在京中北京大学担任职员一席，闻家母病势危重，不得不赶回服侍”，于阳历 3 月 12 日动身，途经山东泰山、曲阜，14 号到达上海，因送别第一批赴法勤工俭学的学员，在上海，勾留 20 天，“四月六号始由沪到省”，并告知他自己在长沙为母亲“亲侍汤药，未尝废离”。

毛泽东母亲所患“疡子”，实际上是一种淋巴结核，这在当时的医疗条件下，是无法医治的。当年 10 月，毛泽东的母亲病逝。毛泽东悲痛万分，写下一篇感人至深的《祭母文》，回顾母亲“育吾兄弟，艰辛备历。摧折作磨，因此遘疾”“母亲高风，首推博爱”“爱力所及，原本真诚”，母亲的真诚、博爱、诚信品德，潜移默化影响了毛泽东，使他终生受益。1959 年，毛泽东回韶山，在故居父母亲的卧室，看到母亲的照片，沉痛地说：“如果有现在的医药条件，我母亲就不会死。”

1920 年 9 月 5 日毛泽东的七舅父文正兴病逝。当时，毛泽东正在发动湖南自治

○ 1959 年 6 月，毛泽东回到故乡韶山，同家乡人民亲切交谈

运动，他闻讯，披星戴月从长沙专程赶赴湘乡大坪唐家托，为七舅父奔丧。

中共第一次代表大会后，毛泽东担任中共湖南省支部书记，还兼任了湖南第一师范教员。1922 年 5 月中共湘区执行委员会建立，毛泽东任书记，辞去了教员职务，全力从事党的工作，自此成为职业革命家。当时党处在初创时期，党组织处在秘密状况下，毛泽东不便把自己和弟弟们在长沙的工作告诉舅舅。当时外婆家的舅舅、表兄弟，认为毛泽民、毛泽覃、王淑兰等都是毛泽东的推荐，在长沙工作，求得了生活出路，不知道他们全家都在边读书，边做革命工作，从事工人运动和学生运动。于是，文家亲友推荐“刘先生”来找毛泽东介绍工作，谋求生活出路。

7 月 5 日毛泽东给八舅父复信：“甥今年住家读书，没有在外边做事，幸喜身体还好，每天也还快活。”11 月 11 日毛泽东再次复信，说明他们都是在学习，“刘君实在无法位置”。

毛泽东与舅父、舅母家的亲密关系，引起了反动派的猜疑。1929 年湖南军阀何键派兵查封韶山毛泽东的家，也抄袭了唐家托舅父家，把八舅文玉钦捆绑折磨，虽然后来在多方营救下获释出狱，但身心受到极大的摧残，不久即辞世。毛泽东得知噩耗，“至深痛惜”，长年感觉有愧于舅父、舅母。

02

“我们两家同是一家，是一家，不分彼此”

——毛泽东与杨老太太

★

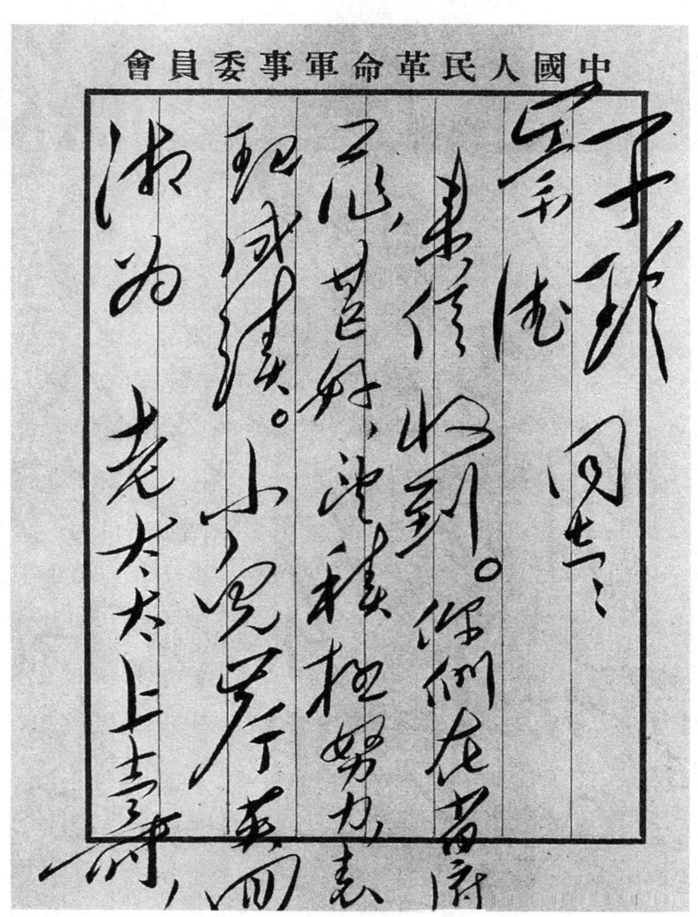
中國人民革命軍事委員會

子珍同志：

来信收到。你们在省府

工作甚好，望积极努力，表

现成绩。小儿岸英回

湘为老太太上寿时，

〇 1950 年 4 月 13 日，毛泽东致杨开智、李崇德信

1949年8月5日，长沙和平解放，杨开慧的亲哥哥杨开智夫妇狂喜般地走上街头，迎接解放军入城。6日，杨开智向解放军首长诉说了大革命失败后，特别是杨开慧被捕牺牲后遭受国民党反动派的迫害和苦难，想念毛主席的心情。这位首长提议，要他发一个电报给毛主席。于是，杨开智通过军用电台，致电毛泽东，祝贺妹夫对中国人民的伟大贡献，并告知毛泽东的岳母向振熙健在。老夫人很想念外甥毛岸英、毛岸青。又问及抗战时期去延安的女儿杨展下落，更关注毛泽东的身体，他知道杨开慧曾因为毛泽东的睡眠不好，找过中医，煎熬过中药……

8月10日，毛泽东复信杨开智：

杨开智先生：

来函已悉。老夫人健在，甚慰，敬致祝贺。岸英岸青均在北平。岸青尚在学习。岸英或可回湘工作，他很想看外祖母。展儿于八年前在华北抗日战争中光荣地为国牺牲，她是数百万牺牲者之一，你们不必悲痛。我身体甚好，告老夫人勿念。兄从事农场生产事业甚好，家中衣食能过得去否，有便望告。此复。敬颂大安。

毛泽东

八月十日

9月，王稼祥夫人朱仲丽回湖南省亲，毛泽东托她给岳母送去一件皮大衣，并附一信：

杨老太太：

你们好吧。现在托朱小姐之便，前来看望你们。一件皮大衣是我送给你的，两件衣料是送给开智夫妇的。

毛泽东

1949年9月11日

1950年5月（农历四月），毛泽东的岳母向振熙老太太八十大寿，毛泽东派遣毛岸英来湖南给老太太拜寿，并附上一封祝寿信：

向老太太尊鉴：

欣逢老太太八十大寿，因令小儿岸英回湘致敬，并奉人参、鹿茸、衣料等微物以表祝贺之忱，尚祈笑纳为幸。

敬颂康吉！

同时，也给杨开智李崇德夫妇一信：

子珍
崇德 同志：

来信收到。你们在省府工作，甚好，望积极努力，表现成绩。小儿岸英回湘为老太太上寿，并为他母亲扫墓，同时看望你们，请你们给他以指教为荷。此问

近佳！

毛泽东

一九五〇年四月十三日

5月初，毛岸英到达长沙板仓，向外婆拜寿。然后赴韶山。5月底6月初，回北京，在湖南约有一个月。

有人写文章，说毛岸英在板仓期间，参加板仓土地改革试点会议，对杨家阶级成分发表了意见。这不真实。1950年6月中央人民政府才颁布《中华人民共和国土地改革法》，7月8日湖南省政府主席王首道颁发第二号令，成立长沙市郊区土地改革委员会。19日成立长沙县土地改革委员会。与此同时，长沙县委组织工作组在石碑乡、福临乡试点。9月，试点工作结束。所以，毛岸英不可能参加板仓土地改革试点会议。

毛泽东对杨老太太怀有特殊的感情。他与杨开慧的结合，杨老太太是最先认可者。早在他们还在北京的时候，有一天，杨老太太高兴地告诉杨昌济，“开慧从来没有拿过针线，今天却在给润之补衣呢！”如果说，杨昌济看重的是毛泽东的才华，那么杨老太太认同的则是他们之间的感情。在毛泽东与杨开慧成婚后，杨老太太把他看得比杨开智更重要，乐于跟随毛泽东一起生活。自1922年开始，杨老太太就跟随毛泽东走，无论在中共湘区委员会，还是在上海党中央、广州农民运动讲习所，杨开慧、杨老太太都随毛泽东走。毛岸英、毛岸青都是在杨老太太的怀抱里度过他们的幼儿期。杨开慧牺牲后，又由杨老太太和杨开智的夫人李崇德一道，将三个小孩毛岸英、毛岸青、毛岸龙送往上海，交给毛泽民，送进党办的地下幼儿园。

女儿杨开慧牺牲、三个外孙失去联系、毛泽东音讯断绝，而且常有在战场牺牲的谣言，使杨老太太长期承受着巨大的悲伤与痛苦。

毛泽东对杨老太太，也尽到了儿女的孝心。自从中华人民共和国成立开始，毛泽东每年给杨老太太寄两次生活费，每次600元。有时秘书忘记了，毛泽东便叮嘱补寄。1954年3月2日，毛泽东给秘书田家英信：

家英同志：

……今年寄杨家补助费1,200万元（注：解放初年10000元，等于现在人民币1元）。上半年的600万元宜即寄去，请予办理。

1962年春，毛岸青、邵华由大连回北京，毛泽东风趣地说："新媳妇总该去认认家门，让外婆和亲友们看看吧。"毛岸青、邵华遵照父亲的嘱咐，回到长沙板仓向外婆拜寿。92岁高龄的杨老太太，一手拉着岸青，一手拉着邵华，端详来，端详去，高兴得热泪盈眶，沉浸在幸福之中。

11月杨老太太逝世，享年92岁。毛泽东致信杨开智：

开智同志：

得电惊悉杨老夫人逝世，十分哀痛。望你及你的夫人节哀。寄上五百元，以为悼仪。葬仪，可以与杨开慧同志我的亲爱的夫人同穴。我们两家同是一家，是一家，不分彼此。望你节哀顺变。敬祝

大安。

毛泽东

一九六二年十一月十五日

毛泽东是人，不是神，是血肉之躯，一生充满着人情味。自从毛泽东与杨开慧结婚之后，毛、杨两家"是一家"。杨老太太逝世，毛泽东特地提议"可以与杨开慧同志我的亲爱的夫人同穴"，充分表达了他对杨老太太的尊敬与对杨开慧的热爱、怀念。

1965年，作者在长沙市上营盘街30号杨开智家里访问。杨说："润之给我的信件、电报，不少于10封。早年，他在湖南工作时，每年春节都要去板仓。自从岸英出生后，杨老太太就随同润之、开慧走，带小孩。50年代，杨老太太在世时，润之到过我这里，探望杨老太太。1959年，还请杨老太太和我们两夫妻（李崇德）到省委蓉园同桌吃过一餐饭，华国锋同志也在座，主席把我们向他作了介绍。往后，华国锋同志经常对我们问寒问暖，给了我们许多照顾。"

03

怀念恩师，关照后代

——毛泽东与王立庵

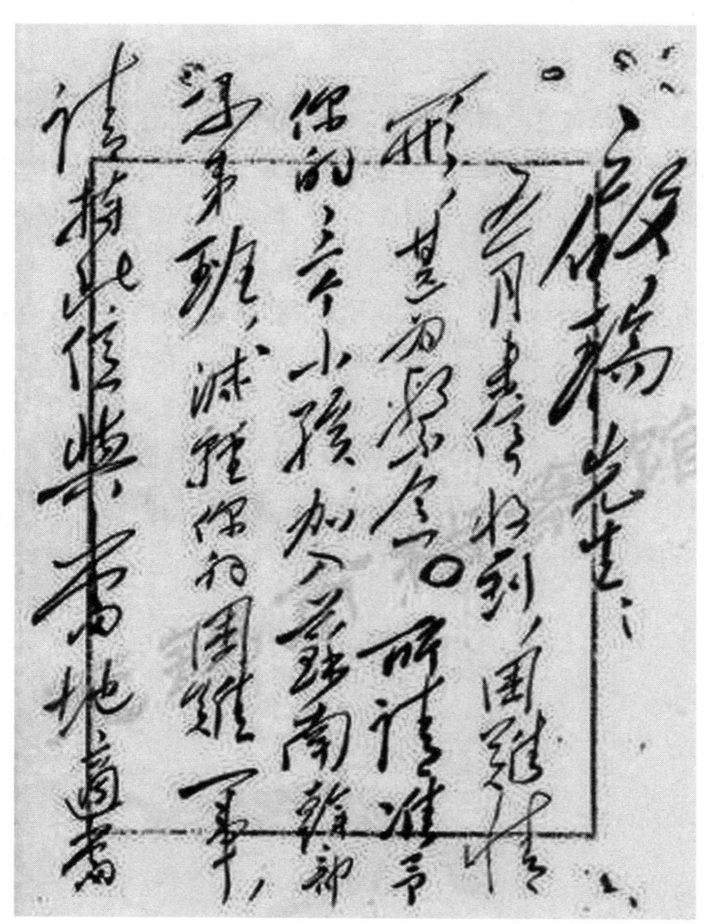

○ 毛泽东致吴启瑞信（局部）

1950 年 5 月，毛泽东收到寄自江苏省无锡师范学校附属小学老师的一封信，署名吴启瑞，自称是王立庵老师的儿媳妇，有八个孩子，其中三个还小，生活较困难，希望把三个最小的送入苏南干部子弟班，减轻一些负担。

“王立庵”，在毛泽东的脑海里是深深刻画了的名字。他对“吴启瑞”也有依稀的记忆，随即将信件转中共苏南区党委书记陈丕显，请他调查核实。

吴启瑞的信，激起了毛泽东的美好回忆：

王立庵是湖南第一师范的数学教员。毛泽东在校学习时，对数学不感兴趣，可是与这位数学老师的关系非常密切，颇得这位老师的关爱。1915 年上半年，以毛泽东为首发起驱逐校长张干的斗争，众多讲授自然科学的老师主张开除他，理由是“犯上作乱”，反对张校长；“破坏校规”，授自然科学课时经常旷课。唯独数学老师王立庵认为毛泽东是一个有天资的特殊学生，应该特殊对待，不能排除在学校门外。他果断地在杨昌济、徐特立、方维夏、黎锦熙、袁仲谦的“担保书”上，签署了“王立庵”。

这年暑假，毛泽东没有回韶山度假，想留在学校自修，但“住处未定”。“前友人招往浏阳，继吾不欲往，寓省城又无钱。”王立庵知道了，特地到学生宿舍把他拉到自己家里，腾出一间房子，作为他学习和住宿处，让他按照自己的学习计划，聚精会神地学习。为调节他的自学生活，也给他补习数学。王立庵的夫人特意把伙食办得好一些，补充他的营养……这一切，毛泽东是记忆犹新的。

1936 年毛泽东对美国记者斯诺说：湖南第一师范“有许多校规，我只赞成其中的极少数。首先我反对自然科学列为必修课。我想专修社会科学，对自然科学并不特别感兴趣，也不去钻研，所以这些课程我得的分数很低”。自然与自然科学老师的交往也不密切。但是对教过他的两位数学老师却怀有深厚感情，一位是他的姨表九哥——王季范，另一位是王立庵。

1950 年 7 月，毛泽东收到陈丕显调查核实的结果。19 日，毛泽东回复吴启瑞：

启瑞先生：

五月来信收到，困难情形，甚为系念。所请准予你的三个小孩加入苏南干部子弟班，减轻你的困难一事，请持此信与当地适当机关的负责同志商量一下，看是否可行。找什么人商量由你酌定，如有必要可去找苏南区党委书记陈丕显同志一商。我是没有不赞成的，就是不知道该子弟班有容纳较多的小孩之可能否？你是八个孩子的母亲，望加保重，并为我问候你的孩子们。

这是一位中华人民共和国主席与一个小学教师的书信往来，充满了系念和同情，表现了毛泽东支持与热爱儿童的思想感情和平等磋商的工作风格。在这似乎平淡的文字中，还蕴含了对老师王立庵的思念和报答。随后，毛泽东还从自己的稿费中取出 500 元，支助她的儿女上学。

1960 年 6 月 14 至 18 日，中共中央政治局扩大会议在上海召开，毛泽东总结建国十年来的经验教训，作了《十年总结》的讲话，侧重讲了“大跃进”、人民公社、多快好省总路线中的经验教训；但对文教战线方面的问题没有涉及。会后，他仍在上海做些调查研究。22 日，他致信中共上海市委书记处书记陈丕显：

丕显同志：

再烦你一事。如有可能，请通知吴启瑞，到此一行，明后两天内能到即可。只说你要见她。到时，请予以招待，我拟询问她一些事。

在毛泽东的要求下，第二天，吴启瑞从无锡来到了上海市。据后来吴启瑞回忆，毛泽东询问她的一些事，主要是小学教育情况。1958 年以来，教育界贯彻“教育为无产阶级政治服务，教育与生产劳动相结合”，出现了不重视科学知识，不重视课堂教学的情况，而且讲不得，谁讲了谁就是右倾……吴启瑞在学校、在众人面前不敢说的话，在毛泽东的启发下，讲了心里话。她说：在小学生中机械地贯彻“教育为无产阶级政治服务，教育与生产劳动相结合”的方针，只能是误人子弟。对天真活泼的小学生应注重身心发展，开发智力。毛泽东赞成她的观点。他在湖南第一师范任主事时就持此观点。

续后，毛泽东还询问了老师王立庵晚年的情况和吴启瑞的子女的情形。吴启瑞说：王老是抗战时期逝世的。他在世时，多次谈道：毛泽东胆识超群，又实事求是，是天生的社会革命家。还说：中国的希望，在延安。吴启瑞衷心地感谢毛泽东：承毛主席的关怀，几个大孩子参加了工作，小孩子也进了中学，她提出请求，希望能同主席合影，毛泽东欣然同意，在旁的工作人员举起照相机，咔嚓一声，留下了珍贵的会见。

会面结束后，9 月 2 日，毛泽东致信吴启瑞：

七月十九日的信收到，甚为高兴。选集及照片，已寄去了，收到时请告。

这里提到的“选集”是指 1960 年出版的《毛泽东选集》第四卷，“照片”就是这次毛泽东接见她的合影。

04

“一日之师，终身为父”

——毛泽东与袁仲谦

★

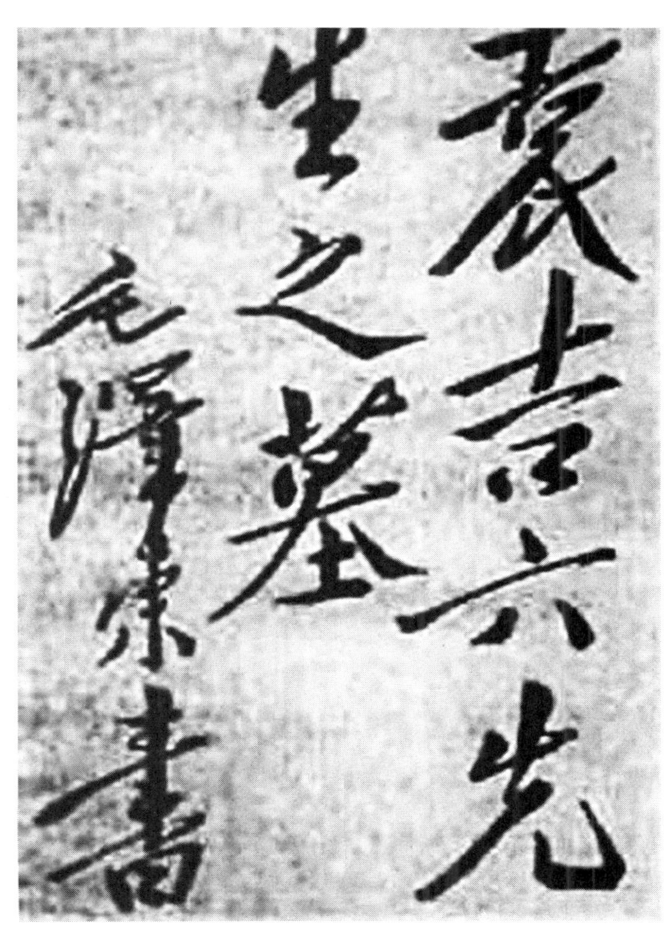

○ 毛泽东为袁仲谦题写墓碑

袁仲谦，字吉六，派名士策，生于1868年润四月十日，湖南新化（今属隆回县）人。自幼勤奋好学，对中国古典文学颇有研究，尤其精通唐宋八大家之一韩愈的文风。他于1897年参加科举考试，中举人。辛亥革命后，曾先后在湖南第一师范、明德中学、湖南大学任教，1932年病逝。

1936年10月，毛泽东在保安（今延安）的窑洞里同美国记者斯诺的谈话中回忆：湖南第一师范"有一个国文教员，学生给他起了一个'袁大胡子'的绰号。他嘲笑我的作文，说它是新闻记者的手笔。他看不起我视为楷模的梁启超，认为他半通不通。我只得改变文风。我钻研韩愈的文章，学会了古文文体。多亏袁大胡子，今天我在必要时仍然能够写出一篇过得去的文言文"。这个袁大胡子，就是袁仲谦。

1962年毛泽东曾向周世钊谈及袁仲谦。毛泽东回忆道：湖南第一师范是一个好学校，因为它有一批很好很过得硬的好老师。我最敬佩袁大胡子。这位老先生很有学问。他对学生要求很严格。我有很多东西是他教给我的。我要感谢他对我的教育。

毛泽东在第一师范求学时，袁仲谦就十分器重毛泽东，认为他是一个有才华、有胆识的"特殊学生"。有一次毛泽东因反对校长张干增收学生学杂费，写了一份"驱张宣言"，惹怒了张校长。后经杨昌济、袁仲谦、徐特立、方维夏、王立庵等老师再三说项，才免于开除。袁老师对毛泽东的写作能力很欣赏，但不喜欢他的"梁启超式的文风"，要他攻读唐宋八大家的作品。毛泽东遵照袁老师的指点，认真钻研了韩愈的文章，不仅向袁仲谦借阅唐宋八大家的著作，而且还跑到长沙市玉潭街旧书店购买了一套《韩昌黎文集》。中华人民共和国成立后，韶山毛泽东故居纪念馆征集有毛泽东读过的《韩昌黎文集》，又在袁仲谦家里发现了毛泽东借阅书籍的便条两纸。在袁仲谦的指导下，毛泽东学会了"古文文体"。袁老师有伯乐的眼力，曾多次对人说："挽天下危亡者，必期斯人也。"

毛泽东的作文，议论纵横，气势磅礴，立意新颖，洋洋大观，有韩愈的文采，常被袁老师列为范文，向同学们推荐。《毛泽东选集》里常常可以看到韩愈文章中的词句，如《新民主主义论》中的"不塞不流，不止不行"，出自韩愈的《原道》。《反对党八股》中的"语言无味，面目可憎"，来源于韩愈的《送穷文》。1956年12月，毛泽东在同民建和工商联负责人谈话中，又提到韩愈的《送穷文》："我们也要写《送穷文》。中国要几十年才能把穷鬼送走。"今天，在习近平总书记领导下的中国特色社会主义新时代，我们正在做"精准扶贫"的《送穷文》，1000多年来的愿望就要实现了。

毛泽东不忘恩师。中华人民共和国成立后曾多次探询袁老师的下落。湖南省政府曾根据毛泽东的意思，于1950年在《新湖南报》发表过一则启事，寻找袁仲谦的下落。然而此时，袁仲谦已长眠，留有遗孀戴嫦贞。毛泽东得知后，立即邀她去北京参加1951年“五一”节观礼，同时邀请罗元鲲陪同前往。罗元鲲也是新化人，是毛泽东在湖南第一师范读书时的历史教员。

1952年毛泽东又为袁仲谦先生撰写墓碑“袁吉六先生之墓”，寄给罗元鲲，请他转交戴嫦贞。1955年毛泽东到长沙时，又派专人赴新化，看望袁老师的夫人。1964年毛泽东与王季范、周世钊、章士钊聚餐时，王季范因与袁仲谦是湖南第一师范的同事，得知袁的遗孀生活窘迫，乃作诗寓意：“袁胡教学有何奇，横扫千军笔一枝。一字千金何处报，其妻老病绝粮时。”毛泽东悟其含义，立即付出400元，以资感恩。往后，毛泽东经常汇款接济她的生活，直至师母戴嫦贞逝世，做到了“一日之师，终身为父”；知恩相报，垂范永恒。

05

“如日之升，如月之恒”
——毛泽东与张维一家

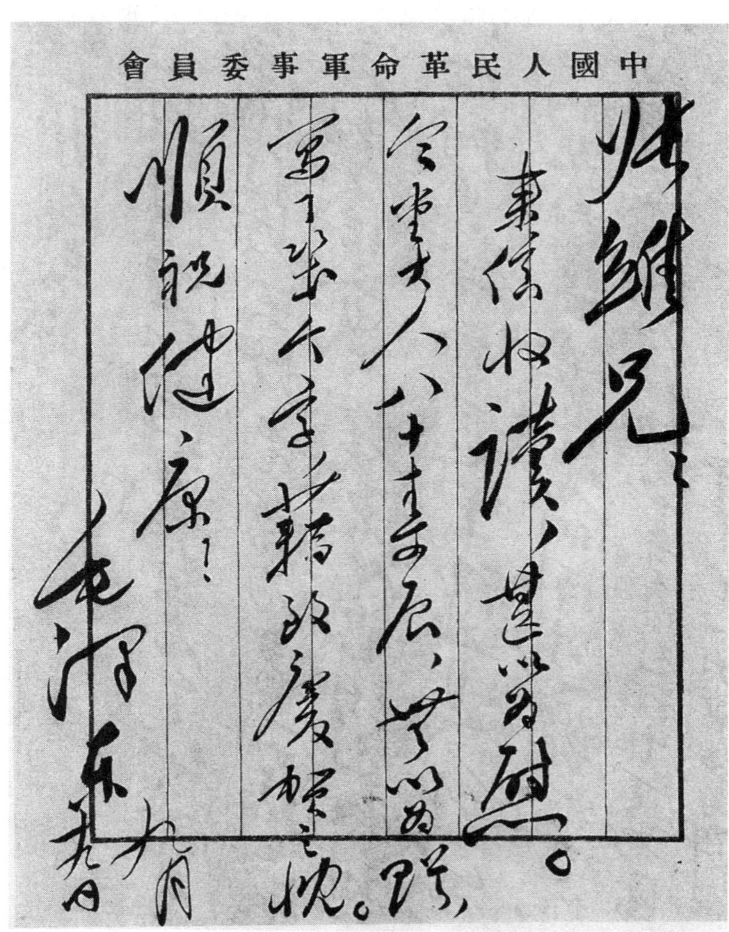
中國人民革命軍事委員會

张维兄：

来信收读，甚为感慰。令堂夫人八十寿辰，无以为贺，写了几个字，藉致庆贺之忱。顺祝

健康！

毛泽东

九月十九日

○ 1950 年 9 月 19 日，毛泽东致张维信

张维，字楚珩，湖南浏阳人。五四运动时，曾担任湘雅医学院学生会会长，湖南省学生联合会执行委员。湘雅医学院学生会办有《新湖南》，主编龙伯坚。在毛泽东创办的《湘江评论》被军阀张敬尧封闭后，张维、龙伯坚邀请毛泽东从第 7 期开始，主编《新湖南》，继承《湘江评论》的革命精神，使《新湖南》面目一新，成为鼓吹新思潮、新文化的号角。在毛泽东发动的驱逐皖系军阀、湖南省长张敬尧的运动中，张维、李振翩作为湘雅的学生代表，同其他各校代表在武汉集中，一致推举毛泽东为驻京驱张请愿团的团长。他们的友谊，源远流长，年深日久。

1920 年，张维从湘雅医学院毕业，前往美国留学，在哈佛大学攻读硕士学位。回国时，正值孙中山领导的国民党同中国共产党酝酿第一次国共合作，张维经毛泽东介绍，加入了孙中山领导的中国国民党，在湖南从事公共医疗卫生工作。张维的母亲王福庆原是湘雅医学院的护士长，后来晋升妇产科医生。

1923 年 11 月 13 日，毛岸青在长沙清水塘诞生，由张维的母亲王福庆负责接生和护理。12 月底，毛泽东赴上海，转广东，参加国民党第一次代表大会，委托张维的母亲协助照料、护理杨开慧母子，直至次年元月底，即旧历春节前，杨开慧带着小孩回长沙东乡板仓娘家。这种无私的帮助，毛泽东念念不忘。

1945 年毛泽东不顾个人安危，亲赴重庆与蒋介石谈判。当时张维在重庆。毛泽东在国共谈判的紧张、繁忙的间隙，挤出时间在中共驻重庆办事处，邀见阔别近 20 年的王福庆张维母子。老朋友久别重逢，分外高兴。毛泽东见面的第一句话，就是感谢张维母亲王福庆对杨开慧母子的照料。他们互道别后思念，交流了一个多小时。毛泽东征询张维，是否愿意去延安？张维坦诚地说："这次恐难成行。但我会为中国人民的公共卫生事业努力做出自己的贡献。我盼望着与你再重逢，我也坚信能够与你再重逢。"毛泽东说："好！我们一定会再重逢。你现在不能去，但同样可以为人民的卫生事业做些工作。"当时，张维担负联合国善后救济总署卫生业委员会主任。他以该总署章程中可利用的条款，组织了一批美国援华药品，装上几艘民船，亲自护送到新四军所在的江阴地区，解决当地军民燃眉之急。

解放战争时期，张维拟去解放区工作，突然接到身边工作人员的传话："毛泽东要张维和赵祖康留在上海。"上海解放后，张维才知道跟随他身边多年的工作人员赵祖康竟是中共地下党员。

上海解放后，华东军事管制委员会干部崔义田出任上海卫生局局长。他上任的第二天来到张维家，自我介绍："我是遵照毛泽东同志的指示来看望、问候你。毛泽东同志邀请你出来工作，并让我先听听你的意见。”张维激动地说：“我接受毛主席的邀请，愿意在有生之年，为人民的卫生事业贡献自己的力量。至于做什么工作，我想主要为培养新一代公共卫生人才出力。本来我准备回母校——湘雅医学院，但也可以留上海。请你转告毛泽东同志，由他定夺好了。”

不久，张维接到中央军委有关部门通知，请他出任上海第二军医大学卫生系主任，并明确为一级教授。

1950 年，张维的母亲王福庆八十大寿。毛泽东虽然日理万机，但他仍然念念不忘这位曾经照顾过杨开慧的老夫人的生辰，9 月 19 日，毛泽东致张维信：

张维兄：

来信收读，甚以为慰。令堂大人八十寿辰，无以为赠，写了几个字，借致庆贺之忱。顺祝健康。

在另一张信笺上，毛泽东为张维的母亲八十寿辰题词：“王福庆老夫人八旬致庆：‘如日之升，如月之恒’。”祝她老人家永远年轻，有如日月，寿比南山，福如东海。

王福庆老夫人收到题词时，特别激动：杨开慧的身影浮现在眼前，挥之不去。“毛主席国家大事那么忙，还写信给我祝寿。”她叮嘱张维和儿媳魏耀华：“你们要告诉孙辈们，时时都要记住毛主席的恩情，永远跟着毛主席、共产党。”

一个中国共产党的主席，中华人民共和国的开国元勋，为一个普通的老太婆祝寿、题词，是空前罕见的。

1957 年张维突患高血压中风，毛泽东得悉后，于 4 月 15 日给张维夫人魏耀华发来电报：

来信收到，深为系念。病情虽重，可能痊愈。尚望安心休养，争取好转。家属诸同志努力上进各节，自当遵嘱帮助，以尽故人应尽之责。请张夫人随时以情况见告。

这“故人”有两层含义：一是指自己，是老朋友的意义，尽老朋友应尽之责；二是指杨开慧，代替杨开慧尽其感谢之责。

1960 年 9 月 2 日毛泽东又致信张维：

惠书收读，甚为高兴。下次赴沪时当图良晤。你应好好养病，不要忧虑。如有困难，率直告我，不要藏在脑中。祝你愉快！并候张夫人好。

1961 年 5 月 7 日，是张维及全家最难忘的日子。那天下午，中共上海市委给张维电话："高兴地通知你，毛泽东主席今天下午会见你和你的夫人。我们即派车来接，请准备。"

张维和魏耀华来到锦江饭店会客厅门口，毛主席正缓步朝门口迎来。张维虽行动不便，在市委领导的搀扶下，使劲快步向前，边走边喊："毛主席，毛主席！"老朋友相会，紧紧相抱，亲切问候，好似回到了学生时代相见的场面了。

坐定后，两人用湖南家乡话拉起了家常，共同回忆张维母亲照顾杨开慧"坐月子"的情景：那时，岸青出生不足一个月，我要去上海转广州参加国民党第一次代表大会，杨开慧母子无人照料，相互依依不舍，幸有你母亲护理，我才放下心来。毛泽东赞扬他为新四军输送药品有功劳，称他"是一位爱国的民主人士"；对他不辞劳苦为新中国培养新一代公共卫生人才，终致积劳成疾，再次慰问。毛泽东叮嘱魏耀华："张夫人：今后应以照顾张维早日恢复健康为主要任务。"会见中，毛泽东还询问了张维各个子女的名字和所在单位。张维关心毛泽东的健康状态，提出了一些健康长寿的建议。亲切的会见，历时一个半小时。

1961 年 7 月 9 日毛泽东再致张维信：

楚珩兄：

惠书读悉，甚以为慰。送上照片三张及薄物一份，尚祈哂收为幸。顺祝贵体早日康复，并问夫人安好！

三张照片都有毛泽东的亲笔签名。一张是毛泽东的半身像，一张是毛泽东握手迎接张维，一张是亲切会见中愉快交谈的情景。送信人还将 5000 元现钞交给张维，说："毛主席让我转达，这是他个人稿费中的钱，是表达对你养好病的心意。"

张维很犹豫：对于这笔赠款，觉得受之有愧，又感到却之不恭。反复考虑：这是毛主席对老朋友的深情厚谊，决定收下来，并存入银行。同时，写信给在外地工作的各子女："你们要把毛主席的关怀当作前进的动力，更好地学习和工作。毛主席的赠款给世世代代留作纪念，都不能去花费它，永久存在银行里，支援社会主义建设。"

1963 年 3 月 31 日毛泽东又回信：

楚珩兄：

前后数信都已收到，甚为感谢。身体好一些吗？甚为悬念。顺问魏夫人康吉。

1963 年 12 月 14 日又有一信：

楚珩同志：

多次来信并附件都收到了。深情厚谊，关心政治、卫生工作，和我个人养生之法，极为感谢！久未作复，尚乞原谅。敬祝病体逐渐康复。并问魏夫人好！

毛泽东与张维的友谊，“如日之升，如月之恒”，是建筑在为民谋利、为国争光的基础上的同志之情。毛泽东致张维前后一共六封信，后来张维家属全部交给了中共中央办公厅永存。

06

“投我以木桃，报之以琼瑶”

——毛泽东与章士钊

○ 毛泽东与章士钊在中南海合影

章士钊，字行严，湖南长沙人，是早期同盟会会员。他与毛泽东之间交往颇深，1965年6月26日，毛泽东曾有信致章士钊，谈到“古人云：投我以木桃，报之以琼瑶。今奉上桃杏各五斤，哂纳为盼！投报相反，尚乞谅解”。毛泽东向章士钊何以“投我以木桃，报之以琼瑶”？这里有一连串夺人耳目的故事。

甲、不负重托

1896年6月创办的《苏报》，章士钊任主编。由于他在《苏报》上发表大量宣传推翻清王朝的文章，因此遭到清朝政府的迫害，这就是当时震动中华大地的“苏报案”。后来，章士钊又主编《民立报》。《民立报》由于右任创办，章士钊主编，毛泽东在辛亥革命前就阅读过《民立报》，得知黄兴广州黄花岗起义，了解孙中山领导的同盟会纲领，认识章士钊的为人。1914年5月，章士钊在日本东京创办了抨击袁世凯反对共和，复辟帝制的刊物《甲寅》杂志。杂志从1914年5月创办到1915年10月停刊，共出10期。青年学生毛泽东十分喜爱阅读《甲寅》，渴望研读章士钊揭露、批判袁世凯复辟帝制的罪行。然而他并不知道该刊只有10期，“欲阅甚殷”。1916年，他曾连续致信萧子升，“请吾兄以自己名义给暇向徐借第十一第十二期”。

毛泽东最初直接接触章士钊，约在1918年在北京大学图书馆工作期间，章士钊当年在那里当教授，毛泽东听过他的讲演。章士钊是杨昌济的好友，来往密切，从而与毛泽东接触也很多。他见毛泽东“天庭饱满，地阁方圆，听课全神贯注，动作十分潇洒”，认为毛泽东“是一位能够主宰纲常、前途无量的青年”。有一天，他向杨昌济逗趣道：“杨先生，你有眼力，给霞姑娘选了这样一位前途无量的后生。”

1920年元月，杨昌济逝世，章士钊、毛泽东等都是杨昌济逝世“讣告”的起草者、签名者。

杨昌济逝世前，曾给章士钊写了一封遗书：“君不言救国则已。言救国必须重二子。”这“二子”是指毛泽东、蔡和森，当时他们正在组织湖南青年学生赴法勤工俭学。1937年毛泽东曾向斯诺说：1920年春“到了上海，我了解到已经募集了一大批款项，协助把学生送到法国去，还拨出一些帮助我回湖南”。这位募捐者就是章士钊。章向上海工商界名流募捐银圆两万元。

这里有一个插曲：章士钊募捐的两万银圆，被华法教育会秘书萧子升“私吞了一半”。这是一个谣言，在湘籍留法勤工俭学生中不胫而走。萧子升为之苦恼，又不好明说。他曾致信熊楚雄（熊瑾玎）：现在我的处境“其艰难真为平生所未有。至于名誉地位种种之牺牲，已经是司空见怪，题中应有之义了”。蔡和森、李维汉、张昆弟这些马克思主义信仰者，他们知道另一部分钱是给毛泽东创办长沙文化书社，出版新民学会会员通信集，开展湖南人民自治运动，筹组共产党长沙早期组织等活动了。所以，罗学瓒对这类谣言“闻之好笑，但勤工俭学同志头脑这样不明了，亦可为叹”。

乙、毛泽东还债

1963年初，毛泽东问章士钊的女儿章含之：“行老有没有告诉你，我还欠了他一笔债没有还呢?”他充满感恩情怀地提起往事，笑道：“行老哪里晓得他募捐来的这笔钱帮了共产党的大忙。当时一部分钱确实供一批同志去欧洲，另一部分我们回湖南用去造反，闹革命去了。”毛泽东让她转告章士钊，“你回去告诉行老，我从现在开始要还他这笔欠了近50年的债，1年还2000，10年还完2万。”

章含之把毛泽东的话通报给父亲。章士钊回话道：“不能收此厚赠。当时的银圆是募集来的，我自己也拿不出这笔巨款。”当时一万元寄给了留法勤工俭学负责人萧子升、蔡和森，一万元给了毛泽东，完全是按照杨昌济的意思处理的。

毛泽东再次向章含之挑明：“我是用我的稿费给行老一点生活补助啊！你们那位老人家一生无钱，又爱管闲事，散钱帮助许多人。他这几年写给我的信，多半是替别人解决问题。我要是明说给他补助，依据他老先生的脾气是不会收的，所以我说还债。你就告诉他，我毛泽东说的，欠的账无论如何是要还的。这个钱是从我的稿费中付出。”

几天后，毛泽东派秘书徐业夫送上第一个2000元。以后，每年春节正月初二，送上2000元。十年后，毛泽东又说：“从今年开始还利息，50年的利息，我也算不清应是多少。就这样还下去，只要行老健在，这个利息就要还下去。”

由于章士钊从来不谈自己的革命经历，倒是常说自己走过的曲折道路，因而在他的儿女的头脑里仅有父辈做错的事。为此，毛泽东向章含之提问：“什么是‘苏报案’?”章含之无可奉告。毛泽东讲解道：“行老年青时代是一个反对清朝腐败政权的激进派。我们谁都不是天生的马克思主义者。他一生走过弯路，但大部分是好的。你父亲主编《苏报》，高举了反清的旗帜，被查封，他被迫流亡日本。在日本，他又创办《甲寅》杂志，揭露袁世凯的卖国罪行。”

丙、“再会有期”

1945 年 8 月，毛泽东应蒋介石的电邀，置个人安危于度外，毅然赴重庆与国民党谈判。当时章士钊任国民参政会参政员。会谈后期，毛泽东到章士钊家叙谈，问章士钊对时局的看法。章士钊沉思片刻，在一张纸上写了一个“走”字，并说：“三十六计，走为上计。”章认为蒋介石对和谈无诚意，正在加紧准备内战，应乘他未准备就绪，迅速离开重庆，防止突变。

毛泽东告别时，章士钊握手相送：“再会有期。”

章士钊的衷情热血，毛泽东永记不忘，常向章含之道及。

1949 年 4 月，章士钊作为国民党南京政府的和平谈判代表团成员来到了北京。由于蒋介石的幕后操纵，谈判破裂。章士钊首先表示留在北京，与国民党政府决裂。在他的带动下，南京政府谈判代表们吸取了张学良的教训，全部留在北京。

毛泽东接见章士钊时，紧握他的手说：四年前，你说“再会有期”。今天我们终于在北京会面了。章士钊满脸堆起笑容：我没有想到这么快！

中华人民共和国成立后，章士钊决定定居北京，而殷夫人则执意留在香港，于是章士钊就带奚夫人、大儿子章可、小女儿章含之从上海迁居北京。

当时，百废待举，章士钊体会到政府的困难，没有提出分房要求，恰好老友朱启钤先生在京住房较宽大，盛情邀请他合住，他就拉家带口搬进了朱家的后院。章家住后院的北房和东房，北房 20 多平方米，是章士钊夫妇的起居室，没有书房，厨房是和朱家共用。一住就是十年。

1959 年春天，春风拂煦，周恩来总理来看望章士钊。周总理察看了他的住房，感慨地说：“行老，你解放十年来还住在朋友家里，怎么从来不告诉我们为你找栋房子呢?！我太疏忽了，没有想到，对不起朋友啊！”后来，国务院机关事务管理局的同志去看望章士钊，提出有两套房子，一在东城，一在西城，任由他挑选。从日常生活方便起见，他选择了东城区，搬迁到东城灯市口史家胡同新居。

章士钊历任全国政协第一届委员，第二、第三届常务委员和全国人大第一、二届人大代表，第三届人大代表、常务委员，政务院政治法律委员会委员。1958 年 5 月，中央文史研究馆第一任馆长符定一逝世，毛泽东推荐章士钊接任馆长。他欣然上任，并说：这是我的爱好、本行。

丁、晚年仍笔耕不息

章士钊在他 75 岁高龄时，还抱着雄心壮志，修改了他在 1917 年撰写的《逻辑指要》一书。该书曾于 1943 年在重庆出版。1959 年章士钊把《逻辑指要》重庆版送给毛泽东。毛泽东看完这书，认为今天还有参考价值，建议稍作修改再版。章士钊听取了这一建议。他谈到《逻辑指要》再版的由来："北京解放后，一日，主席毛公忽见问曰'闻子于逻辑有著述，得一阅乎？'"于是，在章士钊的《逻辑指要》完成修改后，章士钊再送毛泽东审读。

毛泽东阅完修改版后，又于 1960 年 6 月 7 日致信章士钊：

实事求是，用力甚勤……垂老之年，有此心境，敬为公贺。既有颇多删补，宜为几点说明。

1961 年，《逻辑指要》由三联书店再版。

《柳文指要》是章士钊历时 10 多年研究唐代著名文学家柳宗元的著作，全书分上下两册，近百万字。写就后，赠送毛泽东一套。

毛泽东读完上册后，于 1965 年 7 月 18 日致信章士钊：

大问题是唯物史观问题，即主要是阶级斗争问题。但此事不能求之于世界观已经固定之老先生们，故不必改动。嗣后历史学者可能批评你这一点，请你要有精神准备，不怕人家批评。

经作者再三修改，《柳文指要》于 1971 年由中华书局正式出版。

戊、为两岸统一事业，星殒香港

1962 年 12 月 26 日，毛泽东邀请章士钊、王季范、程潜、叶恭绰等四位老人到中南海颐年堂，并请每人带一位子女同来。章士钊的女儿章含之随行。毛泽东的女儿李敏、李讷，女婿孔令华和部分身边工作人员参加了这次宴请。这四位老人，除叶恭绰（叶是广东番禺人，全国政协委员、中央文史研究馆副馆长、北京中国画院院长）外，全是潇湘老友。

1972 年下半年，章士钊要章含之报告周恩来总理，他想为祖国统一大业，去香港做点统战工作。总理说："行老的爱国赤诚可敬可佩！与台湾方面的对话，行老去是最适合不过的了。上次行老赴港，做了大量的工作，可惜这几年搞运动耽搁了。只是我考虑到，岁月不饶人，行老已是 92 岁高龄了，长途旅行恐怕吃不消啊！"

周总理把这件事报告毛泽东。毛泽东与其商量道："我们如果准备得好一点，是不是还可以去呢？譬如说派个飞机送去？"那时，大陆与香港还不能直接通航。

1973 年 5 月，经过周总理的周密部署、交涉、安排，章士钊的专机成为第一架中华人民共和国落降在香港启德机场的飞机。章士钊以 92 岁高龄，受毛泽东、周恩来之托，抱病去香港访问亲朋故友，为两岸统一，实现祖国统一事业而辛勤奔走。不幸，7 月，病逝于香港。

07

“你过去在反革命面前表示很坚决，没有屈服”

——致陈玉英信

陈玉英又叫孙嫂，是宁乡县（现宁乡市）坝塘人，家境贫寒。在 1926 年 12 月，杨开慧已是两个孩子的母亲，腹中还有一个即将诞生的小孩，而毛泽东正在湖南考察农民运动，杨开慧还需帮助他整理调查资料。在这种情况下，孙嫂陈玉英经人介绍来到了毛泽东杨开慧的家——长沙市内望麓园 1 号，承担了部分家务和带小孩的工作。陈玉英原本没有名字，只因丈夫姓孙，按湖南农村风俗，随丈夫姓氏，称孙嫂。当年在毛泽东家做事时，大家也只知道她叫孙嫂。后来，她随毛泽东杨开慧到武昌后，在街道错综复杂的情况下，多次外出不知道如何回家，还是毛泽东想了一个办法，按她娘家的姓氏给她取名陈玉英，连同毛泽东的住址武昌督府堤 41 号，写在一块白色布条上，挂在陈玉英的胸前。在杨开慧被捕时，陈玉英也被捕，关在监狱里，陪伴杨开慧度过了最后的岁月。

毛泽东始终没有忘怀同杨开慧共过生死的保姆孙嫂陈玉英。中华人民共和国成立后，曾多次打听陈玉英的下落。湖南省人民政府根据毛泽东的授意，于 1950 年在《新湖南报》发表过一则寻人启事，但因寻人启事未将“陈玉英”与“孙嫂”联系起来，查询起来较困难。经过很长时间的查访后，才找到了陈玉英。

陈玉英得知毛主席在找她，激动得热泪盈眶，请人代笔致信毛泽东问好，渴望知道毛岸英、岸青、岸龙的情况。毛泽东复信给她，并于 1950 年春，派长子毛岸英回乡探望杨家外婆、舅父舅母，毛家伯伯叔叔，文家舅舅舅母，又拜谢了带养他们的保姆陈玉英。

陈玉英见到又高又大、年青英俊的毛岸英，就想起了杨开慧的遗言“等他长大以后，你们就会好的”，心情无比激动。此时的她，在湖南地方政府的关照下，已在长沙得到了一个工作。而毛岸英这次来湖南，又把她的女儿从宁乡乡村接出来，安置在长沙读书。陈玉英感激涕零，致信道谢。8 月 19 日毛岸英复信：

我对你并没有丝毫特殊，组织上对你照顾是把你当作对革命有一定功的人看待的，这是你二十几年前，在敌人威吓面前，在敌人监狱中，挨打挨骂，坚定不屈的应有代价，这是你的光荣。

1951 年 12 月 23 日，毛泽东致信陈玉英：

十二月十八日给我的信收到了，很高兴。已有人告诉我，你过去在反革命面前表示很坚决，没有屈服。这是很好的。为了节省，你不要来京。你在长沙做工很好。你如果有困难，可告诉我，设法给你一些帮助。

祝你身体健康。

毛泽东在百忙中，曾二次邀她去北京，在中南海接见她。

第一次是 1956 年 6 月。毛泽东与她见面的第一句话："隔了三十年了，你还是老样子，好健康啊！"几十年的事情，毛泽东记得很清楚："开慧曾告诉过我，你对她很好。你和开慧在反动派的监狱中，很坚强，没有被敌人的严刑拷打所屈服。你们受了很多苦啊！我今天看到你，就像见到了开慧一样。"

在北京，陈玉英详尽地向毛泽东汇报了杨开慧与毛岸英在狱中对敌斗争经过：

1930 年 10 月的深夜，杨开慧被捕了，同时被捕的有陈玉英和年仅 8 岁的毛岸英。

湖南省长何键如获至宝，以为抓到杨开慧，就可破获共产党的高级机关，还可找到毛泽东的行踪，能在蒋介石面前邀功请赏。他们把杨开慧列为最重大的"政治犯"，由长沙警备司令部转到省清乡司令部，再转到陆军监狱；又指使长沙各报刊发表杨开慧被捕的新闻消息。一时间，长沙的土豪劣绅弹冠相庆。何键将审判杨开慧的任务交给省清乡司令部执法处长、凶残的"秃头猴"李琼，企图以软硬兼施的手段迫使杨开慧招供。他们用竹签刺指甲，用木杠压腰膝，用烧得鲜红的铁板烙皮肉，都没有使杨开慧屈服。

于是，狡猾而又凶残的刽子手、"秃头猴"李琼转攻孙嫂陈玉英。他们先是采取软化欺骗的手段，甜言蜜语道：你是保姆，只要说出哪些人与杨开慧有联系，就没有你的事了。你何必替她受苦呢！他们把大堆银圆放在审判桌上，企图以金钱收买她。他们见软的不行，就下毒手，把陈玉英的手脚绑成一个十字形，用皮鞭抽打。打得遍体鳞伤，血花四溅，仍没有一句话。陈玉英从入狱到出狱，敌人的审判记录，仅有两句话："我是保姆"，"不知道"。

1930 年 11 月 14 日，早上 6 点，北风呜咽，江水叹息，长沙师敬湾陆军监狱的大门打开了。杨开慧穿着新做的白大布衣服，外面套着她与毛泽东最后分手时所穿的蓝旗袍，脚上穿着洁白的袜子，踏着黑色带绊的粗布鞋，走出牢门。陈玉英携着号啕大哭的岸英站在另一间牢房里呼喊："妈妈，妈妈，你不要走，不要走呵！"杨开慧回过头交代岸英："岸英，你将来如果能见到爸爸，就说妈妈没有做对不起党的事，说我时常想念他。我不能帮助他了，请他多多自我保重。"

当讲到敌人对开慧的残酷施刑和牺牲时的惨状时，毛泽东的眼睛都湿润了，无限缅怀地称赞："开慧是党的好儿女，我最可爱可敬的夫人；你也是一个好同志，岸英是个好伢子。……革命胜利来之不易，我家就牺牲了六位亲人，有的全家都牺牲了。"

杨开慧牺牲后，孙嫂陈玉英和毛岸英才经人担保出狱。出狱后，陈玉英带着八岁多的毛岸英回到杨开慧的老家——长沙东乡板仓。1931 年春，湖南地下党组织接到毛泽民的来信，决定由杨开慧的母亲向振熙和杨开智的夫人李崇德，将毛岸英、岸青、岸龙护送去上海，进入上海地下党组织创办的幼稚园。这时陈玉英才告别杨开慧的家。

毛泽东听完孙嫂陈玉英的叙述后，无限感激地说："你以后每年可以来北京一次，看看北京的发展、变化。你女儿要来，让她来一次。你们就是我家里的人一样。"毛泽东把陈玉英视为"家里人一样"，可见其尊重，真正是"恩深似海恩无底，义重如山义更高"。

由于孙嫂没有文化，年龄又大，当地政府只能安排她做些照顾性的工作，因此工资较低，她的生活费和女儿的学费，长期得到毛泽东的稿费补贴。毛泽东特别关怀陈玉英母女的生活情况，1957 年 6 月 8 日，他曾致信陈玉英的女儿孙燕（孙佩君）：

佩君同志：

五月十六日的信收到。已在初中毕业，甚慰。升学的事，我不宜于向学校写信。能否考取，听凭学校。如不能升学，可以在家温课。寄上三百元给你母亲，以后还可寄一些。不要忧虑。

1957 年 12 月 17 日毛泽东又致信孙燕：

配君同志：

来信收到。我同意你的意见，不去乡村。你母亲年已六十，不能劳动，当然不宜下放。你年小，你母亲需要照料，可以不去。但此事应由党作决定。你可持此信和你母亲一道，去湖南省委统战部，找那里的负责同志谈一谈，请他作出决定。我这封信只是建议，不是决定。

问你母亲和你好。

信的末尾还补写了一句话：“去统战部时，可把你母亲照顾杨开慧同志的历史谈一下，使那里的同志了解情况。”

这是一字值千金、充满关怀的书信。一方面高度肯定孙嫂陈玉英对革命事业的贡献，“照顾杨开慧”，也就是支持毛泽东，支持革命；另一方面折射出毛泽东对杨开慧的无限怀念。

后来，孙燕遵照毛泽东的意见向中共湖南省委统战部汇报实情，获得统战部领导的批准，留城照料母亲，同时准备升学考试。

08

长沙脱险，是他透露的“秘密”

——毛泽东与刘策成

★

1923 年，投奔孙中山广州国民革命政府的谭延闿奉命北伐，爆发了谭赵战争。毛泽东就此撰写了《省宪下之湖南》《“省宪经”与赵恒惕》，揭露了赵恒惕假制宪、真独裁的军阀本质，再次刺痛了省长赵恒惕。在谭延闿、赵恒惕的战争中，毛泽东与中共湘区委员会公开支持谭延闿，又引起了赵恒惕的嫉恨。于是，1923 年 11 月至 12 月底，在谭的部队退出湖南后，赵恒惕政府拉开了封闭湖南自修大学，镇压水口山工人运动，缉捕毛泽东的黑幕。在风声鹤唳之下，时任省会警察厅厅长的刘武冒着巨大的风险，给毛泽东传递了信息。在各方人士的掩护下，约在 12 月 28 日至 31 日之间，毛泽东顺利脱险。

刘武，原名刘策成，字刘武，新邵县（原属宝庆）花桥乡田心村人。早年参加中国同盟会。1916 年，任湖南第一师范历史教员，是毛泽东的老师。毛泽东与刘策成师生感情尚洽，刘策成曾赞扬毛泽东“志气锐，思非凡，是奇才”。

刘策成与赵恒惕有姻缘关系，赵恒惕的侄女，是刘策成的儿媳妇。赵恒惕为巩固他的统治，1923 年 10 月任命刘策成为省会警察厅长。按照中国传统习惯，做了“官”，不便直呼其名，而应用尊称“字”，所以刘策成在任湖南省会警察厅长期间，以字“刘武”著称。1926 年 4 月赵恒惕被赶出湖南后，刘武也离开政治舞台，又恢复原有名字——刘策成，潜心从事教学和研究庄子，曾撰写《庄子集解内篇补正》。

1923 年 10 月至 1925 年 7 月，刘策成任省会警察厅厅长。期间，由于他常参加赵恒惕政府的上层会议，知道赵的动向，在了解到赵恒惕打算缉捕毛泽东的消息后，他第一时间透过当时担任长沙城东区警察署（所）署长王建屏（又名王钦安），把赵恒惕策划逮捕毛泽东的消息透露出来。

王建屏，湖南武冈县（原属宝庆）人，大革命时期是国民党左派，与毛泽东、何叔衡都有交往，特别是与在长沙的武冈进步学生袁也烈等人交往多。他与刘策成私交甚密。刘策成在赵恒惕召开的警务工作会议上，接受抓捕毛泽东的任务后，立即单独召见长沙东区警察署署长王建屏。刘策成说：省长赵恒惕要缉捕毛泽东。毛泽东是我的学生，也是你的朋友。你设法把这信息传给他，既能使毛泽东脱险，又能使我向赵省长圆满交差。

为人正直、办事谨慎的王建屏，把此事交给随身警卫万震侯、周维武，他们当夜前往清水塘，通报毛泽东。然而此时毛泽东并不在家，他们又赶到仓后街湖南全省工团联合会会址，面告毛泽东。第二天清晨，毛泽东离开长沙，脱险。之后，王建屏亲率东区警察署警士，大造声势，在长沙市区搜捕毛泽东。

抗日战争爆发后，刘策成上书蒋介石，劝他联合共产党一致抗日。1939 年周恩来到南岳衡山视察游击干部训练班，刘策成专程上山拜访。周恩来告诉他："毛泽东同志向我谈过你和他在长沙的往事"——老师援救学生。也在这一年春天，徐特立居住在邵阳双坡岭五井塘附近的农民家里，刘策成前往探访，请徐老转告毛泽东，他赞成共产党的抗日主张。

中华人民共和国成立初，刘策成写信给毛泽东，希望获得一个从事文史研究的工作岗位。毛泽东三次复信。第一次是 1950 年 8 月 16 日：

策成先生：

来信收阅，甚悉。家庭土地财产，一切交农会处理。至于你要工作，不需来京找我，我跟湖南有关同志打了招呼，你可去长沙找省长程潜即可。

刘策成收到第一封信后，立即前往长沙找程潜省长，之后被安置在湖南省人民政府参事室任参事。刘策成希望到省或中央文史馆，继续从事《庄子》的研究。毛泽东尊重他的敬业品德，故又有第三封复信。

策成先生：

大士所为《庄子集解内篇补正》收到，谢甚！工作一事已函告统战部李维汉部长，请与该部接洽为荷！

一九五一年二月十四日

刘策成被安置到中央文史研究馆。中央文史研究馆的通知原文是："刘武先生：兹决定 4 月 9 日在文史馆召开委员会议，希届时出席为荷。"

同年 6 月，中央文史馆下达聘书："特聘：台端为中央人民政府政务院文史研究馆馆员。此致刘武先生。总理周恩来。"

★

四

不忘师表，敬老尊贤

“尚贤者，政之本也”（《墨子·尚贤上》），敬老尊贤，是中国传统文化的内容，是执政者选择人才首先注重的问题。特别是老师，列在家家户户“天、地、君、亲、师”位的神案上，受到尊重。毛泽东宴请塾师毛宇居，同乡先贤李漱清，恭请他们“坐上席”。敬奉老师黎锦熙“弟自得阁下，如婴儿之得慈母”。尊称徐特立“你是我二十年前的先生，你现在仍然是我的先生，你将来必定还是我的先生”。对拟要开除他学籍的校长张干，以德解怨，而且看重他不与旧势力合流的高尚品质，“解放以前吃粉笔灰，解放后还吃粉笔灰，难能可贵，难能可贵”！并以自己的稿费资助他安度晚年。从他们的书信交往中，可以窥见毛泽东身上的中国传统文化基因。

01

“礼轻仁义重，敬老尊贤嘛”

——毛泽东与李漱清

★

“尚贤者，政之本也”。敬老尊贤，是中国的传统文化，是执政者用人之本、首选条件。毛泽东宴请塾师毛宇居，同乡先贤李漱清，恭请他们“坐上席”；多次与他们通信，恭听他们的意见。《毛泽东致韶山亲友书信集》收录有毛泽东致李漱清的信 4 封，给他的儿子李介侯的信 5 封，从中可以洞察毛泽东的尚贤美德。

李漱清是毛泽东少年时代韶山村里一个比较进步的秀才、乡村教师。他曾在地方自治法政专门学校学习，接受资产阶级民主主义思想，懂得一些法律和维新的知识。在毛泽东与斯诺的谈话回忆里，就曾提到过李漱清：这时还有一件事对我有影响，就是本地的一所小学来了一个激进派教师。说他是激进派，是因为他反对佛教，想要去除神佛。他劝人们把庙宇改成学堂。大家对他议论纷纷，我钦佩他，赞成他的主张。这位激进派老师就是李漱清。

毛泽东停学在家劳动期间，经常到李漱清家去看书、借书、请教。毛泽东有关法律的知识、康梁维新改良思想，都是从李漱清那里获取的。李漱清很器重这位天赋不凡、好学上进的少年，常向他推荐进步书报。毛泽东幼年时期曾随母亲在每月的初一、十五，在佛神、祖宗菩萨面前打躬作揖。这时，在李漱清影响下，他开始由信佛转向不信佛。

毛泽东常向他谈及想继续升学，学好本领，报效国家，父亲毛顺生却要他去经商，并将他送进了湘潭县城“宽裕粮行”，学习做生意，试验了几个月，觉得不是滋味，辞别归家，要求继续升学，与父亲发生矛盾，请求李漱清帮助说服父亲。李赞许道：“你这个年纪风华正茂，要立志向上，外出求学。”他满腔热情地答应：“我支持你，一定出力。”随后，毛泽东邀请李漱清、毛宇居、文运昌到家里说服父亲，进入了湘乡县立东山高等小学堂。离家时，他写了一首诗：“孩儿立志出乡关，学不成名誓不还。埋骨何须桑梓地，人生无处不青山。”夹在父亲的记账本内。

1925 年 12 月，毛泽东在广州担任国共合作的国民党中央宣传部代理部长，创办了宣传部的机关报《政治周报》，邀请李漱清去广州协助编辑。次年，蒋介石提出所谓“整理党务案”，限制共产党人在国民党中央党部担任部长职务，林伯渠、毛泽东等被迫辞去部长、代部长职务，《政治周报》也随后停办，李漱清回到湖南，先后在省农民协会和清理逆产委员会工作。马日事变后返乡，继续执教。

李漱清作为一位进步、正直、支持革命的乡村知识分子，他教育儿孙跟随毛泽东干革命，为革命献出了三个儿孙。长子李耿侯是毛泽东介绍吸收的共产党员，曾任韶山特别区农协执行委员，中共韶山特别区执委会组织委员，韶山农民自卫军负责人，参加了秋收起义、湘南起义、井冈山斗争。后在井冈山的斗争中牺牲。第三个儿子李贡侯，1926 年参加革命，共产党员，曾任江西崇义县委宣传委员，1929 年随从红军大队行动，在崇义战斗中牺牲。李德深是李耿侯的儿子，1927 年加入中国共产党，参加常宁水口山铅锌矿工人暴动，1928 年随红军行动，在耒阳战斗中牺牲。自毛泽东领导湘赣边秋收起义后，李漱清就不知道三个儿孙的去向，只晓得他们是跟随毛泽东上井冈山，打游击去了。

1949 年，天安门升起五星红旗，毛泽东在天安门向全世界庄严宣布：“中国人民从此站立起来了。”红色电波传向世界，传到韶山村。李漱清狂喜之余，要求二儿子李介侯赶快致信毛泽东庆贺，顺便询问儿孙的下落。

1949 年 11 月 17 日毛泽东复信李介侯：

介侯先生：

惠书敬悉，深感厚意。

耿侯兄自一九二八年在湘赣边界之宁冈县见过一面，随即率队返湘南以后，未再见过。传闻殉难，似属可信，时地则无从查问了。

尊翁健存，可为庆贺，尚祈转致问候之意。

1950 年，李漱清给毛泽东写信，诉说别后的思念和艰难历程。在国民党白色恐怖的日子里，他是三个“共匪”的长辈，时时遭受迫害，家破人亡。革命胜利了，自己已是暮年，不能为国效力，而且自己的生活也不能维持了。

同年 8 月 23 日，毛泽东复李漱清信：

惠书收到，极表同情，已将尊件转寄湘潭县人民政府酌量办理矣。

因为当时湘潭县尚无适当单位安置，就将毛泽东转来的信件呈送省政府。鉴于李漱清的革命事迹和培养革命人才的贡献，湖南省政府聘请他任湖南省文物管理委员会委员、湖南省文史研究馆馆员。

毛泽东对牺牲的烈士甚为思念，对于烈士家属特别关照。同年 11 月 12 日毛泽东又复信：

漱清先生：

李耿侯、李贡侯、李德深三人为革命牺牲，均应发给光荣纪念证件，请持此往湘潭县府洽办为荷。

在毛泽东的亲自过问下，李耿侯、李贡侯、李德深的烈士证件得到按时办理。

1952 年夏天，“为了了解乡间情况”，毛泽东邀请李漱清、邹普勋二位前往北京相聚，李漱清深感荣幸，连忙整理行装上京。

9 月 26 日，李漱清、邹普勋被接进中南海。同时被邀的还有毛泽东在湖南第一师范的校长张干、历史教员罗元鲲。

李漱清见到毛泽东既高兴，又羞愧，情不自禁地说：“我有点害怕。”

毛泽东察觉了：“都是老熟人，老朋友，随便一点，怕什么？”要大家放松些。

“见了‘皇帝老子’，我就慌张！”李漱清既是讲心里话，又似开玩笑地说。

“如今还有什么‘皇帝老子’？‘皇帝老子’也是人，是凡人！”毛泽东的话音未落，大家笑起来！

李漱清提起何键在 30 年代派兵到韶山挖毛家的祖坟，毛泽东说：“何键没办法，打不赢就挖坟。”

李漱清问：“你家的房子是否修理一下？”毛泽东当机立断：“不要修整。保存原来的样子。”停顿片刻说：“房子要住人，借给没有房子的农民居住。”

说话间，李漱清把韶山乡党支部的一份材料递给毛泽东。毛泽东浏览后说：“要组织起来搞农业合作化，单干不行，单干生产发展不起来。当年你老是主张拆祠堂、毁庙宇，办新式学堂的，是一个激进派。现在搞互助合作，你老也要带个头。”

这一天，毛泽东亲自陪同李漱清、邹普勋、张干、罗元鲲游览了中南海。在有关部门的安排下，李漱清等人饱览了京华名胜。10 月 1 日，登上了天安门前的观礼台，与首都人民同庆中华人民共和国的生日。

告别时，毛泽东略带歉意地说：“你们送来了家乡特产，可是我没有特产品送。如今我并不富，不像过去的皇帝那样，要什么，有什么。给你们各送一套制服，一件呢子衣和 100 元人民币。礼轻仁义重，敬老尊贤嘛！”

02

“还要才、德、望啊”
——毛泽东对符定一的评论

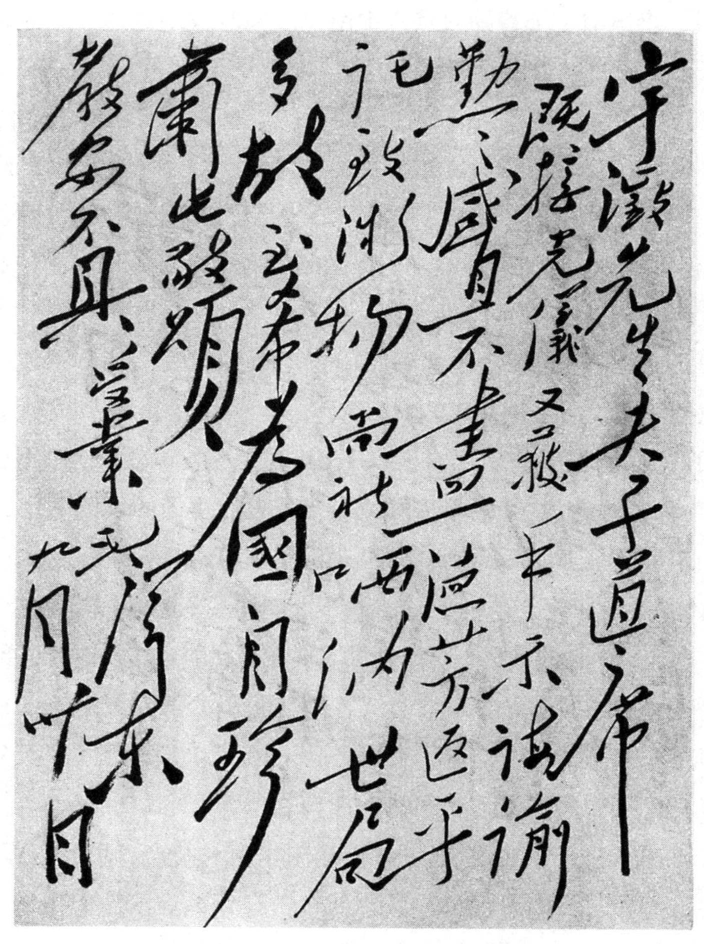

○ 1946 年 9 月 30 日，毛泽东致符定一信

符定一，字宇澄，湖南省衡山县白果镇晓南村人，中国近代著名文字学家，先后著有《新学伪经考驳谊》《说文本书证补》《说文古籀本书证补》《柬笔字》《联绵字典》等。毛泽东邀请这位学贯古今的老师担任中央文史馆馆长，符定一风趣地说："这个职务只要老而贫的文人当就可以了。"毛泽东补上一句："还要才、德、望啊！你在这三个方面全都具备呀！"

北平解放前夜，毛泽东在石家庄和符定一讨论建国方略时，就说过共产党对德高望重、生活困难的老年学者应予安排，要设立一个机构。中华人民共和国建立后，就着手筹备。1951 年 6 月 23 日，符定一写信给毛泽东，汇报中央文史馆筹备情况：

润公主席：

启者：一般旅京老人生计困难，去岁以来，他们因我公关怀，有设立养老机构之意，风声所播，彼等不胜欢欣之至。去岁下半年，周总理秉承德意，屡次向本人表示，决定由政务院设立文史研究馆。本人遂邀集若干老人座谈数次，征求众意，并陈述老人对于文史馆研究的办法……现时文史馆事已筹备齐全，只要主席一批，即时可以开馆……若因文史馆的职员不能定，遂使文史馆迟延开办，则请政府先发表一批老人名单，先期照单接济。

毛泽东接到报告，随即批转中央人民政府办公厅主任、政务院副秘书长齐燕铭："生计太困难者，先行接济，不使挨饿。"并叮嘱符定一提出一批拟吸收为中央文史馆馆员、又急需救济的老先生的名单。

符定一的报告，不仅使许多德才兼备的老年知识分子免于挨饿，而且加速了文史馆的成立。一个月后，7 月 29 日，中央人民政府政务院文史研究馆正式成立，符定一被任命为第一任馆长。

符定一是毛泽东 1912 年在湖南省高等中学读书时的校长、在湖南第四师范学习时的英文老师。1912 年上半年，年方 19 岁的毛泽东退出新军后，连续报考实业、法政、商业等专门学校，都以优异成绩被录取，最终他以第一名的成绩选择了省立中学。毛泽东在这里仅读了半年书，却给符定一留下了终生难忘的印象。

这一年，学校举行了作文竞赛，毛泽东以刚健的笔力，鲜活的文风，观点独特，获得第一名。符定一从语文教师柳潜庵手里调来毛泽东的作文本进行复查，看平日的文章写得怎么样，他打开作文本一篇篇审察，果真篇篇都有柳潜庵老师的赞语，其中一篇《商鞅徙木立信论》，署名"普通一班毛泽东"，全文 620 字。符定一阅后，说："这是栋梁之材，前途宏远。"在颁奖会上，符定一给毛泽东一等奖。中华人民共和国建立后，毛泽东曾请符定一先生到中南海丰泽园家中做客。毛泽东说：“你是我学生时代的老师、校长，我的语文、历史知识离不开老师的教诲。”

符定一费时 32 年，撰成《联绵字典》稿本 87 册，计 400 余万字，1943 年出版。他在序言中自述：“余之撰此书也，历三十余年……自晨兴至夜半工作恒逾十四小时。”可谓治学严谨，勤劳敬业。《联绵字典》问世时，轰动全国，章太炎称赞此书：“实较明人《骈雅》为优。”符定一亦自负，自刻印章“古今中外第一大著作家”。谢觉哉阅读了符定一赠送的《联绵字典》，评议道：“非常之事产生非常之人。非常之事常有，要做一个非常之人却难。”为他坚忍不拔的治学精神而感慨。

中华书局两次再版《联绵字典》。《联绵字典》的问世、再版，使符定一声名鹊起、众望所归。毛泽东伯乐相马，选定他担任第一届中央文史馆馆长。

符定一的人生，也充满曲折，与杨度有相似之处。符定一在袁世凯做皇帝梦时，曾与叶德辉在长沙组织筹安会湖南分会，并任副会长，为袁世凯复辟帝制摇旗呐喊，一时堕入迷雾。袁世凯暴死后，符定一也受到湖南各界的唾骂，从此弃政从教，潜心文字学研究。此后，他与杨度一样，痛恨帝国主义和国民党反动派的肆虐，随着时代潮流而前进。在抗日战争初期，他通过徐特立，与毛泽东取得了联系。从此，他决心同中国共产党走。1943 年，他拒绝国民党的高官厚禄，从重庆回湖南衡山隐居。次年，因为发表反蒋言论的“罪名”被国民党七十三军秘密逮捕，后经乡亲营救出狱。

1946 年春，王震、王首道率三五九旅南下支队路经湘潭、衡山时，符定一派遣儿子前往迎接，当向导，并与地下党建立了联系。在湖南地下党的安排下，符定一秘密前往北平，会见了中共代表叶剑英。6 月 10 日，应毛泽东邀请，在女儿符德芳的陪伴下，与著名法学家陈瑾昆结伴到达延安。当晚，毛泽东便设宴为符定一、陈瑾昆洗尘。毛泽东多次接见符定一，听取他的意见。符定一在延安公开发表讲话，痛斥蒋介石发动内战。9 月，符定一告别延安，先行回北平，从事高等教育工作，并在叶剑英同志领导下，参加反蒋的地下斗争。而符定一的女儿符德芳留在延安，10 月初才返程，毛泽东捎上一些礼物，并付上一信，交符德芳带去。信上说：

宇澄先生夫子道席：

既接光仪，又获手示，诲谕勤勤，感且不尽。德芳返平，托致微物，尚祈哂纳。世局多故，至希为国自珍。肃此。敬颂

教安。不具。

受业毛泽东

九月三十日

在中国的文坛上，唯有对大学问家称“夫子”，如孔丘，人们常称“孔夫子”。毛泽东很敬重这位博学的老校长，故尊称他为“宇澄先生夫子道席”；衷心地感谢他在延安当面指教；返回北平后，又以书信建言，“诲谕勤勤”，感激不尽。故落款“受业毛泽东”，其谦虚、诚恳地敬重老先生，令人钦佩。

1947 年，符定一在北平再次被国民党特务逮捕。叶剑英闻讯，设法营救，北京各大学 80 余名教授联名向国民党抗议，才被释放。

1948 年秋，符定一响应中共中央号召，由北平化妆去西柏坡，参加新政协筹备工作，受到毛泽东、周恩来接见。1949 年，毛泽东发表《将革命进行到底》的新年献词和关于时局的声明，符定一与李济深、沈钧儒、郭沫若等联合发表《对时局的意见》，支持中共中央提出的八项国内和平条件。

符定一赞美毛泽东领导中国人民创立新中国，建设新社会的事业是“秦皇汉武之业”。毛泽东婉转解释道：“先生是著作家，似不宜与古代封建帝王的事业作类比。”

符定一先后当选为首届全国政协委员、全国人大代表、政务院文化教育委员会委员等职。

符定一出身于地主家庭，本人是自由职业者、民主人士，对革命有贡献，因而也有自满情绪。1950 年春，湖南农村开展减租退押的斗争，原有佃户要求符家减租退押，符定一思想没有转过来。他在与衡山县政府的来往书信中，对减租退押抱冷落不满态度。衡山县人民政府县长高怀亨，将符的态度呈报中央人民政府。毛泽东见到报告，转给总理周恩来、中共中央统战部部长李维汉、中央人民政府秘书长林伯渠，“请统战部考虑是否应将衡山县来件送符定一先生一阅，并告诉他，他去的信中有些话写得不妥”，并嘱咐李维汉“因衡山县长要回信，请用统战部名义回衡山一信，说明与符谈话情形，并指出衡山县长的立场是正确的。但退押事可以不提了，因湖南现已停止退押，符也没有钱可退，他现在确实很穷”。

在统战部部长李维汉的启发下，符定一的思想认识提高了，并表示要省吃俭用来退押，同时交出在乡村的房产契约，请统战部转交当地政府。为此，1951 年 2 月 21 日，毛泽东写信告诉他：

宇澄先生：

来示敬悉。退押事及房契一件，已交统战部李维汉部长，与先生商酌处理，请与统战部接洽。

从这些书信、批语，可见毛泽东的实事求是精神，既坚持原则，支持地方党政工作，又满腔热情帮助民主人士，团结他们，信任他们，让他们放手工作。

1958 年 5 月，符定一在北京病逝，享年 81 岁。

03

“张干是老教育工作者，应当照顾”
——毛泽东与张干

1950年10月5日，中南海丰泽园的客厅里充满欢声笑语，这是毛泽东举行家宴，欢迎湖南第一师范的同学周世钊，请来了老师徐特立、九哥王季范和老朋友谢觉哉、熊瑾玎。他们一边饮酒，一边漫谈回忆在一师的日子。毛泽东忽然问周世钊：“我们的老校长张干还健在吗？”

张干，名攸凰，字次仑，毛泽东在湖南第一师范学习时任该校校长。“还健在。”周世钊详述了张干的情形，“他一直在教书，现在还在妙高峰中学教数学。”

毛泽东情不自禁地打断了周世钊的话。“还在吃粉笔灰？张干这个人办事果断，很有魄力，是个很有才干的人，才三十几岁就当了我们的校长，不简单啦！当时我很不喜欢他，认定他这个人一定会向上爬。实际上他当时要爬上去也是很容易的。可是，他并没有爬上去，没有进入仕途，解放以前吃粉笔灰，解放后还吃粉笔灰，难能可贵，难能可贵！”

“是的，润之。”徐特立微笑道，“张干年轻有为，而且有股韧性。”

熊瑾玎回忆道：“当时我常说：张干张干，肯干肯干。他有一种湖南人特有的蛮干精神。”

王季范接过话头说：“当年张干看到你与萧三起草的驱张宣言，他怒发冲冠，是因为你们触犯了他的尊严。他自尊心很强。说有什么政治目的，这倒并不见得。”

毛泽东接下来说：“现在回过头来看，当时驱张没有多大必要。”

1915年上学期，省议会颁发了一项新规定：秋季始业时，每个师范生每期需缴纳10元学杂费。10元钱在当时是一个不小的数目，给家境贫寒或因种种原因得不到家庭接济的学生带来了失学的危险。学生们议论纷纷，群起反对，尤其是原四师的同学要多读半年书，早有不满情绪。有人说，这个新规定是张干的建议，他想向上爬。这就火上泼油，一触即发，导致了一场驱赶校长的学潮。酝酿罢课的时候，有人搜集一些所谓张干私德不好的材料，根据那些材料起草了一份宣言，指责张干不忠、不孝、不悌，不堪为人师表。毛泽东看了宣言，认为没有击中要害，对萧三说，我们不是反对他当家长，而是反对他当校长，要把他从校长的宝座上拉下来，就要揭发他办校无能。大家觉得很有道理，推举他另写一个宣言。毛泽东邀萧三在学校后山君子亭起草了一份约 4000 字的宣言，指责张干对上阿谀奉承，对下专横跋扈，办学无方，贻误青年。大家一致叫好，连夜赶紧印成传单，在校内外散发。

张干看到传单，怒发冲冠。恰有同学向他告密：宣言是毛泽东起草的。张干根据文章的气势磅礴，笔力雄健，也断定是毛泽东所为。在全校教师大会上，提出要挂牌开除毛泽东等 17 个带头闹事的学生。当场遭到杨昌济、徐特立、方维夏、黎锦熙、袁吉六、王立庵、王季范等老师的反对。省教育司派督学来调处，要学生复课。学生提出："张干一日不出校，学生一日不上课。"在此状态下，省教育司被迫答应："这学期快完了，你们先上课，下学期张干不来了。"张干离校时愤愤地说："真是怪事，在学校，只有校长开除学生，哪有学生开除校长的道理！"

大家回忆这个过程后，毛泽东略带歉意地说："当时规定每个学生要多交十元学杂费的事，不能归罪于他。至于要我们多读半年书，还是一件好事嘛！我现在只恨自己书读少了呢！"

周世钊趁机介绍道："张干一家六口，生活十分困难。现又病倒了，整天卧在床上，一家大小的生活，全靠他微薄的工资，有时竟几天无以为炊。"

毛泽东关怀地说："张干是老教育工作者，应该照顾。"10 月 11 日毛泽东致信湖南省政府主席王首道：

首道同志：

张次崟（即张干，字次仑）、罗元鲲两先生，湖南教育界老人，现年均七十多岁，一生教书未作坏事，我在湖南第一师范读书时张为校长，罗为历史教员。现闻两先生家口甚多，生活极苦，拟请湖南省政府每月每人酌给津贴米若干，借资养老。又据罗元鲲先生来函说：曾任我的国文教员之袁仲谦先生已死，其妻七十岁饿饭等语，亦请省府酌予接济。以上张、罗、戴三人事，请予酌办见复，并请派人向张、罗二先生予以慰问。张、罗通讯处均是妙高峰中学。戴住新化，问罗先生便知。

王首道接信后，立即派工作人员先后两次给张干一家送去救济米 1200 斤和人民币 50 万元（旧币，折合 1955 年发行的人民币 50 元）。张干看到毛泽东给王首道的信，接到王首道送去的大米和钱，激动得热泪盈眶，立刻执笔，伏案写信：

润之吾弟主席惠鉴：

敬启者，近接懋恂（徐特立）、敦元（周世钊）诸弟及吾弟致汉溟（罗元鲲）先生函，深感吾弟关怀干的生活。……王省主席奉吾弟之命，厚赈兼金（人民币 50 万元）。经国万机，不遗在远，其感激曷可言喻！

又：

本年 2 月 16 日闻吾弟签订中苏条约，当时曾作贺函，闻未收到，兹另纸补呈，敬希钧鉴。

毛泽东阅后，在 12 月 24 日回复：

次仑先生：

十月三十日惠书，并为中苏条约所致贺一函，均已收到。甚为感谢！生活困难情形，极为系念，已告省府有所协助。

此复，敬颂教祺！

张干阅信，喃喃自语：“极为系念，极为系念！”然后忙对孩子说：“孩子，这是一字千金啊！”他拿着毛泽东寄来的信，逢人就说，絮絮叨叨，宛若一个天真的孩子。

1952 年秋，张干收到毛泽东亲笔写的请帖，邀请他到北京面叙别后之情。随即，他同一道被邀请的李漱清、罗元鲲、邹普勋结伴赴北京。

9 月 26 日中午，毛泽东邀请张干等 4 人家宴。毛泽东把厚大的手放在张干布满青筋的手上说：“老校长，我一身兼有二气，虎气与猴气，虎气为主，猴气兼之。这二气，左右了我一生。”

张干沉思着，点了点头，歉疚地说：“那次学潮，我被你的虎气吓坏了，所以力主开除你。真对不起啊！”

10 月 1 日，张干、李漱清等四人被邀请登上了天安门观礼台。观礼毕，又安排他们游览京津各地的名胜古迹，在中南海瀛台合影留念。

告别前，张干写了一封感谢信：

润之主席惠鉴：

敬启者，干此次来京，荷蒙殷勤接待。食用兼全，被褥衣裳，全部赠给。不但给干以彻底自新之鼓励，而且以挽回轻视教育工作者与老者之作风。愧受之余，感佩无极……

临别时，毛泽东又给他们每个人赠送人民币150万元（旧币）和一瓶鹿茸精。

回到长沙后，张干被聘为湖南省军政委员会参事室参议，后来又任湖南省人民政府参事室顾问。

1963年张干给毛泽东写了两封信，因年事已高，行动不便，希望将在山西工作的外孙女调回长沙工作。日理万机的毛泽东，将这件事情办理的情况致信周世钊：

老校长张干先生，寄给我两信，尚未奉复。他叫我设法助其女儿（注：应是外孙女）返湘工作，以便侍养。此事我正在办，未知能办得到否？如办不到，可否另想办法。请你暇时找张先生一叙，看其生活上是否有困难，是否需要协助。叙谈结果，见告为荷。

同日，毛泽东在张干来信的摘报上批示：

请中央组织部商山西省委，酌情处理。写信人张干，是我四十五年前师范学校的校长，现年大约八十以上了。

摘报上记录：张干和他的女儿金铸，都需要人照顾。请求主席帮助，将他的外孙女张琼英从山西调回长沙工作。

5月26日毛泽东又致信张干：

次苍先生左右：

两次惠书，均已收读，甚为感谢。尊恙情况，周惇元兄业已见告，极为怀念。寄上薄物若干，以为医药之助，尚望收纳为幸。

敬颂早日康复。

同日，又写信给周世钊：

信收到，甚谢！复信一封，人民币二千，请转致张次仑先生为盼！

当时，周世钊正在北京开会，即将返回长沙。毛泽东给张干的信，“薄物若干”，人民币2000元，均由周世钊带回，面交张干。张干说：“我已老朽，不能为人民效力了。毛主席赠此贵重礼品和人民币，受之有愧，受之有愧！”

张干辞世时，叮嘱儿女子孙：“要好好学习，拼命工作，才能对得起毛主席的关心。”

04

“十年未得真理，即十年无志；终身未得真理，即终身无志”

——致黎锦熙信

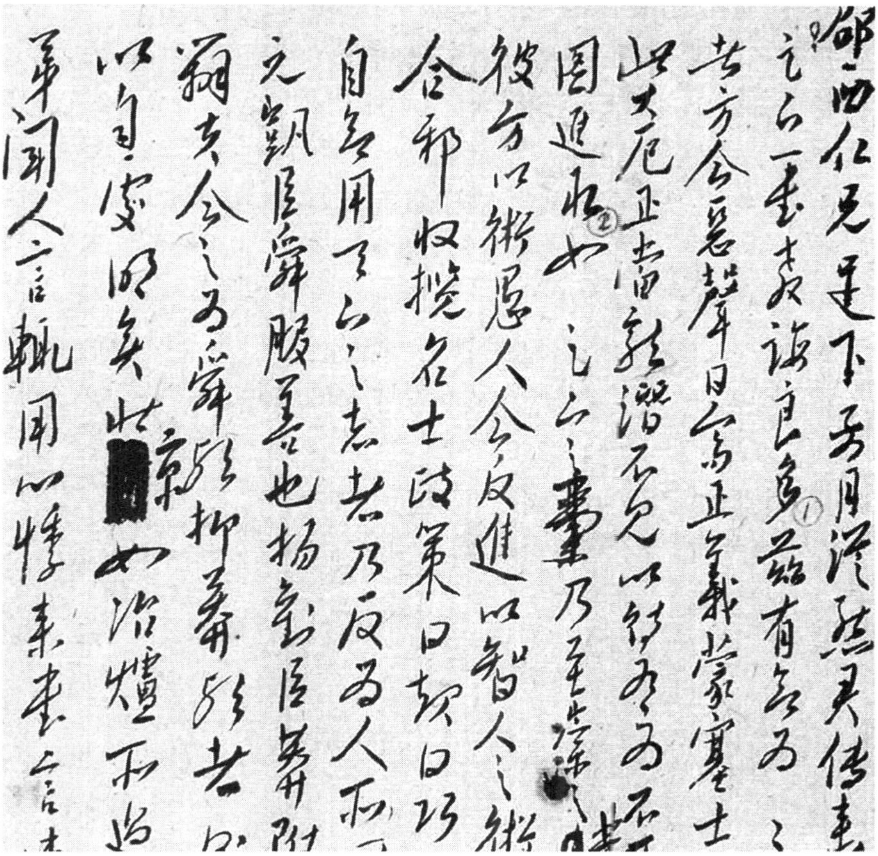

○ 毛泽东致黎锦熙信（局部）

黎锦熙，字劭西，生于1890年2月，比毛泽东大3岁。毛泽东与黎锦熙相识于湖南第一师范。黎锦熙讲授历史、文学。毛泽东喜爱哲学、历史、文学，经常前往请教。他们亦师亦友，因为商讨学术、改造社会而结下了深厚的友谊。毛泽东致萧子升信，曾经详细介绍了黎锦熙：

闻黎君邵西好学，乃往询之，其言若合，而条理加详密焉，入手之法，又甚备而完。吾于黎君，感之最深，盖自有生至今，能如是道者，一焉而已。

甲、商讨学术，改造社会

毛泽东在湖南第一师范求学时，与时任教师的黎锦熙惺惺相惜，经常在一起探讨各种问题。在黎锦熙日记记载中，从1915年4月4日至8月29日，两人共同议论时政、社会改造、学习方法十多次。具体情节略录于下：

4月4日星期日。上午润之来，告以读书方法。

4月11日星期日。上午一师学生萧子升、润之及昆甫至，讲读书法。

4月18日星期日。润之至，共话宏文书社事。

4月25日星期日。上午游园，润之来，告以在校研究科学之术。

5月9日星期日。上午润之至，详谈袁世凯卖国与日本签订的“二十一条”消息。

5月30日星期日。上午章甫、润之至，又晤季范，久谈改造社会事。

7月4日星期日。上午阅《神州日报》。润之至，阅《甲寅》六期。

7月11日星期日。上午章甫、润之来，问“小学”（语言文字学）功夫做法。余谓读《说文段注》。

7月13日星期二。夜归，与润之、章甫说读史法。

7月15日星期四。上午读《群学肄言·教辟》……与润之说研究法。

7月19日星期一。上午与润之、章甫说读书自学法。

7月21日星期三。上午与润之、章甫讲学，告以精读《缮性》一篇，以自试其思考力及学识程度。

7月31日星期六。晚，在润之处观其日记，甚切实，文理优于章甫，笃行两人略同，皆大可造，宜示之以方也。

8月8日星期日。晚归，与润之谈学与政，以易于引导群众为佳。

8月11日星期三。与润之久谈读书法，谓须与校课联贯。

8 月 14 日星期六。晚，览润之日记于昆甫处。

8 月 15 日星期日。上午润之、章甫至，讨论读书法。

8 月 29 日星期日。上午子升、润之至，谈学颇久。

毛泽东曾想离开学校到深山幽谷，“读古坟籍，以建其础”，然后出山而“涉其新”，询问黎锦熙，是否可行？黎锦熙摇着头说：这是“先后倒置”；“通为专之基”，学校设置各科，有益于通识。博与专，应是先博而后专。书本知识重要，“周知社会”更重要。尤其是政治家、事业家，要有“通识”，要有丰富的文学、历史、地理知识，和对国情社会实际的了解，并指出学习方法，“首贵择书，其书必能孕群籍而抱万有”；要有计划、有条理，有综合、有归纳；介绍他阅读英国社会学家、哲学家斯宾塞的《群学肄言·缮性篇》。

通过与黎锦熙的多次交谈，毛泽东放弃了离校自学的念头。9 月 6 日，他给萧子升信，表示自己听了黎锦熙的意见，“翻然塞其妄想，系其心于学校”。从此以后，毛泽东安下心来，在湖南第一师范学校读了五年半，可见黎锦熙对他的影响。

这年 9 月，黎锦熙前往北京，在教育部就职。10 月，他捎信给毛泽东，告知去京情况。当时袁世凯正在收买政客，招揽名士，准备复辟帝制。毛泽东担心黎老师落入圈套，于 11 月 9 日致信黎锦熙：“兹有欲为足下言者：方今恶声日高，正义蒙塞……不可急图进取”，希望黎“急归无恋也”。这是毛泽东给黎锦熙的第一封信。该信还提道：“生平不见良师友，得吾兄恨晚，甚愿日日趋前请教。两年以来，求友之心甚炽，夏假后，乃作一启事，张之各校，应者亦五六人。”即署名“二十八画生”的征友启事。这是毛泽东组织新民学会的开端。

黎锦熙在收到毛泽东信后，复信说明：是在教育部任教科书特约编辑（后改为编审员），专心编书，发起国语运动，没有卷入袁世凯的复辟逆流。

1916 年 12 月 9 日毛泽东再致信黎锦熙：“去冬曾上一函，所言多不是，得书解责，中心服之。”因袁世凯笼络了王闿运、梁启超、章炳麟、樊增祥，而“联想及兄。其实兄尚非今之所谓名士也。事务之官，固不同乘权借势之选，而兄之所处，不过编书，犹是书生事业”，表达歉意。

该信还论述了他对德智体并重的观点，关注黎锦熙的身体。毛泽东写道：“兄之德智美矣，惟身体健康一层，不免少缺。弟意宜勤加运动之功。弟身亦不强，近以运动之故，受益颇多。”这是毛泽东给黎锦熙的第二封信。

乙、理想信念高于天

志者，就是要掌握宇宙的真理。所谓宇宙的真理，是指客观真理。围绕立志问题，毛泽东向黎锦熙进行了多年的请教与讨论。在青少年时代，毛泽东认为唯有通过研究哲学、伦理学找到宇宙的真理，并在实践中获得证明，然后以它作为自己的行为准则，坚定不移地执行到底，非达目的，决不放弃，这才叫作立志。这个观点，在 1917 年 8 月 23 日毛泽东给黎锦熙的信中，谈得很清楚：

今人动教子弟宜立志，又曰某君有志，愚意此最不通。志者，吾有见夫宇宙之真理，照此以定吾人心之所之之谓也。今人所谓立志，如有志为军事家，有志为教育家，乃见前辈之行事及近人之施为，羡其成功，盲从以为己志，乃出于一种模仿性。真欲立志，不能如是容易，必先研究哲学、伦理学，以其所得真理，奉以为己身言动之准，立之为前途之鹄，再择其合于此鹄之事，尽力为之，以为达到之方，始谓之有志也……十年未得真理，即十年无志；终身未得，即终身无志。

也是在这封信内，毛泽东写道："盖举世昏昏，皆是斫我心灵，丧我志气。"袁世凯皇帝梦破灭、死亡后，南北军阀混战，生灵涂炭。"今之天下纷纷，就一而言，本为变革应有事情；就他面言，今之纷纷，毋亦诸人本身本领之不足，无术以救天下之难"，没有找到宇宙间的本源，无法根除军阀混战，改造社会制度。他认为："欲动天下者，当动天下之心，而不徒在显见之迹。动其心者，当具有大本之源……今吾以大本大源为号召，天下之心其有不动者乎？天下之心皆动，天下之事有不能为者乎？天下之事可为，国家有不富强幸福者乎？"

这是毛泽东给黎锦熙的第三封信，主旨在改造社会，必须掌握真理。他立誓"将全幅工夫，向大本大源处探讨"，"以其所得真理，奉以为己身言动之准，立之为前途之鹄，再择其合于此鹄之事，尽力为之，以为达到之方"。此时毛泽东对西方文明及资本主义制度已有怀疑。他写道："怀中先生言，日本某君以东方思想均不切于实际生活。诚哉其言！吾意即西方思想亦未必尽是，几多之部分，亦应与东方思想同时改造也。"

"理想信念高于天。"黎锦熙收到这封信后，在 8 月 31 日的日记中记载："下午……得润之书，大有见地，非庸碌者。"预见：毛泽东将成为"历史巨人"。

丙、寻找真理的足迹

1918 年 8 月，毛泽东因组织青年赴法勤工俭学第一次到北京，多次前往黎锦熙住处探望、请教。黎锦熙与杨昌济给予他大力支持。黎的日记记载：

8月29日。至石驸马大街督办河工处（熊希龄任督办）华法教育会湖南分会之筹备会，议决先起草章程函稿，为工读学生保定预备班（四五十人）拟向华工事务局筹资3000元。

9月8日。下午3时，至子靖（胡元炎）处，会见毛泽东、萧子升，讨论留法勤工俭学问题。

12月23日。又谈新民学会的组织，其事业与求学计划颇宏远，行之亦甚果毅，良不易得，同志有十余人。

12月29日。晚归……润之至，谈报事及世界问题（即后来毛泽东办的《湘江评论》）。

1919年2月1日（己未年正月一日）。润之至，晚宴后，谈话颇久。

4月，毛泽东回长沙。不久，五四运动爆发，湖南学生联合会成立，毛泽东应湖南省学联之聘，创办《湘江评论》。每期出版后，随即寄一份给黎锦熙。出至第五期，尚未发行，遭封闭。在警察到来前，毛泽东拿出一份寄给黎锦熙了。

9月5日，毛泽东致信黎锦熙，记载了这件事。

邵西先生：

来示敬悉，承奖甚愧。《湘江评论》出至第五号被禁停刊。第五号已寄来尊处，谅经接到。此间有一种《新湖南》，第七号以后归弟编辑，现正在改组，半月后可以出版，彼时当奉寄一份以就指正。

这是毛泽东给黎锦熙的第四封信。

1919年12月，毛泽东因领导驱逐皖系军阀、湖南省长张敬尧的运动，第二次到北京。在京期间，经常与黎锦熙讨论驱张和湖南自治等问题。

1920年3月10日曾讨论“解放与改造”。3月12日，毛泽东致信黎锦熙：

奉上“湖南建设问题条件”二份，有好些处所尚应大加斟酌。弟于吾湘将来究竟应该怎样改革，本不明白。并且湖南是中国里面的一省，除非将来改变局势……是不容易有独立创设的。又从中国现下全盘局势而论，稍有觉悟的人，应该就从如先生所说的“根本解决”下手，目前状况的为善为恶，尽可置之不闻不问，听他们去自生自灭。

草拟的《湖南建设问题条件》，还是一种改良办法，是枝枝节节的改良主义。但是，“这样支支节节的向老虎口里讨碎肉，就使坐定一个‘可以办到’，论益处，是始终没有多大的数量的。——不过，这一回我们已经骑在老虎背上，连这一着‘次货’——在中国现状内实在是‘上货’——都不做，便觉太不好意思了”。

这是毛泽东给黎锦熙的第五封信，是研究毛泽东领导的湖南自治运动的动因和性质的原始文献。

期间，毛泽东阅读了当时他能找到的马克思主义著作的中译本和刊物。有一天黎锦熙在北京北长街 99 号一个大喇嘛庙内会晤毛泽东，“在桌上发现一本毛主席研读过的《共产党宣言》”。这本《共产党宣言》是罗章龙等人从德文版翻译的油印稿，或是当时刊物的节译本。在会见中，毛泽东向黎锦熙建议“精读这本书”。这是毛泽东首次阅读《共产党宣言》油印本的记载。从此后，毛泽东常读《共产党宣言》，有新版本问世，他都要找来阅读；遇到问题，他就请教《共产党宣言》；他写《新民主主义论》遇到疑难时，就翻阅《共产党宣言》。

5 月，毛泽东由北京去上海，“寓哈同路民厚南里二十九号”，今上海市安义路 63 号，“同住连我四人”。6 月 7 日他在上海致黎锦熙信：“工读团殊无把握，决将发起者停止，另立自修学社，从事半工半读。”这是后来他创办湖南自修大学——中国共产党成立后第一所党校的思想渊源。该信还记载：“同住都有意往俄，我也决去，暂且自习，一年半或二年后，俄路通行即往。想找一俄人，学习俄语，此时尚未找到。”这是毛泽东给黎锦熙的第六封信。

这六封信，都有手迹存在。这六封信是研究毛泽东早期思想发展历程最重要的原始文献，故作者不惜笔墨详解录入，供毛泽东早期思想研究者参考。

从毛泽东给黎锦熙的六封信，我们可以窥见：1915 年至 1920 年的毛泽东，立志改造中国社会制度，寻找革命真理的艰辛历程。这六封信，虽没有全面展现毛泽东探索的历程，也没有明白提出他接触过或接受过何种改良主义，何种空想社会主义，却显现了探索的痕迹。

1953 年，黎锦熙将这六封信和他日记中有关纪事的注释，抄录一份呈送毛泽东，作为毛泽东 60 岁的寿礼。1961 年又把这六封信原稿、《新民学会会员通信集》第 1 至 3 集原本，毛泽东在驱逐皖系军阀张敬尧的运动中、第二次在北京期间主编的《平民通讯社》15 篇通讯稿原件，《湘江评论》第 1 至 4 期原件，捐赠给中央档案馆。这些原始文献，是我们研究毛泽东早期思想的珍贵资料。

05

"革命第一、工作第一、他人第一"

——受毛泽东尊敬的老师徐特立

★

徐老同志：

你是我二十年前的先生，你现在仍然是我的先生，你将来必定还是我的先生。当革命失败的时候，许多共产党员离开了共产党，有些甚至跑到敌人那边去了，你却在一九二七年秋天加入共产党，而且取的态度是十分积极的。从那时至今长期的艰苦斗争中，你比许多青年壮年党员还要积极，还要不怕困难，还要虚心学习新的东西。什么"老"，什么"身体精神不行"，什么"困难障碍"，在你面前

○ 1937 年 1 月 13 日，毛泽东致徐特立信

徐特立，又名徐立华，原名懋恂，字师陶，中国革命家和教育家，湖南善化（今长沙县）人。徐特立的一生，自始至终坚持“革命第一、工作第一、他人第一”的原则，在坎坷的人生道路上，写下了无数的生动故事。正如他在《六十自传》中说：“我的生活随着社会从人类被压迫向着解放走，从失败向着胜利走，一切生活都配合着中国革命的发展。复杂的激烈的社会变化，使我的生活成为多方的不固定的，但总是前进的。”毛泽东十分敬仰、尊重、爱戴、关怀徐特立，他曾说，自己过去是他的学生，现在还是他的学生，将来必定还是他的学生。

徐特立的一生，洋溢着共产党人的世界观、人生观、价值观。他走过的道路，代表了中国革命知识分子的成长道路。诚如中共中央祝贺他七十大寿所言：“你的道路，代表了中国革命知识分子的最优秀传统。你是热爱光明的。你是热爱光明的，百折不挠，在五十岁上加入了中国共产党。你对于民族和人民的事业抱有无限忠诚，在敌人面前，你坚持着不妥协不动摇的大无畏精神。你的充沛的热情，使懦夫为之低头，反动派为之失色。你是密切联系群众的，你的知识是和工农相结合、生产相结合的。你把群众当成先生，群众把你当作朋友。你对自己是学而不厌，你对别人是诲而不倦，这个品质使你成为中国杰出的革命教育家。你痛恨官僚主义和铺张浪费，你的朴素勤奋七十年如一日，这个品质使你成为全党自我牺牲和艰苦奋斗作风的模范。你的这一切优良品质是全党同志和全国人民的骄傲，把你的这一切优良品质发扬光大是全党同志和全国人民的革命任务。”

甲、来自毛泽东的评价

1937 年，国共两党正在构建抗日民族统一战线，国民党对共产党干部施行升官发财、酒色逸乐的引诱，党内急需树立一个榜样、模范，以激励全党同志坚持理想信仰。此时恰逢毛泽东的老师徐特立 60 大寿，为了庆贺他生日，1 月 30 日，毛泽东致信徐特立，高度赞扬了徐特立一生的高贵品质：坚定的革命理想信念，为崇高的理想信仰，不怕困难，不怕牺牲；虚心好学，不耻下问，先做人民的学生，后做人民的先生；注重道德修养，“有关家国书常读，无益身心事莫为”；理论与实践统一，知和行统一，说到做到，不讲空话、套话；密切联系群众，把党和人民的利益放在第一位；光明磊落，大公无私，不搞阴谋诡计，不以权营私；严守党和革命的纪律，随时随地遵守三大纪律八项注意。总之，是革命第一，工作第一，他人第一，在艰苦危险时刻，敢于担当，甘于奉献。这封祝寿信，为全党树立了一个典型。

徐老同志：

你是我二十年前的先生，你现在仍然是我的先生，你将来必定还是我的先生。当革命失败的时候，许多共产党员离开了共产党，有的甚至跑到敌人那边去了，你却在一九二七年秋天加入共产党，而且取的态度是十分积极的。从那时至今长期的艰苦斗争中，你比许多青年壮年党员还要积极，还要不怕困难，还要虚心学习新的东西。什么“老”，什么“身体精神不行”，什么“困难障碍”，在你面前都降服了。而在有些人面前呢？却做了畏葸不前的借口。你是懂得很多而时刻以为不足，而在有些人本来只有“半桶水”，却偏要“淌得很”。你是心里想的就是口里说的与手里做的，而在有些人他们心之某一角落，却不免藏着一些腌腌臢臢的东西。你是任何时候都是同群众在一块的，而在有些人却似乎以脱离群众为快乐。你是处处表现自己就是服从党的与革命的纪律之模范，而在有些人却似乎认为纪律只是束缚人家的，自己并不包括在内。你是革命第一，工作第一，他人第一，而在有些人却是出风头第一，休息第一，与自己第一。你总是拣难事做，从来也不躲避责任，而在有些人则只愿意拣轻松事做，遇到担当责任的关头就躲避了。所有这些方面我都是佩服你的，愿意继续地学习你的，也愿意全党同志学习你。当你六十岁生日的时候写这封信祝贺你，愿你健康，愿你长寿，愿你成为一切革命党人与全体人民的模范。

乙、艰苦朴素的徐校长

徐老七十大寿时，谢觉哉在贺信里写着：“没认识你以前，就听到你的许多故事，当时使我感动得很深的，是你的‘徐二镥锅’‘徐二外婆’‘徐二叫化’的外号。你对青年男女，像外婆对孙子一样的母爱——纯真而又勇毅的母爱；你把所有及劳动所得尽数贡献于社会，而自己过着类似于‘叫化’的生活。”不怕困难，不考虑个人得失，克己奉公，干别人不愿干的事，做“聪明人”不愿做的“傻子”。这就是徐特立特有的精神和特具的性格！

徐老 18 岁（1895 年）开始教蒙馆，29 岁（1906 年）开始教新学。他创办长沙五美高等小学，完全是“毁家兴学”，由自己家里腾出几间房子，再向乡亲借款，在老屋前面建造两间教室。创办长沙女子师范，是借用周南女校几间破旧杂屋，修修补补。他这种艰苦建校精神，被人称为“徐二镥锅”。他先后创办了长沙梨江高等小学、长沙五美高等小学、长沙师范、长沙女子师范。他回顾自己的办学情景：“我自己没有财产，也没有当官赚过钱，有什么能力创办学校呢？我的办法就是……每日多上课两小时，一月多得六十元，分给两个高级小学用。家属留在乡下，节省日用。”

徐特立艰苦朴素，克己奉公，至今还流传着两个故事。当时，中学教员的穿着，不是中式的长袍马褂，就是西装革履，而徐校长一年到头都是穿着短装布衣布鞋，下雨天撑着一把雨伞，穿一双古式钉鞋，在绅士们的眼里是“徐二叫化”，或称“徐二神经”。有一天，他去会见周南女校校长朱剑凡，传达室工人不认识他，当他说明是长沙师范的徐校长和来意后，那个传达工人仍怀疑：“你说徐校长来会朱校长，徐校长在哪里?”徐特立笑眯眯地说：“我就是徐校长嘛!”

抗日战争时期，徐特立是八路军驻湘代表。有一天，湖南省长张治中请他作报告。他按时到达省政府传达室。门卫看他的穿着和模样，说：“张主席今天要欢宴八路军代表，无暇会见。”徐特立再三解释，仍不让他进去，更不让用电话联系。他只好折回八路军驻湘通讯处取名片。张治中久等不见他来，派工作人员去迎接，方知事情始末。

徐特立一生没有任何嗜好，既不抽烟，也不喝酒，每天泡一杯清茶喝到晚上。他回忆：“我在长沙八路军通讯处负责两年，只开支五元酒席费，还是为邀请法国记者的宴会。我的节约作风，自儿童时代养成至今，已成了天性。”

丙、热血报国的教育家

徐特立 21 岁时，戊戌政变，维新人士谭嗣同、刘光第等六君子被杀，这对他产生了很大的影响。他痛恨清廷的腐朽黑暗，敬仰维新志士为国捐躯的英勇精神。

20 世纪初，帝国主义在中国争夺铁路修筑权。清朝政府为大借外债，竟然把修筑铁路的权利送给列强，颁布所谓“铁路国有政策”，把民办的粤汉、川汉铁路修筑权收归国有，激起了全国进步人士的反对，粤湘鄂川掀起了大规模的保路运动。徐特立是湖南保路运动的发起人之一。他在修业学校讲述这惨痛历史时，拿出一把菜刀，面对听众，斩断了自己左手的一个指头，写了“誓雪国耻”的血书，以激励学生反对帝国主义的侵略。可是，无耻的校长拿了徐特立的指血，向上邀功请赏，染红了自己的帽子。

28 岁时，徐特立从康梁的信徒转为孙中山的忠实信徒，投身反对清王朝的运动。辛亥革命取得胜利，他当选为湖南临时省议会的副议长。在省议会上，他提出各县县长应采取民选的方案，被议长扣押，无法实现民主政治，愤而辞职，仍然回到教育界去，用教育来改造人心！

1919 年他支持毛泽东等人发动湖南五四运动，得罪了督军兼省长张敬尧，遭到通缉，被迫赴法勤工俭学。此时，他已满 43 岁，是一位“拄拐杖的勤工俭学生”。在法国勤工俭学 4 年。回国前，他考察了法国、德国、比利时的教育。

1925 年，湖南省长赵恒惕疯狂镇压学生爱国运动，指使各校开除进步学生，曾三等共产党员、共青团员被开除学籍，并被捕入狱。湖南省学生联合会发动全市学生 3000 余人，包围了教育司，要求撤换反动校长，撤退驻校军警，恢复被开除学生的学籍。赵恒惕召集各校校长会议，鼓吹武力驱散学生。反动校长随声附和，多数校长噤若寒蝉，唯有湖南第一女子师范校长徐特立公开反对，被赵“斥其不合”，迫害随之而来。

徐老在《六十自传》中回顾这一幕：

我在湖南对学生群众有很大的影响，但在政府方面和绅士方面，完全没有地位。长沙县的教育，民国八年以前，差不多都是我一手办的，不独创办了男女两师范，而且创办了实习批评会，教员训练班，一周的，一月的，三月的，各种各样的都有。长沙一共有八百个小学校，所有教员是短期间由我一手培训出来的，在长沙教育界我应该是“长沙王”；但是反动势力来到了以后，我在长沙县教育会都没有被选资格。我和旧势力不能两立。

丁、立场坚定的共产党员

徐特立热烈赞扬湖南农民运动，拥护毛泽东的《湖南农民运动考察报告》，他说：百年前的政府禁烟毫无办法，而且闹出一个鸦片战争，使中国成为一个半殖民地。“但农会一成立，只要晚上开个会，男女大小一齐发动起来，马上就禁绝了，盗贼、流氓、赌博都没有了。农会成立后，城里的法庭无案可审，农村大小诉讼，只要晚上农会来一个会议，就公平解决了。”

徐特立在湖南农民运动中深受启发：“使我从十八岁到五十岁以来的思想整个革了命！我过去崇拜的康梁和中山，比之有组织的农民对于中国革命的作用真正渺小。这时我做了农民的小学生，我也就从学校跳到农民协会工作。”在马克思主义信仰的威力下，徐特立深刻认识到了农民的强大力量，于是，他积极参加省农协工作，先后担任了省农协教育科长，湖南农村师范农运讲习所主任，国民党左派控制的长沙市党部工农部长。

疾风知劲草，岁寒见松柏。马日事变后，长沙笼罩在血雨腥风的白色恐怖中，许多共产党员有的牺牲，有的脱党、叛变，面对白色恐怖，徐特立却毫不迟疑地要求加入中国共产党，说："我已经51岁了，只要共产党这样一个先进的党，能允许我这老朽的人加入组织，那我就真获得了新生。"在李维汉的介绍下，徐特立加入了中国共产党，没有候补期。

徐特立入党在党内产生了巨大震动。陆定一回忆：在万马齐喑，革命遭到惨败的时刻，听说有一个年已50多岁的湖南老教育家徐特立加入了共产党。"这是多么令人兴奋，多么令人对中国民主事业与共产主义事业怀有胜利的信心啊！人民教育家徐特立同志，就这样对全党同志上了第一课：困难时不要动摇，应当更坚决地奋斗。""徐老给我们的教科书，就是他的入党。这本没有字的教科书，比什么教科书都重要。"

土地革命时期，在中央根据地，徐特立担任教育人民委员部副部长（部长瞿秋白未到职，由徐老主持）。他创办了列宁师范学校，培养了600多名教师，分配到各地去创建列宁小学，仅瑞金一个县140个乡，每乡一所小学。他还大力开展社会教育，成立扫盲协会、识字委员会，举办成人识字训练班，创造了互教互学的扫盲教学方法，掀起了"老公教老婆，儿子教父亲，秘书教主席，识字的教不识字的，识字多的教识字少的"教学方法。1931年徐特立在兴国县蹲点一个月，使这县成为扫盲模范县。至红军撤离根据地时，该县已有300多所小学、中学，800多名教师。徐特立是当之无愧的中国人民教育事业的开拓者和奠基人，是我们党的杰出的无产阶级教育家。

抗战时期，16岁就当汽车修理工的徐特立次子徐厚本，被分配返湘工作，不幸遇车祸牺牲。当时徐特立是八路军驻湘通讯处负责人，正在为营救党内被捕的30多位同志而奔走，无暇顾及此事。后来徐特立对孙女徐禹强说："30多位同志是我们党的财富呀，在30比1面前，我只能把国家的前途、民族的解放摆在第一位。当我赶到湘雅医院，见到的是一死一伤的场面，你父亲已经去世，你母亲头上包着纱布躺在床上。我悲痛不已！"

徐特立的一生，处处都是"革命第一，工作第一，他人第一"。他的历史，就是一部"革命第一，工作第一，他人第一"的辉煌史。在徐特立七十大寿时，毛泽东再一次题词，称他为"坚强的老战士"。朱德题词"当今一圣人"。周恩来题词"人民之光，我党之荣"。拥有如此尊高的荣誉，在全党是唯一的。

★

五

不忘故友，诚实友善

爱国、敬业、诚信、友善是社会主义核心价值观中关于公民层面的价值观要求。“以诚立身，讲信修睦”，讲诚信，讲友善，是中国人民在个人修养上很重视的美德。东汉光武帝刘秀与年青时期的好友严光，曾有“苟富贵，勿相忘”的诺言。刘秀当了皇帝，严光去看望，刘秀光着脚板迎接，两人躺在一张床上叙旧，亲如兄弟，成为千古美谈。毛泽东位显名高，更没有忘记辛亥革命时在新军中的战友，萍水相逢的学生；至于与周世钊、萧三、谢觉哉的交往，更是建立在共同信仰上的万世流芳友谊。从这组珍贵的书信、交谈中，我们可以洞察到毛泽东博大精深的价值观。

01

位显名高，不忘故友，平等待人
——毛泽东与毛煦生、彭友胜、朱其陛

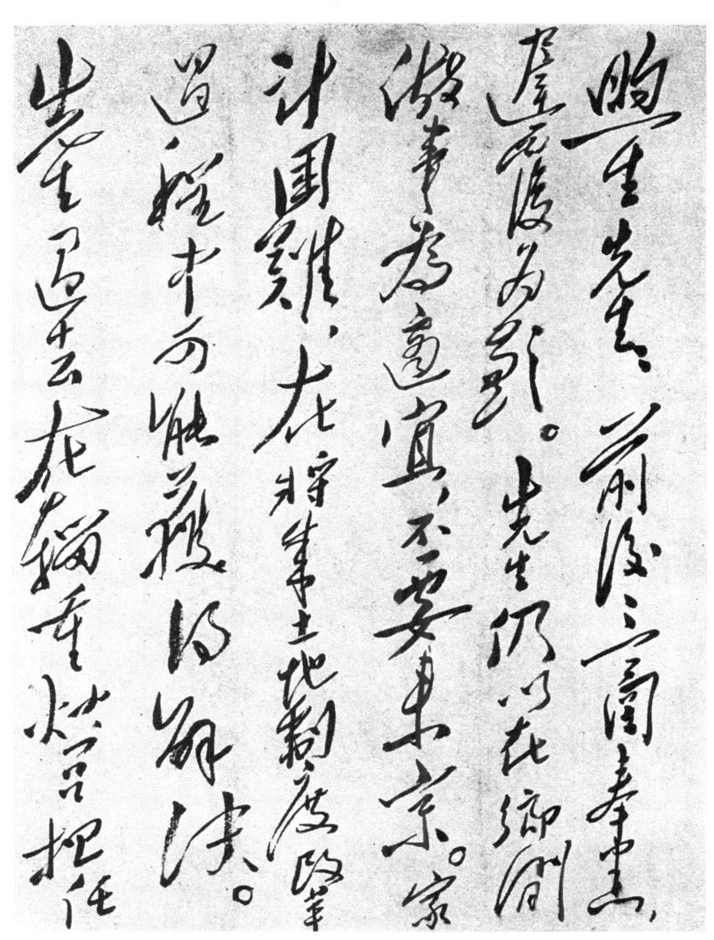
煦生先生：前后三函奉悉，迟复为歉。先生仍以在乡间做事为适宜，不要来京。家计困难，在将来土地制度改革过程中可能获得解决。先生写信去

○ 1949 年 12 月 2 日，毛泽东致毛煦生信

1949 年 10 月 1 日，天安门的礼炮声，在中华大地激荡回响。辛亥革命时期的新军战士毛煦生、彭友胜、朱其陛、郭梓材、赵浦珠，遥望北京，想念着他们的战友毛泽东。回顾当年他们与毛泽东同是新军中的士兵，感到非常的荣幸、亲切，都纷纷提笔，致信毛泽东，庆贺中华人民共和国成立，祝贺他当选为中央人民政府主席。

甲、“先生仍以在乡间做事为适宜”

最早写信的毛煦生，他是毛泽东当兵时的新军辎重营文书。他在中华人民共和国成立后的一个月内，连续写了三封信。第一封：祝贺毛主席，领导中国人民大翻身。第二封，汇报别后的经历及当前的家境。过了十来天，他又执笔写了第三封，道出了想去北京谋事。信寄出后，他脑子里又呈现了疑问号：今日的毛泽东，是否还有那种亲密无间的激情呢！是否回信呢！他在疑惑着，等待着。

半月后，邮递员高呼：毛煦生，北京来信了，北京来信了。毛煦生喜出望外，三步并作两步走，接过印有“中央军事委员会”的大信封，封面写着“毛煦生先生启”。这是毛主席的亲笔呀！还是当年的笔锋啊！拆开信封，只见龙飞凤舞，充满关怀的字句：

煦生先生：

前后三函奉悉，迟复为歉。先生仍以在乡间做事为适宜，不要来京。家计困难，在将来土地制度改革过程中可能获得解决。先生过去在辎重营担任何职，记不清楚了，便时尚祈见示。毛紫奇尚在人间否？

敬颂健安。

毛泽东

一九四九年十一月十五日

这封信体现了毛泽东不因今日自己位显名高，地位变化，对 30 多年前的老战友忘怀、忽视。毛煦生高兴得跳起来，向上下邻居报喜：“‘皇帝老子’给我来信了，来信了。”

乙、“你当副目，我当列兵”

彭友胜，湖南省衡东县三樟乡紫冲村人，清末在新军四十九标二营当副目，即副班长。辛亥革命时，参加了焦达峰、陈作新领导的长沙起义。毛泽东参加辛亥革命，投入新军当兵，就在他那个班当士兵。

1936年毛泽东同斯诺谈话，回忆辛亥革命的经历说：有一天，一个革命党人到“湘乡驻省中学”演说，当场有七八个学生，支持他的主张，强烈抨击清政府。我听了讲演，当即上台发表演说，报名参加革命军。我与几个同学相约，筹了一些钱，买了一双雨鞋，准备到汉口去，支持武昌起义。10月22日，焦达峰、陈作新领导的新军在长沙起义，我站在一个高地上观战，最后终于看到衙门上升起了“汉旗”，那是一面白色的旗子，上面写着一个“汉”字。10月31日，焦达峰、陈作新被谭延闿为首的立宪派杀害。那时清朝皇帝还没有退位。为完成革命尽力，我毅然参加了新军，编入四十九标第一营，副班长是彭友胜。……我同排长和大多数士兵也交上了朋友，我的军饷是每月7元……在这7元之中，我每月伙食用去2元。士兵用水必须到城外白沙井去挑，我要把挑水的时间节省下来读书阅报，只好向挑夫买水。剩下的饷银，我都用在订阅报纸上，贪读不厌。

毛泽东常常将报纸上的新闻，书刊中的故事向战友们讲解，也常执管代笔，帮助他们写家信，有求必应；战友们也常常帮助他到长沙市南门外白沙井挑水，战友关系很融洽。毛泽东善于用典故、诗对，帮助他们识字。他们挑水时，就讲白沙井的诗对：“常德德山山有德，长沙沙水水无沙”。彭友胜是衡山东乡（今衡东县）人，他们一道游览岳麓山云麓宫，毛泽东就讲解云麓宫的对联：“西南云气来衡岳，日夜江声下洞庭。”把学习诗对和故园山水联系起来，既使他们认的字不忘记，又使他们有兴趣。

这时，孙中山和袁世凯达成了和议，南北“统一”。孙中山为首的南京临时政府解散了。毛泽东以为革命已经结束，便退出军队，决定回到书本子上去。他“只做了半年的士兵”。告别部队的那一天，班上开了一个欢送会，彭友胜赠送了两块银圆。

1951年3月31日毛泽东复彭友胜信：

友胜先生：

三月十四日来信收到，甚为高兴。你的信写得太客气了，不要这样客气。你被划为贫农成分，如果是由群众大家同意了的，那是很好的。工作的问题，如果你在乡下还勉强过得去，以待在乡下为好，或者暂时在乡下待住一时期也好，因为出外面怕难于找得适宜的工作位置。如果确实十分困难，则可持此信到长沙找湖南省人民政府副主席程星龄先生，向他请示有无可以助你之处。不一定能有结果，因程先生或其他同志都和你不相熟，不知道你的历史和近来的情况。连我也是如此，不便向他们提出确定的意见。如果你自己愿意走动一下，可以去试一试。去时，可将你在辛亥革命时在湖南军队中工作过并和我同事（你当副目，我当列兵）一点向他作报告，再则将你的历史向他讲清楚。

同日，毛泽东给湖南省人民政府副主席程星龄写了一封信：

星龄兄：

此人叫彭友胜，据我过去的印象是个老实人，四十年的历史不清楚，辛亥革命那一年在湖南军队当副目（即副班长），我在他那一班充列兵，后来在广州见过一面。现来信叫苦，我已复信叫他待在乡下，不要出外；如果十分困难，又出于自愿，不怕无结果，则可持我的复信到长沙找你，向你请示，是否可以对他有帮助。我的复信已说明，不一定有结果，因为程先生不清楚你的历史，连我也不清楚，不便提出确定的意见。他来见时，请你加以考察，如果历史清白，则酌予帮助，或照辛亥革命人员例年给若干米，或一次给他一笔钱叫他回去；如有工作能力又有办法，则为介绍一个工作而不用上二项办法。请酌定。

毛泽东

三月三十一日

经过考察后，湖南省政府参照辛亥革命老人抚养条例，给彭友胜长期生活补助。彭友胜常常向人道及：感谢毛主席，使我有一个幸福的晚年。

丙、“其陛兄，我是不会忘记你们的”

毛泽东回忆：在新军中有一个矿工和一个铁匠，是要好的朋友，“我是非常喜欢他们的”。铁匠是朱其陛，比毛泽东大两岁，湖北大冶人，1909 年参军，1911 年是班长。武昌起义爆发后，毛泽东来到新军营地要求报名参军，但要参加起义后的新军，须要有人担保，方能入伍。毛泽东据理力争：我是学生，这里仅来我一人，找谁担保？但负责新兵接收的长官却坚持规定，拒不接受。此时正值朱其陛出来，仔细询问了毛泽东情况后，便决定与彭友胜做毛泽东的介绍人，并编入朱其陛、彭友胜所在的班，当了一名列兵。

1950 年春，朱其陛到离家不远的铁铺去打铁，见到一张毛泽东的彩色肖像，端详片刻：“这不是我的润之兄弟吗？”

1952 年，年过花甲之年的朱其陛，请夜校的孟老师代写一封信给毛泽东。信寄出后，朱其陛又疑惑：太冒失了，这么多年没有联系，他还会记得我这个穷朋友吗？但不久，一封寄自“中央人民政府人民革命军事委员会”的信送到了朱其陛的手中。

其陛兄：

来信收到，甚为高兴，寄上人民币二百万元（旧币，现在的二百元）聊佐小贸资本。彭友胜尚在人间，曾有信来。知注附告。

顺祝兴吉。

毛泽东

一九五二年八月三十日

当读到“其陛兄”三个字时，朱其陛顿时热泪盈眶，感慨万千。1952 年 10 月，朱其陛带着毛泽东给他的亲笔信，登上进京的火车。

毛泽东见到朱其陛，感叹道：“我们见面太晚了。你为什么不早写信给我？接到信后应早些来嘛！我多么想见见旧时的老朋友啊！”两人谈到了在新军中的日子，也谈了同班战友的近况。毛泽东告诉他，你可以带头把手工业者组织起来。畅谈后，毛泽东留朱其陛吃晚饭，又嘱朱其陛在北京多住几天，游览长城、香山，看看故宫、颐和园等名胜古迹。

朱其陛在北京住了一个月，临别时，毛泽东从稿费中拿出 500 万元人民币，赠送给朱其陛作路费和生活补贴。离京时，毛泽东嘱咐：“其陛兄，我是不会忘记你们的。多给我写信，提供一些基层情况。有困难，有要求，可随时告诉我。”

02

萍水相逢，终身为友

——毛泽东与许志行

毛泽东与许志行，完全是萍水相逢，终身为友的朋友。

许志行祖籍是江苏吴县人，生长在浙江省绍兴县，家境贫困，17 岁被家里人送到湖南长沙一个五金玻璃商店当学徒。这年爆发了轰轰烈烈的五四运动。许志行看到毛泽东主编的《湘江评论》，深受影响，不愿意做小奴隶式的学徒，渴望继续读书。1919 年 12 月的一天，他偷偷地从店里逃出来，沿着从长沙到武汉的铁路，走到了人生地不熟的汉口。在汉口的一家旅店门口，巧遇正率领“驱张代表团”去北京，在武汉停留的毛泽东。

毛泽东见到衣衫单薄的少年许志行，十分关心地上前与他攀谈。许志行介绍了自己的身世、愿望、请求。毛泽东告诉他：想读书是好事，但不能在外流浪，劝他回老家去。许志行仍苦苦哀求。毛泽东告知他，把军阀张敬尧赶出湖南后，一定帮助你出来读书，现在先回家。许志行接受了毛泽东的建议，与毛泽东结伴同行。毛泽东为欢送蔡和森一家赴法勤工俭学，绕道上海去北京，带着许志行到上海，送他转程回家。

驱逐皖系军阀、湖南省长张敬尧后，毛泽东回到湖南，担任了湖南第一师范附小主事（校长）。1921 年在一师附小高级部开办了“成年失学补习班”，写了一封信给许志行，告知这件事。许志行收到渴望已久的信件后，当即离家直奔长沙。毛泽东把他安插在湖南一师附小“成年失学补习班”，并担负一切费用。

成人补习班开设了三门课：国文、算术、英文。毛泽东亲自讲授国文课，经常选择爱国反帝的文章作教材，辅导写作。在毛泽东谆谆教导下，许志行的思想、作文并进，半年后就能向报社投稿。他针对长沙城内一件迷信巫术，造成人命案的事件，写了一篇《靠菩萨巫术的结果》，用事实说明求神拜佛的巫术，是骗财害人的。这篇文章刊登在谢觉哉主编的《湖南通俗日报》。成人补习班因经费困难，仅办一期，就停办了，许志行转到了一师附属小学高级部。

那年暑假，毛泽东邀请许志行到韶山，同毛泽覃共同度过了夏天。

一年后，许志行在一师高级小学部毕业，毛泽东劝他回浙江，报考浙江省立师范学校，因为那里学膳费半年仅10元，可以资助解决。同时告诫他："美满的人生，是战胜困苦的结果。不曾尝过苦痛的人生，简直没有价值！"告别时，又叮嘱："青年人要关注国家的命运前途，关心社会事业，做有益于人民的人。"

许志行没有忘记毛泽东的教导。1925年暑假，许志行参加了共产党，从事革命活动，被浙江省立师范学校开除学籍。1926年毛泽东任国民党中央宣传部代理部长，许志行应邀到广州，在国民党中央宣传部交通局任助理，负责对上海方面的联络工作，后又随毛泽东到了武昌农民运动讲习所。大革命失败后，毛泽东上井冈山，许志行到上海，从事党的地下工作，从此，失去了联系。

上海解放后，许志行在上海格致中学教书，多次动笔写信给毛泽东，又多次动而未发，深感内疚，未能跟随毛泽东转战南北。1954年终于鼓足勇气，写了一封信，没有料到毛泽东在日理万机中亲笔给他复信。

志行兄：

三月的信，早已收到，迟复为歉。知你仍在做教育工作，甚为高兴。此复，顺问近安。

毛泽东

七月二十五日

往后，两人经常有信来往。

1956年1月26日毛泽东《给许志行的信》：

志行兄：

十月八日惠书早已收到，甚为感激，迟复为歉。现在是寒假，如果你愿意，可以来北京一叙（到中南海找叶子龙），暑假可去韶山。祝好。

第二年，许志行怀揣毛泽东的亲笔信，到了北京找到叶子龙，由毛泽东的机要秘书高智，把许志行安排住在前门招待所。

6月22日下午，许志行接到毛泽东会见的通知。当晚6时30分，高智带领许志行到中南海游泳池，在一个宽敞的客厅里，等候不一会，一位身材魁伟的人出现了。

“毛主席!”许志行高兴得热泪盈眶。

“志行兄，我们见面太晚了！太晚了!”毛泽东大步走上来，拍着许志行的肩膀，又握住他的两只手。平等待人，亲密无间。

“志行兄”三个字多么亲切，多么谦虚、平易近人啊！毛泽东比许志行大十岁，是许志行的老师，救命恩人，现在又是党和国家的主席。

毛泽东松开两手，注视着许志行，感慨地说：“接到信后，应该早来嘛！等了你好长时间了。我多么想见见旧时的朋友啊!”毛泽东思念故友的情感洋溢。

遇到老朋友，毛泽东谈兴甚浓。他侃侃而谈，谈在武昌时的相遇、相识，谈在广州、武昌的战斗生活，谈武汉分手后的经历。许志行感慨万千，万万没有想到一位伟大的领袖，能和一个中学教师促膝谈心，倾吐友情……

在毛泽东的安排下，许志行游览了故宫、颐和园、长城、香山等古迹和风景区。

五天以后，毛泽东的秘书又通知许志行，晚上9时去见毛主席。

毛泽东笑盈盈地问：“这几天玩了什么地方，玩得痛快吗?”随后，向许志行询问了上海教育界的情况。最后问：“有什么困难，有什么要求，提出来!”

许志行坦言道：“想去韶山看看。”

毛主席赞同道：“好，故地重游吧!”他拿起毛笔，写了一封信给韶山乡政府：

韶山乡人民委员会、生产合作社委员会各同志：

许志行先生是我的朋友，他现在是上海学校的教师。他在几十年前曾在湖南读书，并且到韶山住过一个暑期。他现在再到你们那里来看看，请你们以朋友的态度接待他，告诉他一些事情。

问候你们!

毛泽东

一九五七年六月二十二日

临走时，毛泽东送给许志行500元路费和一些纪念品。许志行执意不收。毛泽东说：“这是我的稿费。”并说：“我决不慷国家之慨。”

许志行怀揣毛泽东的信件，沿京广铁路南下，径奔韶山，受到韶山乡人民政府和农业生产合作社的热情接待。他在韶山住了一个星期，瞻仰了毛泽东的故居，走访了农业合作社，回想30多年前的韶山，深感巨变！痛惜的是，当时陪伴他游遍韶山的主人毛泽覃，在江西三年游击战争中牺牲了。

03

“无事时‘翻翻古’也有趣味”

——毛泽东与萧三的友谊

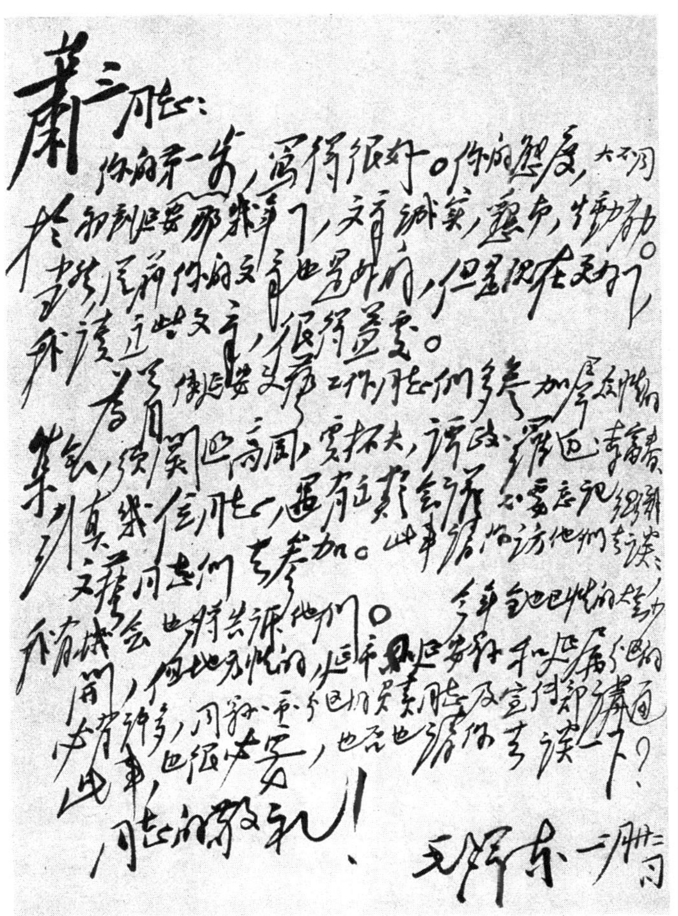

○ 1945 年 2 月 22 日，毛泽东致萧三信

萧三，原名萧植蕃，号子暲，湖南湘乡人，诗人。毛泽东在延安与美国记者斯诺谈话时说：我在东山高小学习时，平常总是穿一身破旧的衫裤，许多阔学生因此看不起我。可是在他们当中我也有朋友，特别有两个是我的好同志，其中一个现在是作家。这“作家”就是萧三。

甲、门内有才，闭门岂能纳才子

毛泽东得知萧三有一本《世界英雄豪杰传》，前往借阅。萧三调皮地说：“书倒有一本，但我借书给别人，向来是有讲究的。”

“小弟愿意领教。”毛泽东谦逊地说。

“我的书有三种人不借：无真才实学者不借；庸庸小人者不借；三嘛，我出联而不能对上者不借。”

毛泽东微笑道：“小弟不敢自命才高博学，但阅书心切，请仁兄出一联如何？”

萧三说：“我这书里讲的尽是英雄豪杰呀！因此，我的上联是：目旁是贵，瞶眼不会识贵人。”

毛泽东从容答复：“门内有才，闭门岂能纳才子！”

萧三听了，满脸通红：“请恕小弟无礼。贤兄大才，愿为知己，地久天长。”

从此，俩人常在一起散步、游玩、交流学习心得、评论诗文、畅谈时事，无话不说，诚恳相待，结下了深厚情谊。

1911 年秋，萧三考入湖南第一师范，后来毛泽东也来到了一师，萧三在第三班，毛泽东在第八班，两人来往依然密切。1917 年春，曾经帮助和支持辛亥革命的日本进步人士白浪滔天（宫崎寅藏）亲临长沙，参加黄兴改葬仪式。萧三、毛泽东得知这消息，特地致信白浪滔天，热烈颂扬他对中国人民的友谊，希望能瞻丰采，聆听宏教。其信云：

白浪滔天先生阁下：

久钦高谊，觌面无缘，远道闻风，令人兴起。先生之于黄公，生以精神助之，死以涕泪吊之，今将葬矣，波涛万里，又复临穴送棺。高谊贯于日月，精诚动乎鬼神，此天下所希闻，古今所未有也。植蕃、泽东，湘之学生，尝读诗书，颇立志气。今者愿一望见风采，聆取宏教。惟先生实赐容接，幸甚，幸甚！

毛泽东、萧三在学生时代，就是饱读诗书，谦虚好学、颇有志向的青年，凡有知名学者、著名革命家来到长沙，他们都力争拜访。

乙、成立新民学会，发起留法勤工俭学

1918 年 4 月，毛泽东、蔡和森、萧子升、萧三等发起组织新民学会，毛泽东起草的学会章程，先后两次请萧三提出修改意见。4 月 14 日新民学会在岳麓山下蔡和森家正式成立。这天，萧三日记有详细记载：

新民学会今日成立，开成立会于对河溁湾寺侧刘家台子蔡君林彬寓。到会者，二兄及余、何叔衡、陈赞周、毛润之、邹彝鼎、张昆弟、蔡林彬、邹蕴珍、陈书农、周明谛、叶兆桢（以上皆第一师范同学）、罗章龙（长郡中学毕业）诸君。未及到者，陈章甫、熊昆甫、周世钊、罗学瓒、李和笙、曾以鲁、傅昌钰（现在日本东京高工）、彭道良诸君。以上皆基本会员。是日议决简章，选举职员，写会友录等事。关于本会员之规律，所定者为：一不虚伪，二不懒惰（此项余所主张加入者），三不浪费，四不赌博，五不狎妓。全章俟后录。职员：二兄被举为总干事，毛泽东、陈书农为干事。蔡君家备午饭。自上午十一时到齐，议事至下午五时后始闭会，一同渡河归校……

新民学会成立后，第一项活动是组织留法勤工俭学。1918 年，毛泽东、萧子升、萧三等 25 人到达北京，萧三进了留法预备班，毛泽东把大家安置在各个留法预备学校后，在北京大学图书馆工作。是年冬，毛泽东、萧三、罗章龙一同乘火车去天津，转车至大沽口观赏海洋，只见白茫茫一片，全是冰世界。萧三与毛泽东相约，在大海的冰块上走一走，各向一个方向走去，再回原地，在大海中过过瘾。萧三回到原地后等了好久，毛泽东才回。萧三问他，到何处去了，他笑着说：“找‘蓬莱仙岛’，谁知什么也没有找到。”毛泽东在组织新民学会时，就幻想“蓬莱仙岛”。

1920 年 5 月，萧三、陈绍休等新民学会会员在上海候船赴法勤工俭学，毛泽东特从北京赶来送行。8 日，在沪新民学会会员在半淞园聚会，欢送赴法会友。11 日，毛泽东与萧三在黄浦江边握手挥巾，依依送别。同船赴法者，有湖南、四川、浙江省的勤工俭学生 126 人，其中有赵世炎。6 月 16 日到达法国马赛。

7 月，留法新民学会会员在蒙达尼开会，由萧三传达新民学会上海半淞园会议精神，讨论学会宗旨“改造中国与世界”，蔡和森、向警予、萧三与萧子升等产生了分歧，他们都写信给毛泽东，介绍讨论情况，申述自己的意见，征求毛泽东的见解。萧三的信是 7 月 11 日写的，即会议结束的第二天。毛泽东都给他们复了信。给萧三的复信写道：

子暲兄：

你沿途给我的信和照片，都收到，很感你的厚意。我竟没有一个信报你，很对你不住！“半淞园会议”的结果，既由你和赞周等带到了欧洲，“蒙达尔尼会议”的情形，又由你和子升递回了亚洲……我意你在法宜研究一门学问，择你性之所宜者至少一门，这一门便要将它研究透澈。我近觉得仅仅常识是靠不住的，深慨自己学问无专精，两年来为事所扰，学问未能用功，实深抱恨，望你有以教我……

充分表达了对学友的爱戴和希望，也坦诚地谈出了自己学习和从事革命活动的矛盾。

萧三在法期间，先后加入了旅欧中国少年共产党（又名旅欧中国共产主义青年团），并经越南籍的胡志明介绍（后来是越南劳动党的主席），加入了法国共产党。同时参加法国共产党的还有赵世炎、王若飞、陈乔年，编入巴黎十七区党组织，过组织生活。

丙、《毛泽东的青少年时代》是这样写成的

1939 年 4 月 29 日，萧三第二次从苏联回国，到达延安，当天就在中共中央组织部的窑洞里会见了毛泽东、陈云等。还没有进窑洞，就见身材魁梧的毛泽东从左边窑洞走出来，高呼着：“萧三，萧三，你还是那样子。”走近后，紧握萧三的手，第一句话：“啊，十多年不见了。”在组织部办公的窑洞里畅谈后，毛泽东邀请萧三去他家吃晚饭，同时受邀请的有从前线归来的邓小平，从西安归来的邓发，还有中共中央组织部部长陈云。席间，萧三讲了国外的几件事。毛泽东笑道：“这是洋新闻。”萧三索取辣椒。毛泽东说：“凡是革命的都吃辣椒。季米特洛夫是保加利亚人，吃辣椒；斯大林是格鲁吉亚人，当然也吃辣椒，可见吃辣椒的都革命。”

萧三被任命为鲁迅艺术学院编译部主任。5 月 5 日傍晚，毛泽东来到鲁艺，进门就说：“特来专程拜访。”萧三答：“真不敢当。”两人聊天，谈到《聊斋志异》时，毛泽东说：“《聊斋》是封建主义的温情主义。作者蒲松龄反对强制婚姻，反对贪官污吏，但是不反对一夫数妻，赞美女人的小脚。主张自由恋爱，在封建社会不能明讲，乃借鬼狐说教。作者写恋爱又很艺术，鬼狐都会作诗……”他又说：“《聊斋》是一部社会小说。鲁迅把它归入‘怪异小说’，是他在没有接受马克思主义以前的说法，是搞错了。蒲松龄很注意调查研究。他泡一大壶茶，坐在集市人群中间，请人们给他讲自己知道的、流行的鬼、狐故事，然后回去加工……不然，他哪能写

出四百几十个鬼和狐狸精来呢?”

萧三问毛泽东：斯诺给你写的传记有什么意见？毛泽东答：“原稿没有看过，书，略微翻了几页，有些不完全正确。”萧三进一步说：“我在苏联写过你的传记，想再继续增补、修改。假如你不反对‘翻古’，就请你详细谈谈。”毛泽东说：“无事时‘翻翻古’也有趣味。……把一些历史事实写出一部小说来，拿一个人作引线，那是有味的。”

5月12日下午5时，萧三再次来到杨家岭毛泽东住处“翻古”，问他一些小时候的生活经历，辛亥革命、五四运动前后湖南的许多事情……毛泽东说：“你如果要写文章，要把这些历史事实搞清楚才行。”随后说了许多笑话。他庄重地说：“姓萧的自古以来文学家很少。你要争气，做一个顶级诗人，无产阶级的文学家。”谈话结束时，萧三把一本手抄诗本送给毛泽东，征求修改意见。

6月中旬，萧三收到毛泽东17日退回的手抄诗本和信件：

大作看了，感觉在战斗，现在需要战斗的作品，现在的生活也全部是战斗，盼望你更多作些。

萧三始终遵照毛泽东“现在需要战斗的作品，现在的生活也全部是战斗”的启示，坚持写作。他立下誓言“一息尚存，战斗不止”。他明确提出“诗歌可比子弹和刺刀”，“只希望读下去，顺口顺眼”，“我宁肯被开除‘诗人’之列，将继续这样唱和这样写”，坚定地贯彻文艺为人民服务的方针。从他们这席对话，诗词、文艺作品，乃至人生观、价值观，都有鲜明的时代性。

1942年，中共中央直属机关学习小组组长王若飞请萧三作报告，宣讲毛泽东的生平事迹，连续讲了两个下午。1943年任弼时嘱咐萧三：“写一本毛泽东传，以庆祝他的五十大寿。”由于毛泽东不准祝寿，书稿写就也未出版。直至1944年7月1日《解放日报》初次发表《毛泽东同志的初期革命活动》。从此，萧三成为中共内部研究毛泽东生平的第一位专家。他先后发表了《毛泽东同志传略》（载1946年1月张家口出版的《北方文艺》第一号）、《大革命时代的毛泽东同志》（载1946年7月1日《晋察冀日报》）、《毛泽东同志的儿童时代》、《毛泽东同志的青年时代》（载1946—1947年华北解放区出版的《时代青年》）、《毛泽东的青少年时代》（1949年8月北京人民出版社出版，并译为日、德、英、印地、捷克、匈牙利、法文出版）。1954年，萧三进一步修改、充实，写出《毛泽东同志青少年时代和初期革命活动》，由中国青年出版社出版。

04

肝胆相照，源远流长
——毛泽东与周世钊

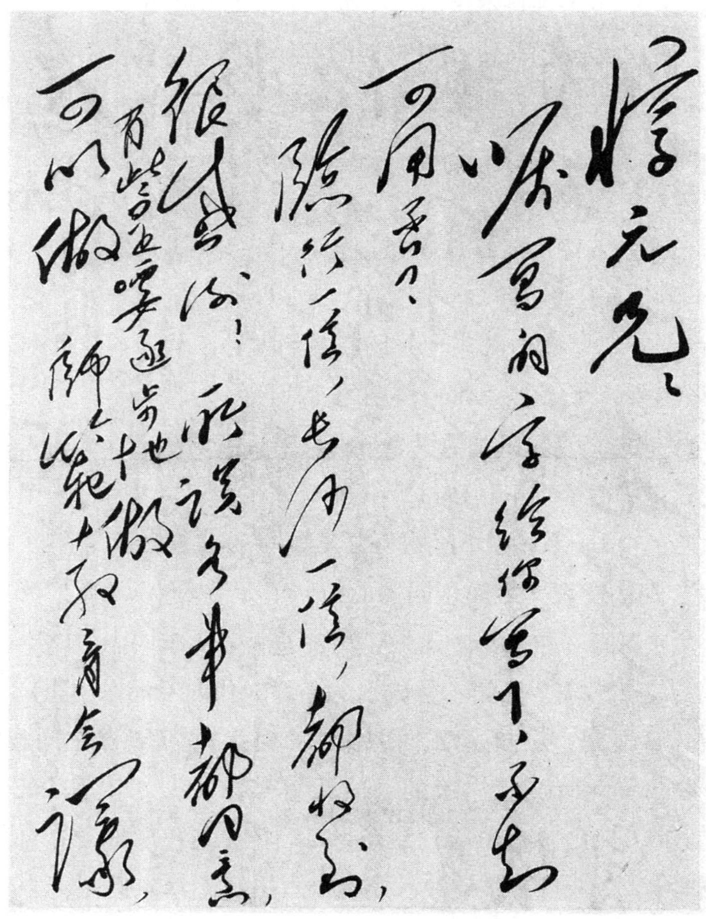

○ 1950 年 12 月 29 日，毛泽东致周世钊信

周世钊，字惇元（东园），生于1897年，比毛泽东小4岁，是毛泽东在湖南第一师范的同学。他们之间同窗同室五年半，有六十三年的深厚情谊，他们是同窗挚友、诗友、诤友，是诚信、友善的典范，他们的友谊有如管鲍之交，源远流长。1949年10月15日毛泽东曾致信周世钊："迭接电示，又得九月二十八日长书，勤勤恳恳，如见故人。延安曾接大示，寄重庆的信则未收到。兄过去虽未参加革命斗争，教书就是有益于人民的。……兄为一师校长，深庆得人，可见骏骨未凋，尚有生气。倘有可能，尊著旧诗尚祈抄寄若干，多多益善。"寥寥几语，把一位无产阶级革命家与一位普普通通的教育工作者的交往历史展现在读者面前。

20世纪60年代，周世钊几乎年年上京探望毛泽东，而毛泽东在回湖南调查的日子里，也常拨冗接见周世钊。每次见面，话题广泛，党政大事、文化教育、生产生活、群众情绪，都要涉及，特别是诗词唱和，常来常往。据统计，到1973年8月止，周世钊有五律31首，七律23首，词80首，七绝10余首，其中多数赠送给了毛泽东，仅1964年1月就赠送10首。毛泽东也常以诗词唱和，据现存的致周世钊信19封中，即附有诗词3首。1950年秋周世钊第一次上北京探访，临别时毛泽东赠送狐皮大衣一件、中山装制服一套，内衣裤各二件、皮鞋一双、床上被盖一套、脸盆一个。后来又赠送许多马列著作、古今中外名著，其中有《两般秋雨庵随笔》八册，封面题有"周惇元兄存"。

甲、五年同班同宿，结下管鲍之交

周世钊祖居湖南宁乡县（今改市）花明楼镇，离韶山仅60余里。毛泽东在一师读书时，从长沙返韶山，走宁乡是条捷径，因此他俩常结伴而行；在校他们则同吃、同住、同行、同学习，是一对关系密切的好伙伴。他们纯洁、牢固的友谊，建筑在共同的志趣、理想上。

毛泽东、周世钊在学生时代都爱好文学，认为"文学为百学之源"，常赋诗写文，相互品评。毛泽东在湘乡东山学校和湖南省立高等中学时模仿的是梁启超的新闻记者文风，因湖南第一师范国文教员袁大胡子——仲谦老师的反对，才熟读韩愈文，改作古文。周世钊的古文原有写作功力，在袁大胡子的指导下，更是炉火纯青。因此，毛泽东常与周世钊讨论韩文，交流见解。他俩手中都有《韩昌黎全集》，只是版本不同，一个是善本，一个是杂本。毛泽东从旧书店里买的是杂本，错误较多，常借周世钊的善本校勘。毛泽东阅读"韩集"时，除开那些歌功颂德的墓志铭，叹老嗟卑的感伤诗外，他都一篇一篇地钻研阅读，韩集中的大部分诗文被他读得烂熟。周世钊回忆说："他读《韩昌黎全集》时，不但注意它的文字技巧，更注意它的思想内容。凡是他认为道理对、文字好的地方，就圈圈点点，写上'此论颇精'，'此言甚合吾意'等眉批；认为道理不对，文字不好的地方，就划×划杠，写上'不''此说非是'等眉批。他不因为这是'文起八代之衰'的古文大师韩愈的文章，就不问青黄皂白，一概加以接受，却要在同一个人的作品中分辨出它的是非优劣，以期达到吸取精华、吐弃糟粕的目的。"毛泽东与周世钊的管鲍之交，就是从研读韩愈诗文开始的。

毛泽东学生时代的诗友很多，周世钊、易咏畦、罗学瓒、蔡和森、萧子升等人都是他关系密切的诗友。他们都是富有才华和远志的人，他们的友谊诚挚、深厚。1915 年 3 月，诗友易咏畦病逝，毛泽东、周世钊痛惜之余，联络教师杨昌济、袁仲谦、黎锦熙等发起追悼会。毛、周均写有挽诗。挽诗中他们都把对亡友的吊唁，与对祖国危亡的担忧结合起来，谱成了悲壮的爱国诗篇。毛泽东从秋雁春水，回顾"子期竟早亡，牙琴从此绝"的交情；不仅为失去好友而悲痛，更因"东海有岛夷，北山尽仇怨"的时候，失去共同商讨救国之道的密友而忧愁。周世钊则从夕阳西下，触景生情，回忆起"少年多意志"的豪情壮语，联想到"荃蕙变萧条，滔天祸无已"的现实，发出了"痛子中道亡，风俗谁能理"的悲音。两首诗都凄楚悲壮，彰显了他们的爱国情感。

乙、同声相应，同气相求

1918 年 4 月，毛泽东、蔡和森等人组织起新民学会，创办工人夜校。周世钊是最早的新民学会会员之一，工人夜校国文教员；同时，他又与毛泽东同是湖南第一师范学友会负责人，毛为总务，周为文学部长。在共同的活动中，毛、周之间的友谊进一步发展。

1919 年 4 月毛泽东从上海回长沙，经周世钊介绍，任修业小学历史教员。毛泽东主编《湘江评论》时，周世钊又鼎力相助；当时，毛、周同住修业小学，两人住房仅隔一层木板，而且有木门相通。到了冬天，两人被褥单薄，挤在一张床上，过着清寒的生活。他们之间互相关心、支持，可称得上是"同声相应，同气相求"。

《新民学会通信集》中有一封毛泽东于 1920 年 3 月给周世钊的信，信中写道："接张君文亮的信，惊悉兄的母亲病故！这是人生一个痛苦之关。像吾等长日在外未能略尽奉养之力的人，尤其发生‘欲报之德，昊天罔极’之痛！这一点我和你的境遇，算是一个样的！”可见他们是喜怒哀乐，同根共命。该信接着说：“我想你现时在家，必正绸缪将来进行的计划。我很希望我的计划和你的计划能够完全一致，因此你我的行动也能够一致。我现在觉得你是一个真能爱我，又真能于我有益的人，倘然你我的计划和行动能够一致，那便是很好的了。”

当时周世钊既想留学法国，又想赴南洋从事教育，既想去北京深造，又想留在长沙干一点基础事业，心神不安，举棋不定。周将这些矛盾心理写信告诉了毛泽东，请其参谋斟酌。针对这些情况，毛泽东在这封信中给他提了如下一些建议：

“我们是脱不了社会的生活的，都是预备将来要稍微有所作为的。那么，我们现在便应该和同志的人合力来做一点准备功夫。……我想（一）结合同志；（二）在很经济的可能的范围内成立为他日所必要的基础事业。”

“因此，我于你所说的巴黎、南洋、北京各节，都不赞成，而大大赞成你‘在长沙’的那个主张。”“我想我们在长沙要创造一种新的生活，可以邀合同志，租一所房子，办一个自修大学（这个名字是胡适之先生造的）。我们在这个大学里实行共产的生活。”“我想我们两人如果决行，何叔衡和邹泮清或者也会加入。这种组织，也可叫做‘工读互助团’。这组织里最要紧的是要成立一个‘学术谈话会’，每周至少要为学术的谈话两次或三次。”

“自修有了成绩，可以看情形出一本杂志”，“两三年后，我们要组织一个游俄队”……

从此，周世钊接受了毛泽东的建议，留在长沙从事教育事业，做改造社会的基础工作。

1920 年 6 月，皖系军阀、湖南督军兼省长张敬尧被驱逐出湘，新民学会会员们渴望在外的毛泽东迅速返湘，领导湖南人民自治运动。

6 月 28 日周世钊致信毛泽东：

润之兄鉴：

前信想已收到。此时湘局略定，可贺！惟应建设的事，千头万绪，急待进行。吾兄平时，素抱宏愿，此时有了机会，何不竭其口舌笔墨之劳，以求实现素志之十一？相知诸人，多盼兄回湘有所建白，弟亦主张兄回省……

毛泽东在周世钊等人敦促下，于 7 月 6 日由上海回到长沙。随即，相继创办长沙文化书社、湖南俄罗斯研究会，领导了湖南人民自治运动，协助何叔衡改组了

《湖南通俗报》编委会。周世钊积极参加这一系列活动，并担任《湖南通俗报》编辑。新中国成立后，谢觉哉（《湖南通俗报》主编）、熊瑾玎（《湖南通俗报》编辑）、周世钊在毛泽东家聚餐时，提到《湖南通俗报》，毛泽东仍在赞扬："这一年的《湖南通俗报》办得很不错！"它起了共产党长沙早期组织的"党报作用"。从毛泽东与周世钊在这期间的书信交往，也可窥见共产党长沙早期组织的客观存在。

丙、情真意切，莫逆之交

1949 年 8 月 5 日，湖南和平解放，由周世钊领衔，湖南第一师范校友会向毛泽东致电庆贺。8 月 12 日毛泽东复电周世钊及校友："省立第一师范周世钊先生：虞电诵悉，极感盛意。目前革命尚未成功，前途困难尚多，希望先生团结全体师生加紧学习，参加人民革命事业"，"为人民的文教工作服务"。

9 月 28 日周世钊又给毛泽东写了一封长信。10 月 15 日毛复信，说：见到信件，"如见故人"，并告诉他，"除台湾、西藏外，全国各地大约几个月内即可完成军事占领。但大难甫平，民生憔悴，须有数年时间，方能恢复人民经济，完成土地制度的改革及提高人民政治觉悟水平。这些任务均有待于文教工作的协助"，对周世钊寄托厚望。

1950 年毛泽东的亲戚表侄女章淼洪回湘省亲，毛泽东嘱她回京时，便道邀周世钊来北京参加国庆观礼。周世钊欣然随往，北上赴京。10 月 6 日下午 4 时毛泽东派车到北京市惠中饭店接周世钊进中南海。故人相见，倍感亲切，毛泽东亲热地询问周的近况。周以惭愧而沉痛的心情，叙述了分手后的苦况：在旧教育界里偷生度日，累得腰酸背痛，双眼昏花，薪金所得，仍不能糊口；再加上不阿谀权贵，不介入党派，常常受排挤，朝不保夕。毛泽东闻后，感叹道："八口之家，不能挨饿，只好树之以桑了！"

"现在解放了，几十年糊涂生活也结束了。"周世钊继续说，"今天我真正认识了教书就是有益于人民的，我开始爱我的学生，爱我的工作。"

周世钊也问起毛泽东的起居情况。毛泽东愉快地回答："我的睡眠饮食都好，只是工作忙一点。在战争年代的特殊环境下，要及时处理文件、电报、指挥战斗，养成了晚上办公的习惯，随着月亮转。进京一年，相距咫尺的景山还没有去过，今天陪你去看看。"

于是两人又同坐一辆车去景山，沿途交谈甚欢。周世钊关切地说："你的工作太繁重了，应该多运动，多休息，一切无关决策的事可以不管。”毛泽东回答说：“我对于小事管得少，但一些重要的不能不关照。”“你对师友的回信，都是亲手动笔，我看这不必要。”周世钊举例说明。毛泽东笑道：“秘书不了解那些人的情况，不知怎样下笔，必须详细交代才能写，不如自己提笔写几句，节省时间些。”毛泽东极重友谊，身居党的主席、国家主席的地位，却时刻系念着劳苦大众、父老乡亲，总是有信必复，有问必答，仅保存至今的 1949 年 9 月至 1964 年春他给湖南乡亲的信件就达 252 封。

9 日晚，毛泽东再次派车接周世钊、王季范叙谈，观看评剧后，他们对评剧和京剧，进行了一番评论。转眼已是第二天凌晨一点半。周世钊谢道：“你可早点休息了。”毛泽东指着桌上的案卷说：“我还有八小时工作要做哩！”

长期熬夜对人的健康有碍。周世钊多次建议，有面谈，有写信，劝毛泽东改变不良起居习惯。毛泽东对老朋友的关怀、建议很重视，1950 年 12 月 29 日在致周世钊的信中说：

临行一信，长沙一信，都收到，很感谢！所说各事都同意，可以做……

晏睡的毛病正在改，实行了半个月，按照太阳办事，不按月亮办事了。但近日又翻过来，新年后当再改正。多休息和注意吃东西，也正在做。总之如你所论，将这看作大事，不看作小事，就有希望改正了。

毛泽东对周世钊也很关心，从思想到生活，从工作到休息都予以密切关照，精心安排，劝他参加民主党派，协助共产党做好知识分子的工作。“知识分子的工作很重要。共产党在知识分子中的党员不多，需要人去做工作。民主同盟是知识分子的组织，你参加民盟好。”督促他参加土地改革，下乡走走。“土地改革是空前绝后的革命运动，如有机会参加，不可错过。”1966 年 11 月 24 日又致信：“你下去跑没有？最好一年下去跑几次，每次两三星期也好。我最近出外跑了一次，觉头脑清新得多。你下去时，不只看学校，还可看些别的东西。”周世钊 1950、1951、1967 年上京期间，毛泽东还曾三次安排他去东北、华北、华东、西北考察教育、工业生产、土地改革、农业合作化，以及各地的革命纪念地、名胜古迹。

周世钊对毛泽东的叮嘱、鼓励，则是句句在心，件件落实。中华人民共和国成立前，在国民党统治区，他没有参加任何党派。中华人民共和国成立后，他先后参加了中国民主促进会、中国民主同盟，并任民盟湖南省委员会主任委员，民盟中央委员，第二、三、四届全国人民代表大会代表，第四届全国人民代表大会常务委员会委员，为党做了大量的知识分子工作，成了毛泽东与湖南知识分子联系的桥梁。

丁、酬唱奉和，抒怀励志

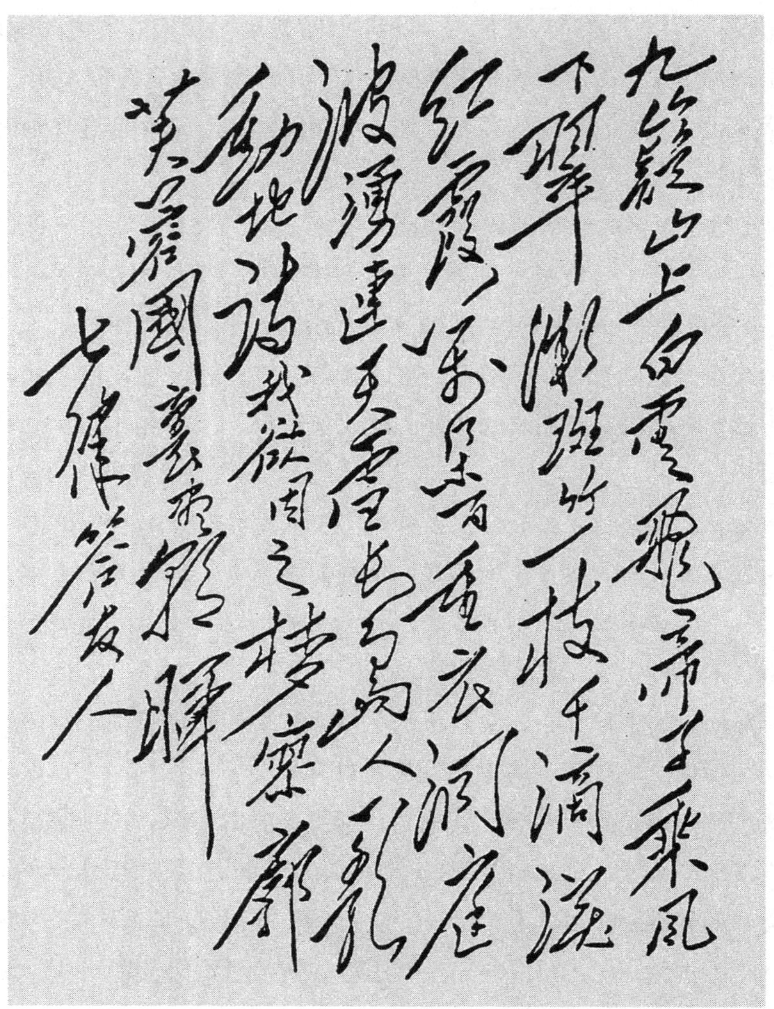

○ 七律 · 答友人

新中国成立后，毛泽东、周世钊经常有诗词往来。毛泽东的诗词，风格豪迈奔放，雄伟壮观，令人心怀开阔，耳目一新。周世钊的诗词，语句自然、优美，感情真挚深厚，令人心旷神怡，百读不厌。

周世钊的诗词，已有很高造诣，但他非常谦逊，经常寄诗词向毛泽东讨教。毛泽东则常常以诗词对答。

1950 年周世钊赴北京参加国庆观礼。9 月 28 日，正值中秋佳节，周在长沙登车，中秋之夜，月朗星稀，桂蕊飘香，吟咏《七律·中秋北上》：

露重香浓桂正花，中秋奉命发长沙。歌盈江市人难静，梦醒湖乡月欲斜。三十年前亲矩范，数千里外向京华。鲰生垂老逢嘉庆，喜见车书共一家。

29 日清晨，火车因故滞留许昌，周世钊得以在许昌市闲游几个钟头，寻访古迹。他来到灞陵桥曹操送别关羽的关羽庙内，见到庙内栩栩如生的曹操、关羽塑像感叹道："一代元雄，而今安在?"时许昌近郊，烟叶遍地，豆苗黄落，一片丰收景象。文学功底深厚的周世钊随笔赋词一首《五律·过许昌》：

野史闻曹操，秋风过许昌。荒城临旷野，断碣卧斜阳。满市烟香溢，连畦豆叶长。人民新世纪，谁识邺中王。

第一首，写 30 年前毛泽东在长沙建党，30 年后两人在北京相见，殊途同归。第二首，记 32 年前毛泽东去北京，在许昌遇洪水，车路不通，就在许昌从事农村调查，听到了有关曹操和关云长的故事；32 年后，周世钊上北京，停车许昌，访古探幽，只见"满市烟香溢，连畦豆叶长"，触景生情，"人民新世纪，谁识邺中王"。

这两首词，无论是景物描写，还是古迹探幽，都渗透了对故友的深情、钦佩。至京后，他将词作赠给毛泽东。

1955 年 6 月 20 日毛泽东在长沙畅游湘江，登岳麓山，参观岳麓书院，周世钊自始至终陪伴。故地重游，往事联翩，"尊前谈笑"，情意无限。事后，周世钊写有日记《难忘的一天》，如实记载了这天的活动，同时赋诗一首《七律·毛主席登岳麓山至云麓宫》。

滚滚江声走白沙，飘飘旗影卷红霞。直登云麓三千丈，来看长沙百万家。故国几年空兕虎，东风遍地绿桑麻。南巡喜见升平乐，何用书生颂物华。

他将此诗赠给毛泽东。同年 10 月 4 日，毛泽东复信周世钊。

惇元兄：

惠书早已收读，迟复为歉。……读大作各首甚有兴趣，奉和一律，尚祈指政。

春江浩荡暂徘徊，又踏层峰望眼开。风起绿洲吹浪去，雨从青野上山来。尊前谈笑人依旧，域外鸡虫事可哀。莫谈韶华容易逝，卅年仍到赫曦台。

周世钊反复阅读品味，觉得此诗既没有衣锦还乡的自豪，也没有韶华易逝的感叹，唯有轻松、爽朗的笑声，蕴藏了浓烈的感情，意境壮阔，美不胜收。他执管挥笔，又给毛泽东一信，提了一个小小的建议："谈"字改为"叹"字。

1956 年 5 月 30 日，毛泽东再次横渡湘江。6 月 1 日至武昌，连续三天，游泳三次。赋词《水调歌头 · 长江》（发表时改为“游泳”）。同年 12 月 5 日寄赠周世钊。

惇元兄：

两次惠书均已收到，情意拳拳，极为高兴。告知我省察情形，尤为有益。……时常记得秋风过许昌之句，无以为答。今年游长江，填了一首水调歌头，录陈审正。

才饮长沙水，又食武昌鱼。万里长江横渡，极目楚天舒。不管风吹浪打，胜似闲庭信步，今日得宽余。子在川上曰：逝者如斯夫！ 风樯动，龟蛇静，起宏图。一桥飞架南北，天堑变通途。更立西江石壁，截断巫山云雨，高峡出平湖。神女应无恙，当惊世界殊。

周世钊收到这首词，受到莫大鼓舞。他在日记中说：毛主席又给我们绘制“截断巫山云雨”的建设蓝图；毛主席不仅改变了中国的面貌，也改变了我个人的面貌，我觉得自己年轻了。

1961 年 4—5 月，毛泽东、刘少奇曾先后来湖南蹲点调查，正确地处理了队与队、人与人之间的平均主义，使群众的积极性又重新调动起来。民主人士、知识分子中，则开“神仙会”，实行“三不主义”（不抓辫子、不戴帽子、不打棍子），大家心情舒畅，共同为社会主义建设尽心尽力。周世钊把这些情况告知毛泽东，并对湖南的教育工作、知识分子工作、统战工作提出了建议。毛泽东为鼓励三湘人民，写了一首《七律 · 答友人》：

九嶷山上白云飞，帝子乘风下翠微。斑竹一枝千滴泪，红霞万朵百重衣。洞庭波涌连天雪，长岛人歌动地诗。我欲因之梦寥廓，芙蓉国里尽朝晖。

词题中“友人”就是周世钊。1961 年 12 月 26 日，毛泽东致信周世钊：“惠书收到，迟复为歉。很赞成你的意见。你努力吧！……‘秋风万里芙蓉国，暮雨朝云薜荔村’‘西南云气来衡岳，日夜江声下洞庭’，同志，你处在这样的环境中，岂不妙哉！”同时，信内附寄这首《七律 · 答友人》。

周世钊爱读毛泽东的诗词，对毛泽东诗词做过许多解释，而很多解释又来自毛泽东本人。

1960 年 8 月 31 日，他俩讨论《沁园春 · 雪》。毛泽东解释道：“《沁园春》一词，只批评了秦皇汉武、唐宗宋祖的不大行，或略输文采，或稍逊风骚，但并没有说明谁行；至于‘数风流人物，还看今朝’也并没有说明今朝有谁行，指个人也

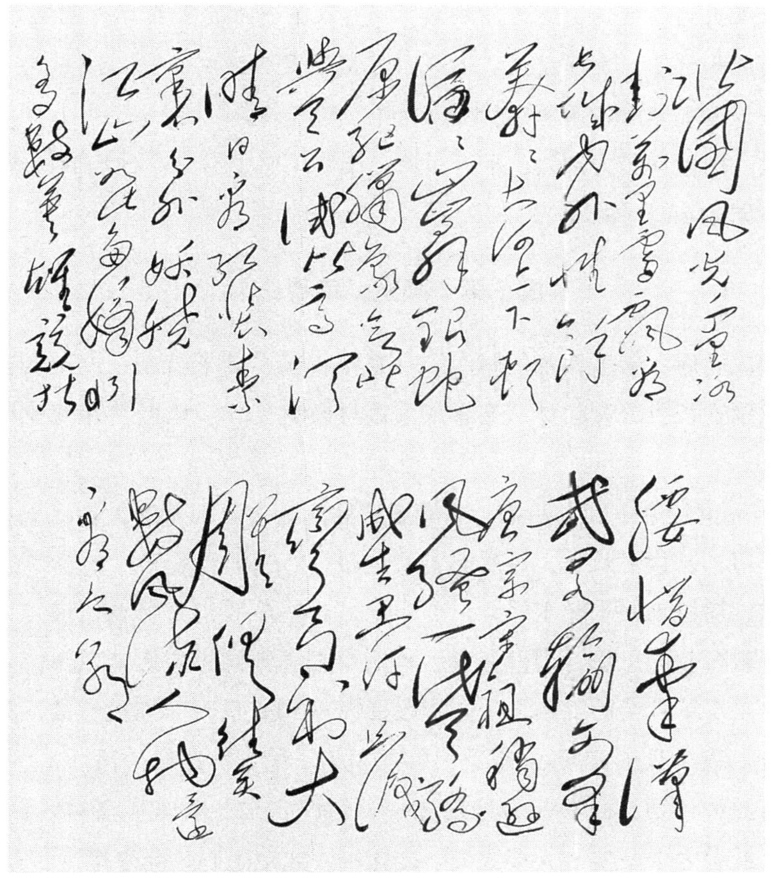

○ 沁园春·雪

好，指人民群众也好，指无产阶级更贴切。”

《七律·送瘟神》发表后，周世钊、蒋竹如展开了热烈争论，对“坐地日行八万里，巡天遥看一千河”有着不同理解。周写信给毛泽东。毛泽东复信：

坐地日行八万里，蒋竹如讲得不对，是有数据的。地球直径约一万二千五百公里，以圆周率三点一四一六乘之，得约四万公里，即八万华里。这是地球的自转（即一天时间）里程。坐火车、轮船、汽车，要付代价，叫做旅行。坐地球，不付代价（即不买车票），日行八万里，问人这是旅行么，答曰不是，我一动也没有动。真是岂有此理！囿于习俗，迷信未除。完全的日常生活，许多人却以为怪。巡天，即谓我们这个太阳系（地球在内）每日每时都在银河系里穿来穿去。银河一河也，河则无限。“一千”言其多而已。我们人类只是“巡”在一条河中，“看”则可以无数……血吸虫病，蛊病，俗名鼓胀病，周秦汉累见书传。牛郎自然关心他的乡人，要问瘟神情况如何了。大熊星座，俗名牛郎星（是否记错了?），属银河系。这些解释，请向竹如道之。有不同意见，可以辩论。

毛泽东、周世钊作为诗人，平等讨论，屡见不鲜。有一次他们商讨李白、苏轼、李商隐的诗词达46分钟。

戊、第一师范，值得纪念

新中国成立后，周世钊曾任湖南第一师范校长、名誉校长、湖南省教育厅副厅长、湖南省副省长，分管教育。毛泽东也搞过教育工作，因此，每次见面，教育总是话题之一。

1950年周世钊第一次上北京，毛泽东接见他五次。次年周世钊在北京社会主义进修学院学习，又接见八次，每次都要追忆在一师的学习生活。

有一次，周世钊同毛泽东回顾一师同学，这些多数出身贫苦，被迫读师范，部分人是抱着教育救国思想，周世钊自己承认受教育救国思想影响较深。毛泽东接着说：教育也是变革社会的工具之一。当毛泽东谈到这里时，周世钊插话说：现在一师还保存有《夜学日志首卷》，前言是你的手笔。前言有这样一段话："本期学友会改选，定有数种计划，夜学即为计划之一。创议之初，咸以师范本以教育为天职。我国现状，社会之中坚实为大多数失学之国民，此辈阻碍政令之推行、自治之组织、风俗之改良、教育之普及，其力甚大。此时固应以学校教育为急，造成新国民及有开拓能力之人材。"这也是教育变革社会的思想。毛泽东听到这些东西还存在，非常高兴，说："下次来京，你给我捎来看看。"

1951年8月21日，毛泽东、周世钊驾着一叶小舟，浮游中海、南海，边游边议。周世钊提到他们在一师学习时的校长孔昭绶具有民主教育思想，是蔡元培教育思想的真实执行者。毛泽东点头道：何止民主教育家，还是一位教育改革者。改组学友会，开办工人夜学，创设学生志愿军，组织运动会，实行修学旅行，都是他重新担任一师校长时的改革措施。我们从事新民学会、工人夜校、农村调查等活动，都是孔校长教育改革后的产物。没有孔校长的教育改革，就不会容许我们有这些活动。

周世钊抱有写点东西的思想准备，曾多次询问和共同回忆新民学会、农村调查、工人夜校的情况。毛泽东记忆犹新，尤其对他与萧子升在1917年暑假漫游长沙、宁乡、安化、益阳、沅江的情况记忆深刻。他说：我们为纪念这次“游学”，两人还特意穿着旅行时的衣服和草鞋，照了一张相，可惜这张照片难于找到了。我们沿途记下的日记还在同学中传阅过。周世钊补充说：游学中你们写的诗词、对联我也看过；记得，当年同学们赞誉你们“身无半文，心忧天下”。

当回忆工人夜校时，周世钊带着核实史实的口气问：你写有一首对联“世界是我们的，做事要大家来”，刻在竹制牌上，悬挂在一师附小门口。毛泽东深沉地回忆：“可能有这回事。‘自信人生二百年，会当水击三千里’，我是讲过的。那时候我们很有朝气，有奋斗精神。”

1951 年，湖南省委及“一师”负责人集体向毛泽东汇报，请求将一师扩建，毛泽东指示：“规模不宜太大。”于是扩充计划作罢。1955 年 5 月 1 日，毛泽东又致信周世钊：“规模和经费均不要同他处立异，但在教学内容方面多做工作，这就是我所希望的。”

一师附小旧址复原后，该校教师曾致信毛泽东，请求重写附小大门对联。1968 年 9 月 29 日毛泽东致信周世钊：

九月二十五日信收到。我不同意为个人作纪念，请告附小。对联更拙劣，不可用。

20 世纪 60 年代，毛泽东、周世钊再次泛舟中海、南海，漫谈中，毛泽东再次重复 1960 年 6 月曾给周世钊讲过的话：“我没有正式进过大学，也没有到外国留过学。我读书最久的地方是湖南第一师范。我的知识、我的学问，是在一师打好的基础。”

周世钊介绍了抗日战争以后湖南第一师范的历史变迁。抗日战争初期，长沙“文夕大火”，一师校舍焚毁，一师与部分中学合并为湖南省立第一临时中学，流落在安化桥头河，1942 年恢复一师名称。抗日战争胜利后，迁长沙岳麓山左家垅，而城南书院旧址，则已被国民党政府改建为陆军医院。毛泽东听到这些情况，表示：“一师是一个可资纪念的学校。一师最好搬回河东城南书院旧址，能拨还一师我以为是应该的。”

对毛泽东的提议，周世钊向中共湖南省委、省政府做了汇报，并向省教育厅呈送了关于一师迁回城南书院并扩建校舍的建议。湖南省委、省政府教育厅接受了周世钊的建议，不久，一师迁回原址，但因多方面原因，一师校舍拖至 1969 年才按原貌重建。

一师迁回原址后，毛泽东应周世钊的请求先后题书“第一师范”，“要做人民的先生，先做人民的学生”，并赠送了亲笔署名的《毛泽东选集》。

己、贤者在位，能者在职

1958 年 7 月，周世钊当选为湖南省副省长，分管教育。初次担负要职，思绪万千，有欣喜也有胆怯。10 月 17 日，周世钊致信毛泽东，吐露心扉。25 日，毛泽东复信：

惇元兄：

赐书收到。十月十七日的，读了高兴。受任新职，不要拈轻怕重，而要拈重鄙轻。古人有云：贤者在位，能者在职，二者不可得而兼。我看你这个人是可以兼的。年年月月日日时时感觉自己能力不行，实则是因为一不甚认识自己；二不甚理解客观事物……此外，自己缺乏从政经验，临事而惧，陈力而后就列，这是好的。这些都是实事，可以理解的。我认为聪明、老实二义，足以解决一切困难问题。这点似乎同你谈过。聪谓多问多思，实谓实事求是。持之以恒，行之有素，总是比较能够做好事情的。你的勇气，看来比过去大有增加。士别三日，应当刮目相看了。我又讲了这一大篇，无非加一点油，添一点醋而已。

这封信体现了毛泽东的人才思想，反映了毛泽东识才赏人的领导智慧。“贤者在位，能者在职”，任命干部，固然要讲有德有才，德才并举，但二者之间，德更重要。他特别表扬周世钊能够正确认识自己，“自己缺乏从政经验，临事而惧，陈力而后就列，这是好的”。“临事而惧，好谋而成”是孔子的话，语出《论语·述而》篇：“暴虎冯河，死而无悔者，吾不与也。必也临事而惧，好谋而成者也。”毛泽东曾在中共七大会议上关于《第七届中央委员会选举方针》的报告中引用了“临事而惧，好谋而成”。1956 年 9 月 13 日在中共七届七中全会第三次会议上，毛泽东提议邓小平任总书记，陈云任党的副主席时，又引用了这句话，这次又给周世钊说了这句话，可见，这是毛泽东一贯的人才思想。今天，应该继承、发扬中华民族这种用人传统。

1959 年 4 月，周世钊在北京参加第二届全国人民代表大会第一次代表会议，会后拜访毛泽东。毛泽东开门见山地探问他任副省长职以来的感受。在老同学面前，周世钊不掩盖自己的真实思想。他说头痛的是知识分子问题。自从 1957 年整风“反右”后许多知识分子沉默不语，有话不说了，思想问题最难打通。毛泽东却调侃地说："思想问题打不通？"有意将"打"字音讲得很大，也拖得很长，然后谆谆引导说：思想问题只能说服教育，摆事实，讲道理。做思想工作，首先要注意的一个问题，就是怎样看一个人。每一个人，只要不是反革命，都有优点和缺点。一般说，每个人的优点是主要的，缺点是次要的。做思想工作，要能相互交心，相互信任，才会有话谈，才能谈得通，才会有成效。毛泽东就像帮助战士一样，帮助周世钊，不仅肯定他有做好副省长的工作能力，还热情地指教他做好工作的方法。

1976 年 4 月周世钊重病住入湖南医学院附二医院，病危期间，中共湖南省委办公厅及时向中共中央办公厅和毛泽东汇报了周世钊病况。毛泽东得知周世钊病危的消息后，在自己躺在病床上的情况下，委托中共中央办公厅从北京医院选派两名医师乘专机飞往长沙，为周世钊治病。可惜，就在北京医师抵达长沙的当天——4 月 20 日早晨 6 时，周世钊去世了。就在当年 9 月 9 日，一代领袖毛泽东与世长辞。毛泽东与周世钊生来不同庚，逝世同岁去，肝胆相照，流芳百世。

05

“文如其人，信哉，信哉”
——毛泽东与谢觉哉

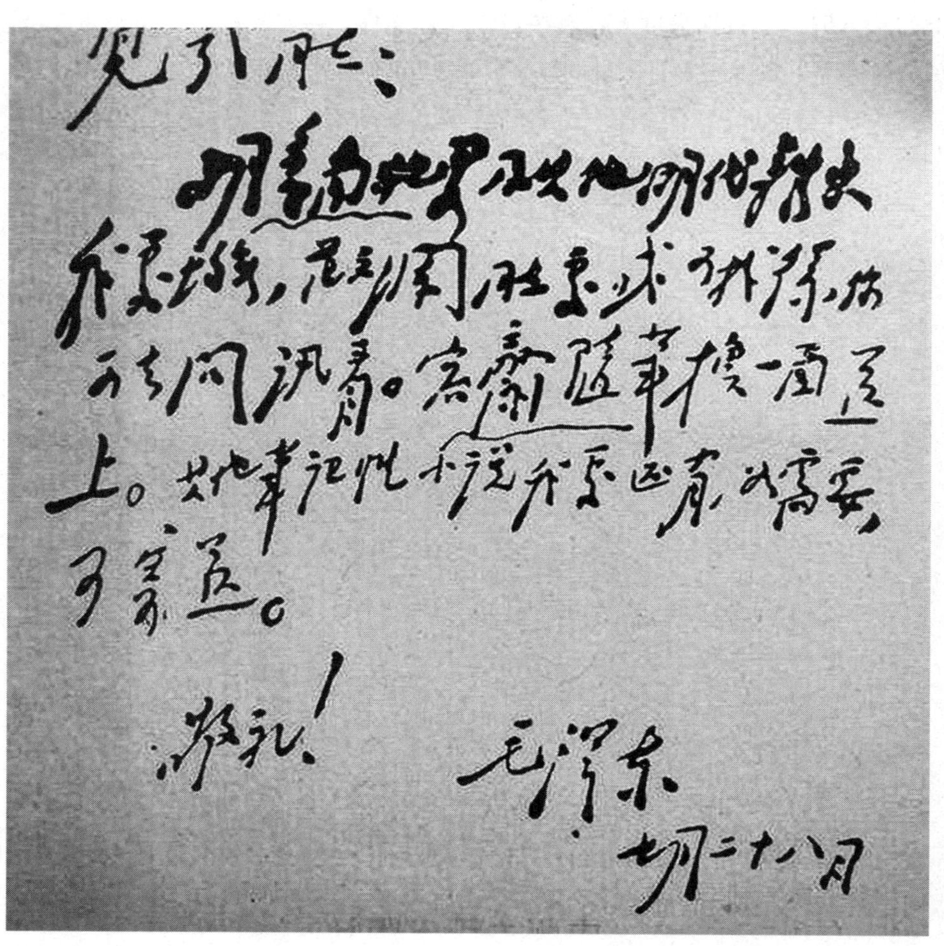
觉哉同志：

[illegible]

敬礼！

毛泽东

四月二十八日

○ 毛泽东致谢觉哉信

谢觉哉在《六十自讼》，记述了一个老“秀才”从自由民主派走向无产阶级革命派，成长为一个坚定的共产党员的历程，并将这《六十自讼》送给毛泽东。毛泽东仔细阅读后，在《六十自讼》的空白处批注：“文如其人，信哉，信哉！”赞颂自传写得真实感人，值得钦佩敬仰。毛、谢友谊，诚信第一，全党皆知，感人肺腑。

一个深受湖湘文化熏陶的秀才，是如何走上无产阶级革命的道路，信仰马克思主义的经历，毛泽东是亲见亲闻的。

甲、毛、谢友谊，源远情深

谢觉哉初遇毛泽东，是1920年主编湖南《通俗报》期间。这年8月28日，谢觉哉接受好友何叔衡的邀请，从宁乡赴长沙主编湖南《通俗报》。9月5日召开第一次编辑部会议，特邀毛泽东参加，首先由谢觉哉发言，提出由他起草的湖南《通俗报宣言》供大家讨论。继之，由周世钊予以补充说明，毛泽东即席讲话。他说：“报纸主张什么，反对什么，态度要明朗，不可含糊。”又说：“湖南《通俗报》是向一般群众进行教育的武器，文字必须通俗生动，短小精悍，尤其要根据事实说话，不可专谈空洞的大道理。”这是毛泽东生平中最早的办报思想。这些主张，被参加会议的人全部接收下来，成为这一时期湖南《通俗报》的工作纲领。谢觉哉根据这指导性的意见，修改了他起草的湖南《通俗报宣言》。湖南《通俗报》，原是湖南省政府通俗教育馆的报纸，此后实质上成为共产党长沙早期组织的喉舌，“起了党报的作用”。

后来谢觉哉回忆这次见面情景时说：“……会后，毛泽东同志到我房里坐了一会。才会面，谈话不多，但他那谦虚与诚恳的态度，简要的语言，给我印象很深。通俗教育馆的房子，已记不清楚了，但毛泽东同志当时坐的地方和姿势，我脑子里记忆犹新，假如我能画的话，可以无遗憾地画出来。”

1921年元旦，经毛泽东、何叔衡、周世钊介绍，谢觉哉参加了新民学会。1月3日《谢觉哉日记》记载：“连日新民学会开会，关于主义争辩甚厉。”1月4日又记载：“湖南新文化的花，完全在第一师范。”赞赏毛泽东在湖南第一师范的革命活动及其对全省的影响。

在抗日战争时期，谢觉哉为边区政府开源节流，发展经济，打破国民党反动派对边区的经济封锁，操劳过度，病倒了。毛泽东得知后，派总卫生处处长傅连璋前往诊治，致信慰问，并建议他每日工作不超过4小时。他深知，谢老爱看书，特送去《容斋随笔》，调节生活。

乙、珍贵日记 革命历程

谢觉哉长期坚持写日记，即使是在做地下工作期间，还是在战争的岁月，也不间断。现在收入《谢觉哉日记》的，计有 1919 年至 1922 年；1937 年至 1944 年的大部分日记。日记内容丰富，有党的方针政策制定、贯彻情况，毛泽东的革命活动和讲话，作者的读书心得、工作纪实、道德修养、人际交往、诗词唱和、经验总结，具有极珍贵的史料价值。可惜，在革命战争年代，他的日记未能全部保存下来。

《谢觉哉日记》是研究中共党史的重要史料。如 1921 年 6 月 29 日日记记录："午后 6 时，叔衡往上海，偕行者润之，赴全国○○○○○之招。"后来谢觉哉亲笔注释："○○○○○"即去上海参加中国共产党第一次代表大会。

《谢觉哉日记》里有关于毛泽东、何叔衡、贺民范组织中韩互助社的活动的最原始的记录。1921 年 3 月 14 日："午间赴曲宴，欢迎韩代表李熙春、黄永熙、李若松三君，到者 28 人……成立中韩互助社，社址设在船山学社。"中韩互助社领导成员，中方由毛泽东、何叔衡、贺民范分任交际部、宣传部、经济部主任，韩方由李熙春、黄永熙、李若松组成。3 月 17 日李熙春在《湖南通俗报》馆演说。18 日湖南省政府交际署来人质问："有韩人在报馆演说否？"19 日，"有日人追捉韩人某于青年会"，幸被毛泽东得知，"夜，润之迎某韩人居于第一师范"，使韩人免遭灾难。谢觉哉在日记中议论道："日人可恶，韩人可怜，我国人也受他的干涉，更可怜。"赵恒惕的省政府充当了日本人的帮凶，是奴才，当然更可怜。

10 月 22 日记录了湖南第一师范同学会常年大会，欢送赴俄参加远东会议的夏曦。熊梦飞、何叔衡、毛泽东、陈章甫先后发表演讲。熊梦飞（又名熊仁安，字懋龄）是无政府主义者，说什么"我们要为学理的结合，不可为党派的结合"，反对中国共产党。毛泽东予以驳斥："从前学校是没有主义的，所标的主义又不正确。结果是盲撞瞎说，闹不出什么名堂。我们总要为有主义的进行。在法同学组织的工学世界社（革命团体），那办法很好。""工学世界社"是在蔡和森影响下，以李维汉、罗学瓒、李富春等为主体的马克思主义信仰者组织的革命团体。谢觉哉在日记中评论他们的发言："庄谐并出，满座辗然。润之是带红色的；玉衡（何叔衡）还不脱老学究口气，自是四五十岁人的说话；章甫（陈章甫）有小说风味。"他钦佩毛泽东的发言。

丙、密切配合 携手革命

1925年，经毛泽东、何叔衡介绍，谢觉哉加入了中国共产党，是秘密党员，公开做国民党湖南省党部常务委员，省党部机关报《湖南民报》主编，湖南省农民协会执行委员会常务委员，省农民协会特别法庭庭长，坚定不移地贯彻《湖南农民运动考察报告》精神。

1927年6月下旬，毛泽东回湖南任临时省委书记。几乎同时，唐生智打着“调解”的旗号回湖南处理“马日事变”。毛泽东委托谢觉哉侦察唐生智的真实意图。他以国民党湖南省党部常委名义，找其参谋长曹伯闻，求见唐生智。曹透露：唐生智的“大政方针未定”，拒绝会见。不一日，唐生智默许何键派往长沙策划“马日事变”的余湘三，惨杀了5个共产党员。谢觉哉据此判断，唐生智有背叛国民革命之迹象，汪精卫为首的武汉国民政府即将叛变。

八七会议后，毛泽东以中共中央特派员身份回湖南，改组中共湖南省委，领导湘赣边秋收起义，在长沙市沈家大屋召开省委会议，谢觉哉参加，并被选为省委委员。1928年春谢觉哉到达上海，负责编辑党中央机关报《红旗周报》《上海日报》《布尔什维克》。1928年7月4日《布尔什维克》第23期发表一篇署名“觉哉”的通讯：“工农革命军第四军毛泽东、朱德所部退出湘南时，实力并没有损失。朱毛入江西，占领了永新、宁冈、遂川等县；反动军队杨如轩一师和毛泽东开战，被毛部赶跑，其八十一团被红军打败于遂川县的五斗江。七十九团三营被毛部缴械，又在永新被朱部打散了……”击破了敌人对毛泽东被“击毙”的谣言。

1931年，中共中央政治局委员顾顺章叛变，上海地下党组织遭到严重破坏，谢觉哉转移到湘鄂西根据地，主编《工农日报》。1933年转往中央根据地。

离别6年的老战友相见，分外高兴。毛泽东惊喜道：“你也来了。这几年，不知你的去向，真令我担忧啊!”两人紧紧相抱，饱经风霜的脸儿乐开了花。毛泽东介绍了中央根据地的情形，中央苏维埃政府组成情况，说：“我这里很需要一个笔杆子”。谢觉哉如鱼得水，担任了毛泽东的秘书，工农民主政府秘书长、内务部长，中央政府最高法院主席，协助中华苏维埃共和国主席毛泽东起草和颁发了一系列法令和条例，如《土地法》《劳动法》《税收条例》，为苏维埃政府的法制建设做了基础工作，是党的法制事业的开拓者。

1933年，谢觉哉在瑞金县检查工作，发现严重的贪污问题。他在县苏维埃常委会上怒斥杨世珠、兰文勋等人，“你们称得上是共产党员、苏维埃干部吗？当前战争够残酷的了，大家都在千方百计节省每一个铜板、每一斤口粮支援前线，想不到瑞金县竟有用群众血汗养肥的贪官污吏”。他向毛泽东汇报，并建议：“必须立法建规，昭示天下，以便广大群众监督。”毛泽东立即支持：“你谢胡子敢于开刀，我毛泽东绝不手软，请你起草惩办贪官污吏的法规，记得湖南农民运动中《湖南省惩治贪官污吏暂行条例（草案）》是你起草的。”

七七事变后，为贯彻党的抗日民族统一战线政策，党中央决定派谢觉哉为驻兰州办事处代表。当时国民党甘肃省主席，第八战区司令长官贺耀祖，是谢觉哉的同乡，原是湖南军阀赵恒惕部下的师长，北伐战争时，由谢觉哉策反，归顺国民革命军。大革命失败后，贺投靠了蒋介石。抗日战争爆发，国共第二次合作，毛泽东建议，派谢觉哉任八路军驻兰州办事处代表，争取贺耀祖参加抗日。7 月 17 日，谢觉哉动身赴兰州，毛泽东交代他的使命：做抗日民族统一战线的工作；寻找被国民党军队打散的红军“西征军”指战员的下落；营救“西征军”被捕同志；与新疆取得联络，把八路军驻兰州办事处建成为延安与新疆的交通站。

谢老不辱使命。他就开展民运、革新政治、组织抗日救亡团体、创建抗日书刊报社等向贺耀祖提出建议。从办事处派人到甘肃省武威、张掖等地寻找、收容失散的红军战士，使许多同志辗转归队。直接与地方军阀马步青交涉，营救出刘瑞龙、魏传统等 4 人。1937 年底马步芳将被俘的红军战士 1500 人编为一个团，强行送往国民党第一战区卫立煌部队，谢老闻讯，立即与朱绍良交涉，并与中共中央驻西安代表林伯渠联系，终于在西安把那一团人“端”过来。

丁、交流启发 知己良朋

1940 年 10 月，国民党停发八路军军饷，并对各抗日根据地实行经济封锁，边区的外援全部断绝。与此同时，陕甘宁边区又遭受严重的自然灾害。陕甘宁边区进入极端困难时期。这时，谢觉哉任中共陕甘宁边区中央局副书记兼边区政府秘书长。他查阅了《延安府志》，又在深入群众调查的基础上，得出结论：延安地区生产池盐的地方多，销售池盐的地方少，地方经费出自地方，各地方政府都采取专卖政策，不准外县的盐进入本县境，也不许私营，造成延安地区池盐长期滞销，盐价低廉，人民吃苦，官绅得利。

盐是陕甘宁边区根据地的主要出口物资，如何平衡陕甘宁根据地进出口贸易，如何解决根据地财政困难，谢觉哉撰写了万余字的《花定池盐运销研究》，主张放开池盐专卖权，让人民自由运输，自由交易，陕甘宁政府只管池盐税收；在根据地内，各种商贸交易通通用边币（即陕甘宁边区政府发行的货币），国民党统治区印行的法币，仅在对外交易时才使用，严禁在陕甘宁边区内通行。

他将研究成果《花定池盐运销研究》，送给毛泽东。从1941年7月12日至9月4日，他给毛泽东的信达7封，毛泽东给他的复信有4封。他到毛泽东住处交谈3次，毛泽东到他住的窑洞交换意见2次。毛泽东给谢觉哉的4封复信的时间是：1941年8月6日、9日、12日、22日，专题研究陕甘宁边区财政建设问题。

8月6日的信，专题讨论边区财政建设的基本方针。毛泽东写道：

在你的启发下，“近日我对边区财政问题的研究颇感兴趣，虽仍不深刻，却觉其规律性或决定点似在简单的两点，即（一）发展经济；（二）平衡出入口。首先发展农、盐、工、畜、商各业之主要的私人经济与部分的公营经济，然后是输出三千万元以上的物产于境外，交换三千万元必需品入境，以达出入口平衡或争取相当量的出超。”盐是达到进出口平衡“唯一的或最主要的办法”，“今后必须停止公业投资，发动私业投资”，表示自己已经接受谢觉哉的建议。

8月9日信：

谢老：

八日信及安塞报告均收，已看一遍，尚待详看。……请准备一积极建议，包括全部财经问题……我此刻尚未睡，上午如能睡好，下午或派车子接你来谈，那时再定。

8月12日信，是回复谢觉哉11日信的提议。谢老认为：把运销池盐的任务交给人民，必须先做政治动员工作，讲明道理；边区政府的党团，不应与政府委员会混同。

毛泽东的复信，肯定了谢老的建议。他写道：

谢老：

十一日信悉。

劳役须经政治动员，是完全对的，这就是我们的劳役与国民党的劳役之原则的区别，我们的特点是革命加战争。

边区党团不应与政府委员会混同，党团只需三、五人，任务是掌握政策，有事即谈，谈通了，或拟成了计划，商得西北局同意（或常委通过）就提在政府委员会上通过。党团会由你召集，也不必各厅都有人，以能考虑政策的人为限。”

这封信表明，在延安期间，对党团的作用、党政工作职能的区别，毛泽东、谢觉哉已有明确的认识。

8月21日谢觉哉致信毛泽东，提议各级领导者应重视总结经验，并上升到理论来指导今后的工作。22日毛泽东肯定说：

“你说有了今年的经验，计划会要实际些，是对的。……今年的所以采取这些政策，首先是根据于革命与战争两个基本的特点，其次才是根据边区的其他特点（地广，人稀，贫乏，经济落后，文化落后等）。凡人（包括共产党员）都只能根据自己的见闻即经验作为说话，做事，打主意，定计划的出发点或方法论，故注意吸收新的经验甚为重要。”特别值得重视的，首次提出没有突发事情发生，“经济建设一项乃是其他各项的中心”。毛泽东这篇议论，是对谢觉哉“领导者应重视总结经验”观点的发挥。

为统一全党的思想，毛泽东开始系统研究经济问题。一方面，他努力钻研经济理论，除阅读马克思主义经济学著作外，还广泛搜集其他经济书籍报纸杂志，包括《中华民国统计提要》《中国工业资本问题》等，另一方面实地调查边区经济状态，并向内行请教，与边区政府主席林伯渠、中央财政经济部部长李富春、八路军总后勤部部长叶季壮、边区银行行长朱理治、边区财政厅厅长南汉宸等，通过书信、谈话等方式，掌握边区经济的第一手资料。经历一年余的调查研究，他撰写了10万余字的经济巨著《经济问题与财政问题》。

《经济问题与财政问题》是集体智慧的结晶，包括了谢觉哉等人的心血。谢老数万字的调查资料和洋洋万余字的信件，对毛泽东写就《经济问题与财政问题》，如同艾思奇、李达的哲学著作，对毛泽东写作《实践论》《矛盾论》的推动作用。

《经济问题与财政问题》出版时，毛泽东首先想到谢觉哉给他的启发、帮助，立即派人优先赠送一本给他。谢觉哉通夜阅览。第二天晚上，前往毛泽东住所畅谈阅读体会，并呈送《六十自讼》，以致谢意。

★

六

以民为本，倾听呼声

实事求是、群众路线、独立自主，是毛泽东思想的精髓，也是中国优秀传统文化。没有调查，就没有发言权；一切政策、办法，产生于调查工作的末尾，而不是开头；调查是为了解决问题。这是实事求是、群众路线的具体实现途径，是毛泽东一生倡导的工作方法。调查形式多样化，可以走出去，也可以请进来；可以书信交往，又可以登门拜访，还有派身边工作人员、卫士下乡调查。新中国成立的最初几年，百废待举，毛泽东无时间外出调查，常常利用书信往来，或邀请亲朋好友上京，倾听他们的呼声。对去北京的乡亲，毛泽东先“约法五章”，即五个条件。这“五个条件”，是抵制各种“糖衣炮弹”和各种细菌侵害的锐利武器。“五个条件”是：

一、“一切按正常规矩办事”，不搞特殊化。

二、凡来北京者要带基层实情材料，不带任何礼物。

三、除特邀来北京者外，来往路费、住宿费都由自己负责，确有困难者，从毛泽东的稿费中给予补助，不能向政府伸手。

四、来京者不得要求找工作，逗留时间最长不超两个月。

五、只听取基层情况、建议，不处理你们的具体问题。

这五个条件，是廉洁自律，防止“糖衣炮弹”袭击的护身符，体现了以民为本、廉洁奉公的为政文化。

01

“乡间情形，尚望随时示之”

——毛泽东与毛宇居

★

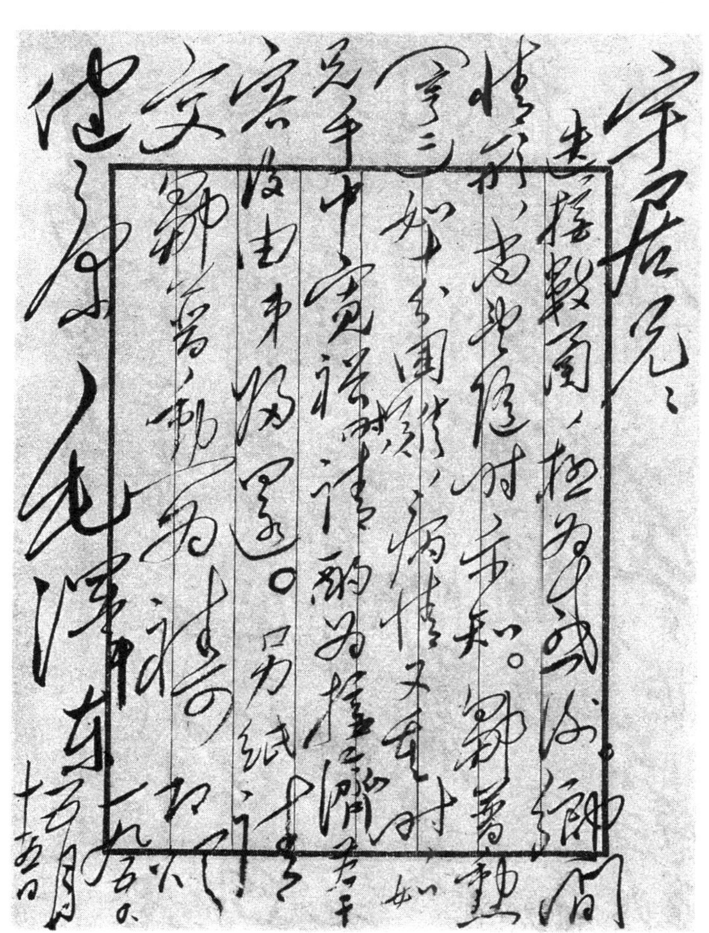

○ 1950 年 5 月 15 日，毛泽东致毛宇居信

毛宇居，韶山市韶山乡韶源村人，是毛泽东的堂兄和私塾老师，也是他从事革命活动的热诚支持者。他出身书香世家，自幼打下了较好的古典文学基础，在韶山冲里有“韶山一支笔”之称。1906年秋，毛泽东在他办的私塾读书。1915年参加过护国战争，大革命时期参加了韶山农民运动。马日事变后，白色恐怖笼罩韶山，毛泽东的族人唯恐他的书籍和信札落入敌手，便将其焚毁。毛宇居闻讯赶来，从火中抢出了一本听课笔记《讲堂录》，一份《祭母文》抄件，藏于自家墙壁的夹缝中。中华人民共和国成立后，他把这些文物取出来，赠送给国家博物馆。这些文物后来成为研究毛泽东早期思想的珍贵资料。

甲、颂赞毛泽东“闳中肆外，国尔忘家”

1940年，毛宇居主编的《韶山毛氏四修族谱》，在毛泽东名下，注有“闳中肆外，国尔忘家”，意为思想博大，理论精深，形式多样，机动灵活，为国为民，舍小家为大家。

1949年10月1日，毛泽东在北京天安门庄严宣告中华人民共和国成立。喜讯传到韶山，毛宇居作《七律・导师颂》：“一领青衫运远谋，手无寸铁敌王侯……满腔热血关天下，国尔忘家志不移。”同时书写了一封热情洋溢的信，由毛泽连带给毛泽东。毛泽东在开国的礼炮声中更没有忘记这位老师兼堂兄。11月28日毛泽东复信：

惠示并诗敬悉，极为感谢。此间情形，泽连当可面达。顺问阖族各前辈同辈后辈人们的安好，贵宅各兄弟子孙的健康。

1951年，毛宇居辑有《毛主席轶事》，记述了毛泽东青少年时代热爱劳动、关心农民疾苦、勤奋学习和灵敏有大志等情况，寄给了毛泽东。其中有一首《赞井》诗：“天井四方方，周围是高墙；清清见卵石，小鱼囿中央；只喝井里水，永远长不长。”“天井”在湖南是指四方形房屋之间的露天处，也就是天窗，以利房屋充满阳光；而《赞井》中的“天井”，则是室外的水井，通常供人们饮水、洗衣服用。这首诗是批评封闭式的教学方法。

4月5日，毛泽东给予函复：

宇居兄：

历次各信及最近长函均收，甚谢。诸承关怀，具见盛意，惟轶事有些内容不适合，似以不印为宜，原稿奉还。

新中国成立初期，毛泽东很谦虚、谨慎、求实，不希望别人宣传他。许多同学、老师写的一些回忆录寄给他后，都致信谢意，退回，叮嘱："不要宣传。"

乙、随时通报乡间情形

毛泽东是人民的领袖，时时刻刻想着人民的疾苦。他希望通过乡亲了解家乡近况。于是，在1950年5月15日写信给毛宇居：

宇居兄：迭接数函，极为感谢。乡间情形，尚望随时示知。

自此以后，毛宇居随时把韶山农村情况通报毛泽东。毛泽东回信计有十一封。在一封复信中，毛泽东提到"邹普勋（亨二）如十分困难，病情又重时，如兄手中宽裕时，请酌为接济若干，容后由弟归还。"因为当时是实行供给制，无工薪，毛泽东手中资金也很枯竭，只能以书信安慰，托他人代为接济。

文梅青是毛泽东的亲舅舅七舅的第二个儿子，文涧泉的胞弟，农民。张有成是毛泽东少年时的朋友，木工。大革命时期参加了农民运动。中华人民共和国成立后，他们致信毛泽东，希望能到北京与毛泽东一叙。1951年9月4日毛泽东致信毛宇居：

接到梅清、有成二兄的信，想来京一游，我认为可行。如禹居兄有兴趣，亦可同来一游。来者以三兄为限，他人不要来。到京大约可住一个月至两个月，太久则不方便。如三兄同意这几点，即可偕我这里派的同志一道来京。

毛宇居接信后，立即随从毛泽东派来的人乘车北上。9月23日抵达北京。当晚，毛泽东在家接见三人时，还将儿子毛岸青，女儿李敏、李讷叫到面前，介绍道：这是从韶山家乡来的亲人，是你们的伯公、舅外公。你们快快行礼。毛泽东设家宴款待他们，请毛宇居坐上席，并说："一日为师，终身为父。你是我的老师，更应该坐上座。"毛宇居执意不肯，忙谦逊地谢道："不合适，不合适，我愧为人师。你是全国人民的主席。主席，主席，当然要坐上席。"毛泽东开怀笑道："你说的那是党或国家开大会，或出席宴会，如今你在我家里，是我的老师和兄长，你就不要推辞了。"席间，边喝酒，边谈乡情，谈减租、退押、土地改革过程中的情节和农民翻身后的喜悦。

10月1日，雄伟、庄严、肃穆的天安门广场沉浸在欢乐中。毛宇居等人被请上国庆观礼台——天安门城楼。礼炮声和毛泽东那洪亮的韶山乡音，在天安门上空久远回响。

1952年7月11日，毛泽东致信毛宇居：

接毛泽连的信，六婶病故，他自己又跌断了脚，不知实际情形如何，脚尚有诊好的希望否？他未提到要钱的话，不知他的生活尚过得去否？暇请查明见告。接张有成兄的信，乡里粮缺猪贱，不知现在好些否？风便望将乡情赐告。

毛泽东又于 8 月 21 日致信毛宇居：

李漱清老先生及邹普勋兄前曾表示，希望来京一游。我认为可以同意，借此了解乡间情况。但请你向二位说清楚：(一) 须他们自己下决心，出远门难免有风险；(二) 到京住一至两个月即还家乡。如他们同意这两点，则可于阳历九月间动身北来。

毛泽东经常将有关韶山亲朋好友的事，委托毛宇居调查、核实、办理；有关文家亲朋好友的事，委托文涧泉调查、核对、处理；有关湖南第一师范老师、同学、故友的事，委托同学周世钊管理。

丙、与“教师节”的巧合

1952 年冬，毛宇居受韶山乡政府委托，第二次进京向毛泽东汇报韶山乡政府要兴办小学校，请他题写校名时，毛泽东欣喜地说：这很好。国家需要人才，教育要发展。你是教书的，要多出力，还要教育人家多出力。

毛泽东询问毛宇居：“写什么名字？”

“就写湘潭县韶山小学吧！”

毛泽东沉思片刻，说道：“现在是小学，将来可以发展为中学、大学嘛，那不又要重写？还是叫韶山学校好。这样，一次就写完全了。”说完，挥笔写了好几张，供选用。

1958 年，由毛泽东提议的湘潭大学正在筹备。8 月，湘潭大学筹备委员会派毛宇居去北京，请毛泽东给湘潭大学题写校名。毛泽东高兴地说：“近年来许多人请我题字，我都未写。我的字写得不好。到处题字，也不好。我小时候读书的湘乡东山学校给我写了‘大字报’，要我题写校名，我还未写。假若给你们写了，他们不会有意见吗？”

毛宇居不经思索地回答：“这个问题好办，你写两张，东山学校那一张，我给你送去，两县人民都不会有意见了。”

9 月 10 日毛泽东挥毫“湘潭大学”四字。湘潭大学以毛泽东题写校名日作为校庆纪念日。无巧不成书，后来国家规定 9 月 10 日为“教师节”。

02

来北京的乡亲必须遵守“五个条件”

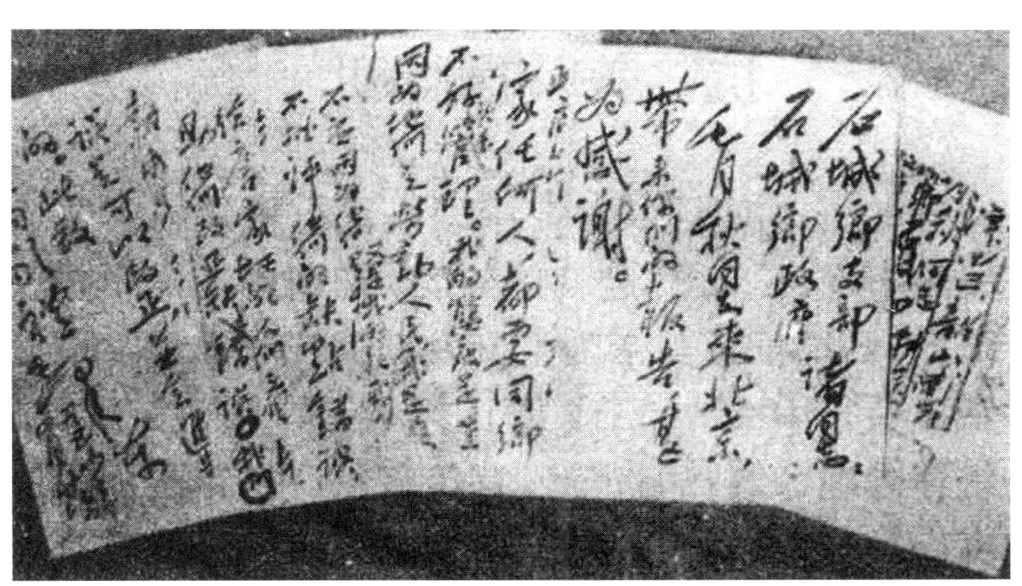

○ 毛泽东给石城乡党支部和乡政府的信

湖南解放后，毛泽东的亲戚朋友纷纷给他写信要求介绍工作。他身边的工作人员告诉他：人民政府各部门，由于工作需要，招收了许多新人，也有许多老干部的家属亲友，只要没有历史问题，一经介绍也就参加工作了。毛泽东斩钉截铁地说：“别人的亲友可以来，我的不能来。因为我是中国共产党的主席，中央人民政府主席，必须严以律己。”

毛泽东深知农民的封建落后思想，“一人做官，鸡犬升天”，总想攀大树，求得一官半职，或“吃伴饭”，享清福。因此，他向亲友们复信：我们共产党的章法，绝不能像蒋介石他们那样搞裙带关系，一人当了官，沾亲带故的人都可以升官发财；

如果那样做，就会脱离群众，就会像蒋介石那样垮台。对去北京的乡亲，毛泽东先要“约法五章”，即“五个条件”：

一是“一切按正常规矩办事”，不搞特殊化。

二是凡来北京者要带基层实情材料，不带任何礼物。

三是除特邀来北京者外，来往路费、住宿费都由自己负责，确有困难者，从毛泽东的稿费中给予补助，不能向政府伸手。

四是来京者不得要求找工作，逗留时间最长不超两个月。

五是我是全国人民的主席，只听取基层情况、建议，不处理你们的具体问题。

下列几封信件，都申明了这些原则。

甲、有亲历、亲见、亲闻的材料，不带任何礼物

毛泽东为充分地了解乡情，要求被邀请者先做好调查研究，带上亲历、亲闻、亲见的真实可靠的资料。毛泽连、毛宇居、毛泽荣、文涧泉、李漱清、张有成、邹普勋、毛月秋、毛迪秋及文家的表兄弟子侄们去北京，都带有亲历、亲见、亲闻的“乡间情况”。

1952 年 7 月 1 日邹普勋满怀激情，致信毛泽东：告知土地改革中，广大贫苦农民分得了田地，生产发展了，生活提高了，自己的身体也恢复健康了。毛泽东获此喜讯，于 11 日挥笔复函：

你的生活提高一些，甚慰，为你庆贺。秋收以后，如你愿意来北京一游，可以偕李漱清先生一道来京住个把月。

这是毛泽东第一次邀请邹普勋、李漱清上北京。很显然，他是想通过邹普勋、李漱清了解农村土地改革情况和土地改革后中国农村的变化，为党制定农村政策提供“参考”。

1953 年 10 月 4 日毛泽东致毛月秋信：

月秋同志：

你给我的信收到。

为了了解乡间情况的目的（不是为了祝寿。为了节约，无论哪一年都不要祝寿，此点要讲清楚），我同意你来京一行。尚有毛翼臣（不知住什么地方）（注：应是毛锡臣，是毛泽东的叔祖父）、文东仙（唐家坨）二同志过去来信，表示要来我处一看。如你及乡间其他同志同意的话，你可约同他们二位一道来京。除你们三人

外，其他没有预先约好的同志，一概不要来。你们到京住一个短期仍回家乡。

你们来时，即持此信先到长沙湖南省委统一战线部，找那里的同志帮忙，发给你们三人来京的路费，并请他们派一人送你们来京。

另请你持此信，到韶山、石城两处乡政府及当地的两个区政府及党的负责同志处，和他们商量，如果他们同意的话，请他们将两乡两区的情况及迫切需要解决的困难问题，写成书面材料，交你带来，作为参考之用（不是为了直接解决乡间问题）。

你们三人来时，不要带任何礼物。

11 月，毛月秋、毛锡臣、文东仙携带韶山乡、石城乡和韶山区政府给毛泽东的信件到了北京。这些信件呈报了农村的巨变，尤其是互助组和农业生产合作社（初级社）发展情形，也反映了农村政策上的一些问题。毛泽东接过信件，仔细阅看后，再找他们交谈农村现状。

当晚，毛泽东以道家常的口气说："你们一个是我的叔祖父（指毛锡臣），一个是我的族叔（指毛月秋），一个是我的堂表弟（文东仙），对农村工作有什么意见，可以放肆讲。你们的意见对，我作参考；你们的意见不好，我一个人听了，还可向你们解释。"这席话，谦虚、诚恳，平易近人，富有人情味。

毛泽东接见毛锡臣、毛月秋等人时，坦率地声明："我不是韶山冲、唐家坨的主席，我是全国的主席，不是处理你们的具体问题。你们每年给我写一封信来，供我参考。寄给中央办公厅也行，寄给王季范，由他转交给我也行。"

1954 年 12 月中旬，邹普勋、谭熙春、毛锡臣、毛泽连 4 人去北京，带去了 12 月 13 日韶山乡全体农民给毛泽东的信。这封信的内容是："一年来在党和您的正确领导下，您的故乡在实行国家对农业的社会主义改造方面取得了显著的成绩，全乡共有 586 户，至今参加互助合作的有 520 户，组织面已达 92.5%。去年全乡卖出余粮 12 万斤，支援了国家社会主义工业化……"

毛泽东将这封信，批给刘少奇、周恩来、朱德、陈云、邓小平、邓子恢、陈伯达、杨尚昆阅，并在信上批示："韶山乡的情况，值得一阅。韶山乡共有 586 户，去年卖余粮 12 万斤，今年卖余粮 20 万斤，增加了 8 万斤，生活还比去年好。除此信外，现有四位农民来北京，受我招待，他们都说情形很好。"

乙、凡不是被邀请者都须自备路费

解放最初几年，毛泽东邀请去北京汇报农村情况的农民，可以请湖南省政府发给路费；凡不是被邀请者都须自备路费。毛泽荣是毛泽东的堂弟，文九明是毛泽东的表侄，他们曾写信给毛泽东，要求去北京。1953 年 10 月 25 日毛泽东复信：

九明同志：

十月二日的信收到。你有关于乡间的意见告我，可以来京一行。自备路费，由我补发。毛泽荣，小名宋五，是我的兄弟，住在限门前，他多次来信，想来京一行，请你找他一路同来。他没有出过门，请你帮忙他。他的路费亦由自备，由我补发……路上冷，每人要带一条薄棉被。不带任何礼物，至嘱。

文九明、毛泽荣于 1953 年 11 月到达北京，向毛泽东汇报了土地改革后组织互助合作组，办初级生产合作社，以及农村干部作风等情况。

谭熙春曾在毛泽东创办的长沙文化书社当过店员，1922 年加入中国共产党，先后在安源、上海从事过工人运动和党的通信联络工作。此时在韶山农村务农，想去北京。毛锡臣、邹普勋还想再去同毛泽东见见面，共同回忆儿时趣事。1954 年 10 月 29 日毛泽东答复：

你们三位的信都收到了。熙春、锡臣（龙头山的）想来北京一次，普勋想再来北京一次，我想可以。……自己出路费，路上买车票等事亦由自己经理。到京住一个月即回家。如果你们同意，即可照这样办。此外，我弟毛泽连（东茅塘的）要求来京治眼病，请邹普勋兄告诉他，亦可同来。除你们四人外，别人都不要来。如有不得许可，自己来的，不便招待。

丙、亲和一家，报喜又报忧

1955 年 10 月，毛泽荣第二次去北京，同行者有毛仙梅，是烈士毛新梅的弟弟，文炳章是毛泽东的表侄。到京的第二天，毛泽东在中南海游泳池接见了他们，并以韶山家乡土菜：湘笋、青椒、鲢鱼汤，外加一碗红烧肉款待他们。毛泽东带着歉意说：“没有好菜吃，但没有忘记乡情。”毛泽荣笑道：“人意好，水也甜。”

毛泽东不喝酒，但给他们斟酒却很殷勤、频繁。毛泽荣呈现醉意，捧起饭碗，表示谢酒。毛泽东对韶山风俗习惯记忆深刻，乃以熟练的韶山口语说：“饭上加酒，哪里有？”逗得大家哈哈大笑。毛仙梅、文炳章是第一次进京见毛泽东，自然有些拘谨，毛泽东这一说，大家突然变得轻松了。

“毛主席喜欢吃什么菜？”文炳章问。毛泽荣抢话代答：“毛主席最喜欢红烧肉。”

毛泽东接下说："红烧肉可以补脑子。"接着更正他们的话："不要喊主席、主席，我们都是家里人，就叫石三哥嘛!"这番话透出平等、平凡、诚意、亲和一家的感情。

三人见毛主席这样随和，就什么禁忌都没有了。他们东南西北，侃侃而谈，好话、坏话，全部搬出来了。1951 年韶山女青年刘秀华等领先组织了湘潭县第一个互助组，1954 年 2 月又创办了湘潭县第一个初级社，连续三年增产，树立了榜样，带动了 92.5%的农户加入了农业生产初级社。但是，中央粮食统购统销文件下达后，增产也不能多留多吃，每人每天只限吃一斤粮，其余都由政府统购。这样一来，就有 40%的人没有饭吃了。

毛泽东随着毛泽荣等讲述的乡情，时露喜色，时现愁容。

饭后，毛泽东请秘书通知，请刘少奇、周恩来、彭德怀、彭真来听听基层情况。

片刻，刘少奇、周恩来、彭德怀、彭真来了，宋庆龄也来了。毛泽东起身迎接、介绍："这是我家乡来的几位客人。他们带来了农业合作化的好信息，也转达了乡亲们对粮食统购统销的一些看法。我特请你们一道来听一听。"

毛泽荣等向中央领导汇报后，刘少奇、周恩来相继提问：农民参加初级社心情舒畅不舒畅，多少人赞成，多少人反对等等。他们一一作答："办农业初级合作社好处很多，土地入股，集体经营，按劳分配，没有劳力、耕牛、农具的，不愁田翻不过来了，不会犁田的，可以分配做其他事……如果说要有意见，征购粮太重了，增产不能多吃……"

周恩来提问："你们村有多少人缺粮?"

毛泽荣毫不迟疑地回答："40%的农户。"

刘少奇同志追问："你讲的符合事实吗?"

"你可派人去调查，反正我们村里是这个情况。"

毛、刘、周都赞扬他们坦率、耿直、诚恳。彭德怀感慨说："这都是朴实、正经，钉是钉，铆是铆，讲实话的农民。"（访问毛泽荣记录）

不久，毛泽东回湖南视察，并派秘书田家英到韶山，了解情况，指导互助合作运动，帮助当地政府解决了粮荒问题。

毛泽东对自己、对亲友的严格要求，为党树立了好作风，为新中国带来了新型的人际关系，使各级党政机关工作人员风清气正数十年。

03

“我本多年邀默契，喜从中夜挹明光”
——毛泽东与程潜的默契

○ 毛泽东与程潜等在中南海一起划船

1963 年 12 月 26 日为毛泽东 70 岁生日，程潜写了七律十二首《毛泽东主席七十大寿祝诗》，其中第四首是：

大军南下气恢弘，群丑如鼷早自逃。
东起淮扬通百粤，西包滇藏到新疆。
远亲近悦兄迎弟，女跃男歌酒有浆。
我本多年邀默契，喜从中夜挹明光。

后两句说明，在 1945 年重庆国共谈判时，毛泽东曾走访程潜，那次谈话对他后来在湖南和平起义，有着极重要的影响。他感到高兴的是从深夜之中获得了光明。

1945 年 9 月 10 日，毛泽东在重庆上清寺程府拜访了程潜。程潜当时任国民党政府军事委员会副参谋总长兼战地党政委员会委员。毛泽东和他在 20 年前第一次国共合作时期就认识。那时程潜任国民党中央执行委员会军事委员会委员，拥护孙中山的联俄、联共、扶助农工三大政策。毛泽东是中共中央执行委员，同时任中国国民党中央候补执行委员，代理国民党中央宣传部部长。他和程潜又都是国民党政治讲习班的理事。毛泽东到来，程潜热情接待。程潜说：“毛主席亲自来重庆参加和平谈判，这是符合全国人民愿望的。可是要谈得好，也不容易。”

毛泽东说：“和为贵嘛！我们是主张用和平方法解决问题的。总算谈判中两党互相作了一些让步，都表示国共两党要和平合作，建设新中国。如果今后蒋主席（国民党政府主席蒋介石），还要发动内战，他就在全国全世界人民面前输了理。”

程潜点头称是，随着，转过话题：“毛主席来重庆后，应柳亚子先生索句，录赠给他的《沁园春·雪》这首词，现在到处传抄，我也拜读了。真是气魄雄伟、文辞壮丽、豪情满怀的千古绝唱！”毛泽东答：“过奖了。那首词还是 1936 年长征途中写的，只是寄希望于国家前途和光明未来。颂公（程潜）诗家，还请多多赐教。”

程潜说：“听说蒋主席在找人写《沁园春》，想要超过毛主席这首诗词。可是应征者寥寥，就是写了也没有一首比得上的。”

谈到将来国民党政府召开国民大会普选时，毛泽东希望程潜参加竞选正副总统。毛泽东说：“颂公，你是国民党元老，竞选成功了，好主持和平啊！”程潜摇头说：“谈何容易！总统，这是蒋主席包了的。竞选副总统，首先也是要钱的。我没有钱，竞选就搞别人不赢。”

“你和你的老部下商量一下，找他们想想办法嘛！如果选不上，你就只要个湖南好了。不论今后形势如何变化，有一个在家乡的地盘，掌握实权，就好活动。没有实力，官做得最大，也是没有用的。”毛泽东这个谈话，把家（湖南）和国联在一起，有远大的眼光。程潜也是心领神会。竞选副总统失败后，程潜回到湖南任省主席。

程潜极为感动地说：“毛主席远见卓识，实情如此。不论今后形势如何变化，我会慎重考虑去向的。”这是程潜诗词中“我本多年邀默契，喜从中夜挹明光”的内涵。

重庆谈判期间，传闻国民党军统特务将有不利于毛泽东的行动。程潜唯恐蒋介石加害毛泽东，婉言说："此次毛主席亲自参加国共谈判，不顾及个人安危，身入虎穴，人所敬仰。只是重庆气候不佳，不宜久留。"当时，张澜等民主党派领导人也持此观点，建议毛泽东早日离开虎穴。

毛泽东起身告辞："谢谢颂公关怀。今后仍望多多赐教。"

程潜礼送毛泽东上车时，紧紧握手说："颂云但愿有生之年，有幸看到今朝英雄人物，能创造一个新世界。"

日历翻到了1949年，程潜与中共湖南地下党取得了联系，通过地下党，又与中共中央取得了联系。6月中旬的一个晚上，程潜交代程星龄："我和子良（陈明仁，字子良）都下决心起义了。我想写一个备忘录，送交共产党中央，表明起义决心，要求解放军尽快进军湖南。我们立即配合起义，使湖南获得和平解放。请你起草备忘录。愈快愈好。"

7月4日，毛泽东通过地下电台给程潜发来绝密电报：

颂云先生勋鉴：

备忘录诵悉。先生决心采取反蒋反桂及和平解决湖南问题之方针，极为佩服。所提军事小组联合机构及保存贵部予以整编教育等项意见均属可行。此间已派李明灏兄至汉口林彪将军处，请先生派员至汉口与林将军面洽商定军事小组联合机构及军事处置诸项问题。为着迅赴进攻打击桂系，贵处派员以速为宜。如遇桂系压迫，先生可权宜处置一切。只要先生决心站在人民方面，反美反蒋反桂，先生权宜处置，敝方均能谅解。诸事待理，借重之处甚多。此间已嘱林彪将军与贵处妥为联络矣。

毛泽东

程潜反复看了两遍，兴奋地站起来说："三湘有幸，三湘有幸！"

走和平道路，程潜与陈明仁有默契。但是陈明仁有顾虑：在东北四平街和解放军血战40天，怕算旧账。程潜的智囊程星龄告诉他：我在香港见到了章士钊先生。章先生说，他在北京参加国共和谈时，毛泽东和他谈话，对颂公（程潜）走和平道路期望甚殷；谈到子良兄时，毛主席说，当时陈明仁坐在他们的船上，都想划赢，这是理所当然，我们会谅解；只要他站过来就是了，我们还会重用他。

陈明仁板着的脸孔露出了笑容，扁紧的嘴巴也松开了，说："这就好。我在南京的时候就和唐生明说过，老头子（指蒋介石）划的是一只破船，非沉不可。"意即陈明仁不再为蒋介石卖力划船了。

7月中旬，解放军第四野战军和中共华东局派出代表与程潜密谈。程潜说：我已与陈明仁做了一次推心置腹的深谈，他表示坚决率部随同我起义。我可以对陈明仁的一切负责。宣布脱离广州政府后，要求暂用国民党人民解放军或国民党人民自卫军的名义出现，以便对西南有所号召，并可配合中国人民解放军入湘，率部和白崇禧的部队作战。

7月17日中央军委收到了解放军第四野战军代表与程潜密谈情况的报告。18日，中央军委复电四野，同意程潜、陈明仁的意见。用国民党人民解放军的名义，有利于程潜、陈明仁团结内部，又有利于在政治上给蒋、桂以打击。

程潜得知中央的回复和解放军的部署后，心情兴奋，提笔抄写十年前赋《咏怀诗》：

至诚本不息，金石亦当穿。
仁以为己任，勇不让人先。
夙夜无荒怠，四时历精勤。
仰参化育机，俯皆万物春。

他放下笔，向中共湖南地下党的代表说："毛主席对和平解决湖南问题考虑得很周到，而且是着眼于全国来解决湖南问题的。"把和平解决湖南问题放在解放全国的一盘棋上来考虑，这是很有远见的决策。他停顿片刻，略有所思说："目前毛泽东完全可以战争取胜，用武力解放全国，但他仍尽可能用和平方法解决问题，化干戈为玉帛！真是雄才大略，高瞻远瞩，岂止三湘有幸，乃中华之福也！"

这时，白崇禧坐镇长沙，一方面向程潜、陈明仁封官许愿，极力欺骗，另一方面派遣特务、军警，企图暗害程潜，并对陈明仁、程潜的关系挑拨离间。为解除白崇禧的怀疑，7月21日，程潜前往邵阳"巡视"。当天下午，白崇禧也返回衡阳。

陈明仁送走白崇禧回到家里，夫人谢芳如问他："白长官走了吗？"

"他去衡阳了。他临走时，封官许愿，要我当省政府主席。"陈明仁精疲力竭地靠在沙发上。

"他要拉你卖命。"谢芳如轻柔地说："这样的官不能当。子良，四平街死了多少人哟，要不打仗才好。"

"你说得对，我不能让湖南家乡人的子孙后代骂我，只有下决心牺牲小我，成全大我了。"陈明仁拿起电话，要杨秘书长通知处级以上省政府干部，团以上军职人员，明天上午到省政府礼堂开会，同时作出了各项安全部署。

第二天，陈明仁郑重宣布：“我是湖南人，我祖宗的坟墓在湖南。我决不逞个人的意气，而牺牲三千万湖南人民和五十万长沙市民的利益。这就是说，拿个人的意气守长沙，长沙就会变成四平街第二。可是我决不使长沙变成焦土，不使人民生命财产蒙受损失。要打，一定在长沙郊外打，不在市内作战。我保证，长沙不会听到枪声。”这是话中有话，还不是明言的时候。他在长沙郊外布防，做着守长沙的模样。解放军进到了长沙近郊黄花市，他的部队不放一枪，后撤十里，然后演习，枪声大作，使得白崇禧的巡视员哑然失色。

7 月 27 日，程潜、陈明仁派出代表与中共湖南省工委联络员乘车前往平江县城天岳书院（彭德怀平江起义旧址）与王首道、金明、唐天际、李明灏会见。会后，李明灏赴长沙，会见程潜、陈明仁。

李明灏与程潜、陈明仁是同乡、老同事、老部下的关系，是陈明仁在军校的老师。李明灏再次向程潜、陈明仁传达毛泽东的系列指示。李明灏参加过策划北平和平解放的工作，有一定的策反经验。他对陈明仁说：“以我到解放区一年多的观感而论，深感共产党英明伟大，毛泽东主席、周恩来副主席高瞻远瞩，胸怀豁达，解放军是仁义之师，决不会计较前嫌。”“北平傅作义起义后，中共中央、毛主席把他奉为上宾，给予优厚待遇。子良老弟也不必多虑。毛主席有言在先，四平街这笔账，解放军是不会同你算的，可以放一万个心，起义后还会要重用你。第四野战军首长也和我讲了，起义之后，你的官阶衔级不会低于现在的职位，更不会将你削职为民，用不着穿长袍啊！”

7 月 28 日晚，李明灏与程潜见面。李明灏说：“我这次来长沙，是毛主席和周恩来副主席点的将。因为我是颂公旧属，与颂公和子良老弟关系密切，参加和谈更方便些。毛主席称赞颂公文武双全，北伐时率部攻占芜湖，首克南京，抗战时立有战功，加以能诗能文，工于书法，是一位难得的儒将。毛主席殷切期望在颂公领导下，实现湖南和平解放。”

程潜笑着说：“毛主席过奖了。此次和平解决湖南问题，困难很多，压力很大。白崇禧极力反对和平，要将湖南投入战火，想方设法要把我调离湖南。我只好采取权宜之计，暂去邵阳。今日由邵返长，知道子良已与解放军取得联系，仲坚（李明灏，字仲坚）兄也亲临长沙，促进和谈，可谓水到渠成，近日就可以宣布起义了。”

也在这时，蒋介石派来了钦差大臣黄杰、邓文仪，把蒋介石的信件交给陈明仁，要他“大义灭亲”。陈明仁把信交给程潜，说“蒋介石、白崇禧都说做我的后盾，我陈明仁可不愿意当他们的炮灰”。

程潜又把信交给李明灏，骂着说：“这个独夫！你看他说些什么。”李明灏将信还给陈明仁，说：“蒋介石要你大义灭亲哩！现在你这个黄埔学生，也就对他那个校长，来一个大义灭亲吧！”

8月3日，程潜、陈明仁发出《和平通电》及《告湖南民众书》，并致电毛主席、朱总司令：“潜等业经未东（8月1日）电宣布正式脱离广州政府，即日成立湖南人民临时军政委员会，由程潜、唐生智、陈明仁、仇鳌、唐伯球任委员，并推举程潜为主任委员。同时由军政委员会推定陈明仁任湖南省政府临时主席，并决定第一兵团改组为中国国民党人民解放军第一兵团，推定陈明仁为司令官，特电请查照(知照并转饬所属知照)。”

8月5日毛泽东复电：

颂公、子良先生勋鉴：

8月3日电悉，为对抗广州伪政府，维持湖南秩序，稳定军心，便利谈判并号召各方，所提设立由先生领导的中国国民党湖南临时军政委员会及陈明仁将军的中国国民党湖南人民解放军司令部两项临时机构，并由临时军政委员会派出的临时性质的省政府主席及湖南人民解放军司令官，均属必要，可即施行。省府移交略延时日，以期避免刺激军政人员，亦属有益无害。弟等并认为湖南人民临时军政委员会不应为空洞名义，应行使必要之职权。除敝军已接收之地方外，其余地方，应由临时军政委员会指挥，庶使秩序易于维持。总之，解放湖南及西南各地，需要借重先生及贵方同志之处甚多。只要于人民解放军进军及革命工作有利，各事均可商量办理。此次先生及陈明仁将军毅然脱离伪府，参加人民解放事业，义旗昭著，薄海同钦，南望湘云，谨致祝贺。

起义通电说：“潜等顺从民意，呼吁和平，声嘶力竭。而蒋与李、白执迷不悟，仍欲以我西南、西北各省为最后之孤注，用是忍无可忍，爰率领全湘人民，根据中共提示之八条二十四款，取得和平之基础，贯彻和平主张，正式脱离广州政府。今后当依人民立场，加入中共领导之人民民主政权，与人民军队为伍。”“所望我西南、西北各省同胞，洞察蒋与李、白坚持内战，祸国殃民之罪恶，以人民之意旨为意旨，以人民之利益为利益，一致响应，奋起自救，铲除此倒行逆施之残余封建政权。全湘军民，誓为后盾。”通电发出后，粤、桂、川、滇、康、黔、甘、宁、青、新等省军民纷纷响应，倒戈、起义，有力地促进了全国解放的进程。

8 月下旬党中央电邀程潜、陈明仁、仇鳌、程星龄、李明灏到北京参加中国人民政治协商会议。9 月 7 日，程潜等到达北京，毛泽东、刘少奇、周恩来、朱德等率领 100 多人前往车站迎接。如此隆重的欢迎，出乎程潜意料。他感动得热泪盈眶，对毛泽东说：“你工作那么忙，不应当来车站迎接我。”毛泽东说：“欢迎你到我家中做客。”

9 月 10 日，毛泽东在中南海颐年堂宴请程潜，陈明仁将军等也在座。毛泽东高兴地说：“我们在一起，谈谈家乡，谈谈往事，这也是一种快乐。”

在热情洋溢的气氛中，平日很少饮酒的毛泽东，不断举杯致意：“程潜将军，陈明仁将军率领全体官兵，宣布起义，和平解放了长沙，保护了人民生命财产，带了一个好头，也给湖南省、长沙市人民做了一件大好事……你们立了功，向你们祝贺，向你们致敬。”

周恩来讲话：“程潜将军有胆有识，成功地组织了湖南军队起义和湖南的和平解放，维护了长沙的社会秩序，使其免遭战争损失。”

刘少奇举杯：“欢迎你们和我们合作共事，建设我们伟大的国家。”

程潜见中共领导人如此热诚相待，对起义如此高度评价，非常激动，站起来，高举酒杯说：“我过去跟着辱国辱民的蒋介石，走错了路，很惭愧。今后要在共产党、毛主席的领导下，为新中国的未来而努力奋斗。”

随后，毛泽东把解放军向西南大进军的计划送给程潜看，并征询他的意见。程潜很有感慨地向程星龄、方叔章说：“这是军事机密啊！毛主席对我推心置腹啊！我和蒋介石共事一二十年，蒋的机密从来没有让我与闻过。”

9 月中旬的一天上午，毛泽东在中南海办公室约见程星龄，同吃中餐。毛泽东谈道：“颂公搞了几十年，几起几落，始终没有被打倒，不简单。这次能够起义，影响很大。我想同你商量一下，中央决定分设几个大区，其中有中南军政委员会，准备由林彪当主席。我想请颂公屈就副主席。颂公是老前辈，从事革命时，我们还是学生，林彪年纪更轻。这样安排，论班辈就感到有些为难。请你先考虑一下，再同颂公婉商。”

毛主席如此谦逊，使程星龄非常激动，说：程潜这次来北京，承蒙主席优待，他的感激心情不是言语所能形容的。关于工作，主席怎么安排，他一定会欣然从命。这点我很清楚，请主席放心。毛泽东说：“还是请你同颂公商量一下，明天回我的信。”

第二天，程潜回复：完全同意毛主席的安排。

9 月 19 日毛泽东邀程潜、陈明仁、张元济等游览天坛，刘伯承、陈毅、粟裕等陪同。在祈年殿前，毛泽东把陈明仁叫到身边，拍了两人半身照片。毛泽东说："外面对你的谣言很多。你回去后，可以将这张照片送给你们黄埔同学。只要送得到的，都送一张。"毛主席还问："要洗印多少张？"陈明仁说："洗 10 打够了。"毛泽东摇头说："不够，洗印 50 打吧！"当时，外面谣传陈明仁不是起义，而是投降。

陈明仁回湖南后，将这些照片赠送给黄埔同学和亲友，起了很好的作用。

有一天，毛泽东向程星龄谈道："随同颂公起义的人很多需要钱用。这次起义，对旧部需要安插而又可以安插的，尽可能地予以安插。可能还有人生活困难，颂公想送点钱给老朋友或老部下，都得替他设想到，免得他为难。现在决定由政府按月送给他特别费大米五万斤（币制改革后，折成 5000 元），由他开支，不受任何限制。"

毛泽东还说："颂公老年人，免不了留恋家乡。他在长沙有所房子，我们替他在北京也准备了一所房子。他在湖南有职务，在北京也有职务。可以在长沙住，也可以在北京住，只要参加一些重要会议，不必搞具体工作，让他过好晚年。"

毛泽东每次来湖南，都要到程潜家拜访，向中共湖南省委书记周小舟、张平化等人交代，照顾好程潜、陈明仁。湖南和平起义人员多，省委要做好统一战线工作。

毛泽东与程潜的交往和程潜、陈明仁的和平起义，洋溢着浓浓的以民为本的家国情怀、爱国精神，呈现出人生价值的正确取向。

04

认真倾听民主人士反映情况和建议

——毛泽东给刘揆一的信

毛泽东对基层情况的了解渠道，除各级党政机关工作人员的调查研究、工作汇报外，其中一个核实的来源，就是向民主人士做调查。

1949 年下半年，刚刚解放的湖南人民，肩负着支援人民解放军进军大西南的艰巨任务。粮草先行，征收粮食是第一件大事。十万火急，解放军进至哪里，粮食就要运到哪里。征收粮食工作，难免有些粗糙，谁家有余粮，谁家粮不足，不可能认真盘点调查；多年受压迫剥削的农民和干部又有空前的积极性，村与村、乡与乡之间开展征粮竞赛，造成不少征收过头的情况。湖南的湘潭、湘乡、宁乡、衡山等县，在这年年底就出现了粮荒。1949 年 12 月 27 日，清末资产阶级革命团体华兴会的创始人之一、黄兴的亲密战友、辛亥革命元老、湖南省人民军政委员会顾问刘揆一，致信毛泽东，反映了这些地方粮食短缺等情况。毛泽东少年时期的朋友张有成，湖南第一师范的同学王汝霖、粟济世等的来信，均告知“征粮中出了许多弊病”，希望采取措施，迅速纠正。

毛泽东收到这些信件后，迅速批转有关部门。政务院根据毛泽东的批示，很快制定纠正政策，不许各级政府进行征集粮食竞赛运动，坚持实事求是，从实际出发，对于确实征集过头的缺粮户予以救济。同时，各级政府要做好宣传解释工作，全国尚未解放，大西南和沿海一些岛屿的解放战争还在进行，各地人民还有重要的支前任务，各省人民还须同甘共苦，服从大局，着眼未来。

1950 年 3 月 14 日毛泽东复刘揆一信：“去年十二月二十七日大示奉悉，极为欣慰，迟复为歉。征粮流弊，政府已发令纠正，不知近日有所缓和否？匪祸必剿，首恶必办，是为定则；惟剿办须有策略步骤，以期迅速解决，安定全境。湖南匪患闻已大体解决，是否如此，先生所知如何，尚祈便中见告。”同年 5 月，刘揆一就其所调查了解的情形，呈送毛泽东，认认真真履行了省人民军政委员会顾问的职责。

05

“四点建议很好，已告有关同志注意”

——毛泽东致蒋竹如信

蒋竹如，字集虚，是毛泽东在湖南第一师范学习时不同年级的同学，毛泽东在第 8 班，蒋竹如在第 13 班，比毛泽东低两个年级。他们都是湘潭人，来往较多。在毛泽东的影响下，蒋竹如参加了新民学会。

1921 年元旦，大雪纷飞，长沙一片白色，毛泽东领导新民学会会友集合在长沙潮宗街文化书社，讨论“改造中国与世界”的道路、方法、着手处，团体、个人进行计划。在讨论个人进行计划时，蒋竹如发言：“想做一个教育者，从事小学、中学的教育事业。”他在新民学会长沙会友新年会议上宣布的个人计划，果真成为他一生的行动计划。他终生从事教育事业，兢兢业业，勤勤恳恳，是长沙有点名气的语文教员。

蒋竹如是湖南文史研究馆馆员。1954 年 8 月 9 日，他给毛泽东写了一封信，提了四点建议：

1. 关于购粮工作，似应禁止超额竞赛办法。地方干部在执行政策时，互相挑战，争取超额，似乎不妥。因为农民收获有限，国家所取愈多，则农民所留愈少。去年购粮工作中，各方互相挑战，争取超额完成，于是某些地方提升粮户地位，有的缺粮户升为保粮户，保粮户升为余粮户。这样一来，使得有些农民的情绪不安，减低了生产兴趣，影响国家的增产计划。

2. 洪水为灾，似应准备大建水库。今年湖南水患特大，不仅滨湖受害，山区、丘陵地区也有极大损失。今后防御的方法，惟有在扼要的山谷中大建水库，一则预防洪水，二则预防旱灾，大型水库还可发电。

3. 特殊的教育制度似应加以改进。湖南的育才幼儿园、省幼儿园、军区幼儿园在教育界中显得特殊，组织庞大，管理人员众多，耗费巨大，一则给群众不好的印象，二则那些幼儿过惯了优裕生活，也没有好处。

4. 对铁路工作人员家属的免票似应加以限制。现在各业工人的待遇，都是以各人的工薪去维持各家的衣食住行费用。但铁路工人的家属，却能享受免票乘车权利。这种特殊优待，似不合理。一则妨碍了国家收入；二则形成了特殊制度，给人民群众以不好的心理影响。似应只能限于工作人员本身享有免票权利。

毛泽东收到蒋竹如这四点建议后，随即批转给陈云、邓小平同志。批语说：“此信附件建议四点，值得注意，请陈云、小平二同志一阅。写信人是一个中学教员，过去我的同学。”

在批示的同日（1954 年 10 月 29 日），毛泽东复信蒋竹如：“建议四点很好，已告有关同志注意。”

蒋竹如的建议，得到了各级领导的重视。这年冬天，中央还派人到湖南来视察、核实。

这四点建议“值得注意”，是因为他真实地反映了情况，符合湖南的实际，也符合全国实际。1953 年全国开始粮食统购统销，基层干部们热情很高，干劲很大，但一些人的虚荣心也特别大，追求“政绩”，不顾农民的实际情况，超购粮食，把农民的基本口粮也购走了，造成不少农民缺粮缺食。1954 年冬，党中央与国务院吸取了这个教训，防止了蒋竹如所指出的弊端。1955 年中央更进一步明确规定，不许超购，更不许“超额竞赛”，强购农民粮食；购粮指标也比 1954 年压缩了。毛泽东一生最痛恨特殊化。蒋竹如所述特殊教育制度，不久就被取消了。育才幼儿园、省幼儿园、军区幼儿园，向社会开放，城市居民子弟也可进入这些幼儿园。

1954 年 6—7 月，湖南遭受百年未有的特大洪水，洞庭湖附近数十县都成泽国。蒋竹如从这次水灾中觉察到兴修水利、筑造水库、整修堤坝，是防止水灾所急需。四点建议中的第二点，就是从这年的水灾中得出的教训。在党中央的领导、号召下，从 1955 年开始，各地农业合作社年年修水利，1958 年大兴水利，修筑水库。往后，每年冬季农民都上水利工地，形成了星罗棋布的水库网，有效地控制了洪水。直到 20 世纪 80 年代，湖南 20 余年没有出现过 1954 年那样的洪水，也没有出现 1959 年那样的大旱灾。

毛泽东与人民群众保持着血肉联系，倾听人民呼声。他与湖南第一师范同学的书信联系，与韶山亲友的书信往来，是其联系群众的一种方式。他通过与人民群众亲朋故友的书信往来，了解了许多基层情况。

06

“国以民为天，民以食为天”

——毛泽东动员身边卫士下农村调查

毛泽东历来重视农村调查，不仅自己经常到全国各地巡视工作，体察民情，而且还通过多种形式和途径，掌握第一手资料。20 世纪 50 年代中期，他特别注意让身边工作人员出去调查，无论是秘书、卫士，还是警卫部队的战士，他们回家乡都有调查农村情况的任务。他常说：“中国是一个农业大国，农业上不去，社会主义的优越性就无从谈起。今天说好，明天说好，老百姓就是吃不饱，这不行呀！”

1955 年 5 月 14 日下午 3 时半，毛泽东在中南海颐年堂接见警卫团一中队全体成员：“你们都是做警卫工作的，光站哨，工作很单纯，如吃菜一样，不能光吃青菜，还要吃点辣椒。”“今后你们就是三项工作，一项是警卫工作；一项是学习；再加一项调查工作。一方面回去看家，一方面搞调查。我通过你们和群众接触，把群众的意见和要求真实地反映上来。”

甲、交代调查研究方法

怎么做调查呢？毛泽东就调查工作者的态度、方法，做了详解：“你们对人要尊重，要尊重父母，尊重老百姓，尊重区乡干部，不要摆架子，我向你们摆架子，你们不会高兴，团长向你们摆架子，你们也不会高兴。所以不要向群众摆架子。谦虚就可以调查出东西。”“你们要尽量参加生产劳动同群众打成一片。”在同群众共同生产劳动过程中，边劳动，边聊天，很能了解到一些真实的生动活泼的事实。

调查的内容：“要调查生产的粮食、特产，如花生、芝麻、烟叶；农民生活怎么样，粮食够吃不够吃，征购的情况，是不是超购了；还要了解干群关系好不好，农村干部民不民主，有没有强迫命令，打不打人……”

过了几天，毛泽东又为警卫战士制定了《出差守则》：“（一）保密——不要说这里的情况。（二）态度——不要摆架子。（三）宣传——解释建设工业和实行社会主义的好处。（四）警惕——不要上反革命分子的当。（五）调查生产、征购、合作社、生活、对工作人员的意见。”

中央警卫部队警卫一中队，遵照毛泽东的指示分期分批安排来自各个省的同志回乡搞调查。

乙、“下次回去给我带几个‘黄狗藤’来”

7月19日下午，一中队队长韩庆余带领队员李金来、李好学、王文礼、胡全德向毛泽东汇报回家乡调查情况。毛泽东看了名单幽默地说：“李金来这个名字很好，金子来了，我们国家要富强了。李好学，爱好学习，看来肚子里面有不少墨水。”毛泽东这番话，使战士们轻松活泼了。

毛泽东详细询问了他们的年龄、籍贯、婚姻、家况，听取他们的汇报。

李金来毫无拘束地谈着探家的见闻。毛泽东随着李金来谈的内容，时而沉思，时而做笔记，时而插话，一直谈到7时35分。毛泽东起身道：“我请你们吃晚饭。”

吃完晚饭，继续进行，李好学汇报。李好学乡音很重，根本听不清楚他在说什么。毛泽东要他把汇报稿递给他。毛泽东一手拿材料，一手拿红笔，讲道：“你过来，你们都过来。你们看，这是狭小，而不是陕小。”然后将它斧正过来。见到文字通顺的地方就用红笔划杠杠，说“写得很不错，有分析，有例证，还有一分为二”。

7月25日，凌晨5时30分，中南海在晨曦照耀下，既安静，又庄严。韩队长率领高碧岑、奉孝同、何玉秋、管楚良、饶和生走进了毛泽东的书屋。韩庆余队长把名单交给主席时，毛泽东亲切地问道：“谁是我的老乡？”高碧岑指着奉孝同、何玉秋说：“我们这三个都是湖南的。”饶和生、管楚良齐声说：“我们是湖北的。”

高碧岑汇报：有个农业生产合作社主任，为带动村民卖粮，把应留的粮食也卖了，家中现在没有吃的。毛泽东插话：“有这样的好人。你再回去时，代我看看他，看他的身体、生活好转没有？告诉他，要实事求是，不要卖过头粮。”高碧岑另举一个妇女，把粮食藏起来，以备饥荒。毛泽东询问细节：原来是这个农业生产合作社在粮食征购后，又办食堂，搞平均主义。毛泽东抽了一口烟，慢慢讲道：“国以民为天，民以食为天；民以食为天，吃饭第一。吃独食不好，卖过头粮也不好。俗话说，家中有粮，心中不慌。我国是一个农业大国，不解决农民的吃饭问题，我这个党的主席就坐不安稳。”

接续，管楚良汇报，反映一个农业社干部贪污了400元。毛泽东心情沉重，说：“要整顿，不能让他吃大肚子，叫他吐出来。”“农业生产合作社，要做到日清月结，每年要清理账目，及时发现问题，及时整顿。”

7月26日韩队长带着第三批队员向毛泽东汇报。这批队员有广东的曾文、叶遥、王燕宇，广西的凌理德、蓝宝华和江西的邱永香。毛泽东先看了曾文的材料，赞赏道：“写得好，写得好，你的调查很好。”接着问：“你会耕田吗？”曾文答：“我会。我还会打铁！”毛泽东惊喜道：“不得了，你还是重工业人才。你父亲也打铁？”曾文答：“会，我是从他那里学来的。”

毛泽东继续提问：“你们那个地方女的也会耕地吗？”“我们那个地方依靠女的耕田，男的外出经商、做手工业。”曾文答。

毛泽东又问：“据说你们那里女人很厉害，是女人做主吧？”这时，战士叶遥抢着插话：“我们家就是女人做主。”毛泽东笑道：“你爸爸就俯首称臣了。”引得在场的同志都笑了。叶遥红着脸儿陪同微笑。

话题转到农业生产合作社，毛泽东提示道：贫农、中农对农业生产合作社的态度如何？广东的几个同志都做了介绍，但都讲得不清楚。毛泽东引导说：“要分清中农多少，贫农多少；中农中又分富裕中农、下中农各有多少，他们对合作社的态度有何区别？下次调查要注重这些问题。”

广西省的凌理德、蓝宝华回家同农民一起劳动，了解了农民的一些心里话。凌理德说：我们那个地方部分农民没有饭吃，有不少人家吃“黄狗藤”。蓝宝华举了一些实例，并做了一些分析。毛泽东表彰说：“你的例子举得好，有政治头脑。下次回去给我带几个‘黄狗藤’来。”

丙、一枝一叶总关情

这年5月，毛泽东派李银桥回到老家河北省安平县调查农业合作化问题。村支部书记向他说：“开始还不错，现在有些简单化了。”李银桥问：“怎么简单化了？”支部书记答：“区里来了干部，命令全村人站到场院里，向大家宣布：跟蒋介石走的站那边，单干。跟毛主席走的站这边，搞合作化。你说，谁还肯站那边跟蒋介石走呢？情愿不情愿，也得站在搞合作化这边来。”“你能不能写一下？”李银桥恳切地向村支书提出这个要求。支书高兴了："行，我写封信，请你捎给毛主席他老人家。"

李银桥回到北京，把信交给了毛泽东，如实地汇报了情节。

毛泽东一边看信，一边摇头："那怎么行啊？胡闹。"他抓笔批示给河北省委书记林铁："此事请你予以处理。这是我的卫士回他的家乡安平县从那里带回的一封信。这种情况恐怕不止安平县一个乡里有，很值得注意。毛泽东，三月五日。"

河北省委书记林铁接到这封信后，立即派人下去了解情况，予以纠正。在纠正简单化过程中，发现了王玉坤三户贫农的合作社，也写了一个材料给毛泽东。毛泽东见到这个材料后，很振奋，为此，写了《五亿农民的方向》一文，介绍、宣传王玉坤三户贫农的社会主义方向。

郑板桥有诗云："衙斋卧听萧萧竹，疑是民间疾苦声。些小吾曹州县吏，一枝一叶总关情。"毛泽东常诵读此诗，鞭策自己，教育干部和身边工作人员，关心人民疾苦。

1958 年的"大跃进"和随后的饥荒，带来的负面影响，使国民经济遭受严重破坏，党内政治生活变得很不正常，毛泽东也很苦恼。有一天，他当着叶子龙的面，自言自语："他们为什么不说实话？到底为什么？"他声音悲凉，通宵睡不着。1960 年底他提出，要大兴调查研究之风。

12 月 25 日晚上，毛泽东突然要叶子龙告知李银桥、林克、高智等几个同志，要在一起吃顿饭。大家很快到齐了。餐桌上照例没有酒肉，只是比平日多了几样蔬菜。毛泽东把筷子伸向菜盘，没等夹起菜又放下，用目光扫视七位同志："现在老百姓遭灾难，人民生活很困难，我很不放心。我的意见，除了汪东兴同志外，林克、高智、叶子龙、李银桥、王敬先、封耀松都下农村去，都去搞搞调查研究。一方面了解农民的生产、生活有什么困难，那里到底有些什么问题，困难产生的原因；人民公社大办食堂到底好不好？群众有什么意见？如实地把情况反映上来。要讲实话，不要隐瞒。"

当晚深夜，毛泽东看了河南省信阳地区"五风严重，人民很苦，死了不少人"的报告，随即写了一封信给林克等人：

林克、高智、子龙、李银桥、王敬先、小封、汪东兴七同志认真一阅。

除汪东兴外，你们六人都下去，不去山东，改去信阳专区。我给你们每人备一份药包，让我的护士长给你们讲一次如何用药法。淮河流域气候暖些，比山东好。1

月2日去北京训练班上课两星期，使你们有充分的精神准备。请汪东兴同志作准备。你们如果很饥饿，我给你们送牛肉去。

信阳报告一件，认真一阅。

信写完后，又在信末加写了几行字："十二月二十六日，我的生辰，明年我就有六十七岁了，老了，你们大有可为。"把希望寄托在年轻人身上。

元旦过后，林克等13人到河南许昌专区鄢陵县马栏公社参加整风整社，贯彻中共中央12条紧急指示和农村人民公社条例草案。20余天后，这些同志回到北京，向毛泽东作了详细的口头和书面汇报。

★

七

关爱卫士，平等待人

“自由、平等、公正、法治”是社会主义核心价值观中社会层次的内容，是社会制度层面的追求。平等，首先是人格平等，法律面前平等，经济制度上生产与分配的平等。从人格平等而言，毛泽东给我们树立了榜样。在卫士们的眼中，他既是伟人，又是普通人；卫士们在毛泽东的心坎上“比我的孩子还亲”。

01

“没有文化，做任何事都不方便”

——毛泽东教卫士学文化

★

毛泽东一生最爱读书，他也经常鼓励身边的工作人员多读书。1954 年，他在 8341 部队警卫一中队成立大会上的讲话中就提出，学文化，是他们的第二项任务。随后，中南海文化补习学校建立，主席毛遂自荐，担任名誉校长，另聘 6 位教员担负语文、数学、物理、化学等课程的教学工作。他说：“下去搞调查研究，要提问，要记录，要有分析，有综合，都得要有文化。没有文化，做任何事都不方便，不仅影响个人的进步，也影响我们队伍整体素质的提高。要让你们学习几年之后，取得一些文化知识，打下前进的基础。你们不可能在我身边工作一辈子，将来离开我，有了文化科学知识，便能更好地为党工作。”

在张耀祠、汪东兴的具体操作下，文化学校很快地建立起来了。第一批的学习用品、教科书、练习本、钢笔、毛笔等，都是毛泽东用他的稿费购买的。参加这个学校学习的包括一中队全体战士、中南海的服务员。

毛泽东的卫士经常随他在外，缺损的文化学业，他亲自补救。在毛泽东身边工作过的秘书叶子龙、高智等，都有许多美好的回忆。他辅导学习的方法是与实际联系，阅看卫士们的日记，发现语句不顺，文字错误之处，进行指导、修改。卫士们的回乡调查报告，他都仔细阅看，发现错别字，修改后退还本人，使其认识错在何处，为什么要这样改。要转送他处的调查报告，退还本人抄正，原稿自存。卫士张仙朋、封耀松、田云玉写给女朋友的情书，也进行修改。他随时随地，见物提问，给予启示。有一次，毛泽东与卫士张木奇在广州一个小岛上散步，他提问：涨潮、退潮是怎么形成的？张木奇说，是太阳和月亮对地球的吸引作用。毛泽东补充道，“还要加一个‘力’字，吸引力的作用”。

1960年，毛泽东在给林克的一封信中特别提到："冯契（当时是华东师范大学政治教育系哲学教授、上海社会科学院哲学研究所副所长）著《怎样认识世界》一书，中国青年出版社印行，1957年出版，我想找四、五、六、七、八本送给同我接近的青年同志阅读。请你找一找。如找不到此书，则找别的青年人能够阅读的哲学书，要薄本小册子，不要大部头。请你办一办，几天之内找来送我为盼。"

毛泽东爱读历史书籍，重视理论研究。他对身边工作人员中文化水平较高，有理论素养的同志，则要求多读历史、理论书籍。林克是帮助他研究国际问题的秘书，并兼做他的英语教员，后又兼顾国内问题研究的助手，工作性质决定他要不断加强理论修养。毛泽东多次与他谈理论学习的重要性，讨论一些理论问题，因而在与毛泽东相处的12年里，获益不少。1957年8月4日毛泽东给林克的信中说：

你可看点理论书。你需要学理论。兴趣有，似不甚浓厚，应当培养。慢慢读一点，引起兴趣，如倒啖蔗，渐入佳境，就好了。

10月2日，又致信林克：

多日不见，有些寂漠罢？

钻到看书看报看刊物中去，广收博览，于你我都有益。略为偏重一点理论文章，逐步培养这一方面的兴趣，是我的希望。年纪大起来了，是下苦功学习的时候了，但以不损害健康为原则。

毛泽东不仅鼓励身边工作人员读书，丰富书本知识，而且要求他们参与社会实践，到人民群众中去，从实践中增长知识、才华。他说：刘邦为何能打败项羽？因为刘邦同贵族出身的项羽不同，比较熟悉社会生活，了解人民的心理。屈原如果继续当官，他的文章就没有了。因为丢了官，才有可能接近下层社会生活，才有可能产生《离骚》这样好的文学作品。毛泽东身边工作人员经常被他安排到农村、工厂或回乡探亲接触社会，接近群众，调查研究，增长才干。

1962年，林克告别毛泽东，从事实际工作多年，后来进到中国社会科学院世界经济与政治研究所发达国家经济研究室担任主任，晚年又认认真真从事世界经济研究，为我国经济建设提供了有益建议。

叶子龙，湖南省浏阳人，1930年8月参加中国工农红军，经历了二万五千里长征。1935年11月，来到毛泽东身边，担任机要秘书，还兼管毛泽东的日常生活起居和衣食住行，直至1962年。在27年里，同毛泽东工作、生活在一起，感情深厚。

1962年初夏，毛泽东与叶子龙进行一次长谈："你跟我二十多年，很不容易。

你还有前途，到任何地方都要努力工作。我快七十了，人生七十古来稀。你也不年轻了。这里不是长久之计，对你们的进步不利。走也好。”他还说：“我死以后，你会看到人们对我的评价二八开，三七开，随它去！自有后人评判。你也是三七开，有缺点，这不要紧，金无足赤，人无完人，今后改正就是了。”最后说：“你自由了，我还要坚守阵地。你我一起这么多年，互相知底，就不多说了。”

谈话后，毛泽东破例地送到菊香书屋门外，并主动提议一起照个相。这是叶子龙 27 年来第一次，也是最后一次与毛泽东单独合影。

中华人民共和国建立初期，有一个叫张宝金的卫士，毛泽东送他上了大学，这是他的卫士中第一个上大学的。毛泽东特别欣赏他，多次向身边的卫士表彰他，号召大家向他学习。

★

八

伟大父爱，严禁特殊

毛泽东作为平凡的父亲，具有极为丰富、真挚的情感。他曾动情地说：“我们干革命是造福下一代，而为了革命，又不得不丢下自己的下一代。”

01

“毛泽东的儿女不能搞特殊”

——毛泽东与毛岸英

岸英
岸青 二儿：

很久以前，接到岸英的长信，岸青的信，岸英寄来的照片，单张的团体的，并且是几次的信和照片，我都未复，很对你们不起，知你们悬念。

你们长进了，很欢喜的。岸英文理通顺，字也写得不坏，有进取的志气，是很好的。惟有一事告

○ 1941 年 1 月 31 日，毛泽东致毛岸英、毛岸青信

中国传统文化、道德风尚中很强调父慈子孝，在对待子女的慈爱与教育方面，毛泽东是一个楷模。毛泽东作为平凡的父亲，具有极为丰富、真挚的情感。他曾动情地说："我们干革命是造福下一代，而为了革命，又不得不丢下自己的下一代。"

1938 年 3 月，在苏联一家孤儿院里，一封来自中国的信，让沉闷忧郁的中国男孩谢廖沙和戈勒两兄弟突然开朗高兴起来，因为这是他们平生第一次接到父亲的家书，也是他们十年来首次得知父亲不仅平安无事，而且深深地爱着他们。这两个中国男孩，谢廖沙中文名字是毛岸英，戈勒即是毛岸青，两个孩子的父亲是毛泽东。

其信写道：

亲爱的岸英、岸青：

时常想念你们，知道你们情形尚好，有进步，并接到了你们的照片，十分欢喜。现因有便，托致此信，也希望你们写信给我，我是盼望你们来信啊！我的情形还好，以后有机会再写信给你们。祝你们健康、愉快与进步！

毛泽东

三月四日

杨开慧牺牲后，杨开慧母亲向振熙、嫂嫂李崇德，将毛岸英、毛岸青、毛岸龙送往上海，进入中共上海地下党办的幼稚园。1932 年，上海地下党遭破坏，幼稚园被捣毁，毛岸英三兄弟无家可归。他们在上海五年流浪的日子里，饱尝孤儿的苦难，时刻思念着父亲。9 岁多的毛岸英带着两个弟弟沿街讨吃，小弟弟因饥饿，受风湿，得重病，患痢疾，高烧，上吐下泻，无钱医治，不幸病亡。中华人民共和国成立后，毛岸英看电影《三毛流浪记》时激动地说："那就是我和岸青在上海时的流浪生活，除了偷、给资本家做干儿子外，我和岸青几乎都经历过。"

甲、"注意科学，只有科学是真学问"

1940 年毛岸英写了一封长信给父亲，介绍他们在苏联的学习情况和他自己的理想："我于 1937 年初来到苏联以后，真好比到了天堂一样。当我在中国时，从来没有想到会有这样幸福的生活，苏联的人民看待我们比看待自己的儿女还要好，把我们当作上等的贵宾看待，想尽一切方法使我们的生活能够圆满和快乐……我要百倍地努力来完成我的学习。我很注重于政治和军事，并且愿意成为一个政治军事家，成为一个很好的宣传家，以便将来为伟大的新中国的事业而斗争。"

岸英的发展、进步如此之快，作为父亲，毛泽东特别高兴。1941 年 1 月 31 日，毛泽东致信岸英、岸青："你们长进了，很欢喜的。岸英文理通顺，字也写得不坏，有进取的志气，是很好的。"身为政治家的父亲毛泽东以清醒的头脑、远见卓识，向岸英、岸青建议："惟有一事向你们建议，趁着年纪尚轻，多向自然科学学习，少谈些政治。政治是要谈的，但目前以潜心多习自然科学为宜，社会科学辅之。将来可倒置过来，以社会科学为主，自然科学为辅。总之注意科学，只有科学是真学问，将来用处无穷。"他料到新中国成立后需要大量的科学技术人才，希望所有革命者的后代，充分利用在莫斯科学习的机遇，多学习科学技术。

在这封充满父爱的信里，依据岸英的来信，毛泽东还提醒岸英、岸青："人家恭维你抬举你，这有一样好处，就是鼓励你上进；但有一样坏处，就是易长自满之气，得意忘形，有不知脚踏实地、实事求是的危险。"当然，"你们有你们的前程，或好或坏，决定于你们自己及你们的直接环境，我不想来干涉你们，我的意见，只当作建议，由你们自己考虑决定。总之我欢喜你——希望你们更好。"

1941 年 6 月，德国法西斯侵入苏联，苏德战争爆发，1942 年 5 月，毛岸英写信给斯大林，要求参加苏联的卫国战争。其信写道："敬爱的斯大林同志：我是一名普通的中国青年，我在您领导下的苏联学习了五年。我爱苏联就象爱中国一样。我不能眼看德国法西斯的铁蹄蹂躏您的国土，我要替千千万万被杀害的苏联人民报仇。我坚决要求上战场，请您一定批准我的请求。"

经斯大林批准，毛岸英进入苏雅士官学校速成班，后又转入莫斯科列宁军政学校，随后又进入伏龙芝军事学院，并加入了苏联共产党。两年后成为坦克连的指导员，授予了中尉军衔，径直打到被德国法西斯侵占的波兰、捷克等地。战争结束后，岸英转入莫斯科东方语言学院学习。

1946 年元月，毛岸英终止在苏联的学习生活。回国前，他受到斯大林的接见。斯大林送给他一支小手枪作为纪念。

乙、"拜农民为师"

1946 年元月 7 日，毛岸英随同来中国为毛泽东治病的苏联医生阿洛夫乘飞机回到延安，毛泽东抱病到机场迎接。毛岸英走下舷梯，父子拥抱，眼泪泉涌，不知从何处说起。毛泽东激动地说："十八年没见面了。你长得这么高了。"毛岸英紧紧地搂着爸爸，连声叫道："爸爸，爸爸，我想念您，在梦中也时常梦见您啊！"毛泽东左端详，右端详，亲昵地答："我一样想你呀！"

毛泽东对毛岸英既疼爱，又严格。毛岸英回来时，一身苏式军装，亮光光的皮鞋，英姿飒爽。毛泽东关爱地说："要随乡入俗。"随即拿出自己穿过的旧棉衣、棉裤，把一个"苏联军官"打扮成一个"土八路"。

有一天父子坐在杨家岭窑洞前的石桌边，亲热交谈。毛泽东说："你在苏联长大，苏联大学读书，住的是洋学堂。我们这里也有大学，就是中国劳动大学。我给你找一个校长，上劳动大学去。"

毛泽东找来了劳动模范吴满有，说："这是你的学生，我的长子毛岸英。"又对儿子说："这是你的校长，劳动模范吴满有。"当天就要毛岸英跟随"校长"下农村劳动锻炼，并叮嘱："你要同老乡们一同吃，一同住，一同劳动。等你劳动大学毕业后，再上延安大学。"

毛岸英爽朗地回答："好。"他身穿父亲穿过的旧棉衣，脚踏一双布鞋，背包里装满了小米，跟随吴满有兴味盎然地走向农村。毛泽东目送着他们消失在宝塔山后。

毛岸英没有辜负父亲的厚望。他初到农村时，尽管一天的劳动将他累得腰酸背痛，浑身无力，就像散了架一样难忍难受，他也不叫苦，不偷懒，更不放松对自己的要求。在"劳动大学"里，他很快学会了赶毛驴下地送粪，学会了把玉米种子袋挂在脖子上，双手同时点种的手艺。当地农民夸奖他："岸英是一个好后生，学会了施粪、犁地、刨地、播种这些庄稼活，是个好劳动力。"

半年后，父子相见，毛泽东仔细端详毛岸英，头上扎着毛巾，身上穿着和农民一样的土布汗褂，胳膊黑油油地发亮，脸也晒得黑黑的，跟陕北农民一模一样。毛泽东夸奖说："好啊！白胖子成了黑胖子。"并伸出大手紧握毛岸英那长满了老茧的手，赞赏道："这就是你在中国劳动大学的毕业证书。"

丙、"要有热情，有恒心"

毛岸英先后在中共中央宣传部担任文书、编辑助理、中共中央社会部秘书，到了山西临县、山东渤海地区，参加土地改革和整党工作。他在临县郝家坡参加土地改革两个月后，向父亲写了一封长信：

我在郝家坡两个多月的土改工作中，学到了如下东西：群众路线就是阶级路线加上民主作风。不把农村中的阶级斗争掀起到最高程度，是不能发动广大农民群众的。没有群众的监督，没有民主，干部便必然变坏，必然会在人民头上为所欲为，哪怕这个干部在未当干部时成分是很好的，人也是很好的。只有用群众的力量，才能彻底改造我们的党政军。

这是很有独特见解的收获。在那个年月，在我们还没有夺取全国政权以前，他就认识“群众路线”对于执政党建设的重要性。

他还创作了一首《鞋下一层土》的顺口溜：“郝家坡土改两个月，人问我最贵何所得？是不是金，是不是银，是不是地位和美名？我说一样也不是，却是那鞋下一层土！”“今后的方针很明白：下乡去搞土地改革，永不离群众永不离土，埋头苦干把力努！但望我那鞋下之土层层加，但望群众真正变成我亲妈妈，步步登高据此而来，幸福的大门由此而开。”他还在笔记中写道：“斯大林把人民比如土，离土必死近土生。这句话早已响如鼓，却直到今天才搞清。”相信和依靠群众，是他参加土地改革与整党工作的最大收获。

毛岸英在山东省渤海地区张家集参加土改复查时，又写了一首《快板诗》：“张家集上，粗鲁不堪设想。六个虾兵蟹将，到此决心换模样。东头步到西头，犹似走遍五洲，马列主义在手，细水变成洪流。”他立誓要通过土地改革复查，改变张家集落后面貌。

毛泽东接到毛岸英谈参加土地改革收获的来信，一则有喜，加以鼓励：“看你的信，你在进步中，甚为喜慰。”二则有忧，提出警告：“一个人无论学什么或做什么，只要有热情，有恒心，不要那种无着落的与人民利益不相符合的个人主义的虚荣心，总是会有进步的。”启发毛岸英如何做人、做事、修身、养性。

丁、不要靠父母，不能有特殊，不能脱离群众

毛泽东非常关心子女的成长，特别是中国共产党成为执政党之后，经常告诫子女不能脱离群众，不能有特殊。他语重心长地说：“我很担心我们的干部子弟，他们没有生活经验和社会经验，可是架子很大，有很大的优越感。要教育他们不要靠父母，不要靠先烈，要完全靠自己。”

刚进中央机关工作时，后勤部门安排毛岸英吃中灶。毛泽东得知这事，生气说：“你有什么资格吃中灶？你应该同战士一起吃大灶。”毛泽东要求儿女与群众在一起“接地气”，让他们明白做一个普通人，不能有特殊。

“汝是党之子，革命是汝风，要积极投身到革命最艰难最危险的地方去。”毛泽东如此要求毛岸英。北平解放后，首批进入北平的队伍中就有毛岸英。他和两名扫雷专家带领一个工兵排，承担了重要设施、住所的扫雷任务，这是一件危险系数很

高的工作，得到了父亲的赞扬。

毛岸英牢记了父亲的教导，处处严格要求自己。1950 年初，毛岸英担任北京机器总厂党总支副书记兼宣传委员，他积极工作，深入各支部、各车间调查研究，仔细地做思想工作，同大家一起学习马克思主义、毛泽东思想、科学技术，鼓励、支持职工进行技术革新、科技创新。在生活上，他艰苦朴素，从不特殊。有人劝他到小食堂吃饭，他回答："这里生活条件比我童年在上海的流浪生活有天壤之别了。我如果去小食堂就餐，就不是和工人在一起生活，就脱离了群众。"这年 9 月，他曾写信给好友蔡博：

如果党不调动我的话，我准备在这个工厂连续不断地做十年工作，随着它的进步而进步，发展而发展，搞出一套完整的工厂中党的工作经验来。

在业务技术方面，他"下决心并开始学习技术——从工具机、动力机、技工理化、工艺数学、机械制图学起"。

戊、"毛泽东的儿子，就要带头遵纪守法"

毛岸英与刘思齐是 1946 年在延安认识的。刘思齐是革命烈士刘谦初的女儿。刘谦初是山东省人。山东省在春秋战国时期是齐国、鲁国地区。1930 年刘谦初和爱人张文秋同时被捕。这时，张文秋已怀孕。刘谦初就义前，张文秋满脸热泪地说：你给未生的孩子取一个名字吧！

"就叫'牢生'，不管是男是女。"刘谦初苍白的脸上露出一丝笑容。

"这是乳名，再起个大名吧！"

"不管你们流落到哪里，要思念故土，思念齐鲁，取名'思齐'吧！"

1948 年毛岸英、刘思齐到了西柏坡，确定了恋爱关系，准备结婚。当年毛岸英 26 岁，刘思齐 17 岁。他们向毛泽东提出请求。当时，中央正在酝酿制定婚姻法，规定男 20 岁、女 18 岁才可以结婚。毛泽东回答："你们结合，我同意，但思齐不满 18 岁，不到规定的结婚年龄。"转过头，问刘思齐："思齐，你正在学习，中学没有毕业，现在结婚，不怕影响学习吗？"

刘思齐羞答答地说："结婚后好好安排，不会影响学习。"脸上泛出了红润。

"岸英是 1922 年生的。思齐你是哪年生的呀！"

"我是 1931 年生的。"

"他比你大八九岁，你知道吗？"

“知道。”

“急什么呀！反正我同意你们的婚姻，等一等，好不好？”毛泽东很诙谐地说。

两人离开了毛泽东的住室。不一会儿，岸英又回到毛泽东的房间，说：“我想结婚以后，更能专心致志地学习与工作，这样，不会在恋爱方面花费时间和精力了。”

“思齐还小，不到结婚年龄，现在不能结婚。”毛泽东直爽地回答。

“我有26岁了！”岸英着急了。

“思齐不到年龄。”毛泽东强调地回复。

“不到年龄结婚的多着呢！”岸英列举一些人的名字。

“谁叫你是毛泽东的儿子！”毛泽东拉开了嗓门，“毛泽东的儿子，就要带头遵纪守法。”这是很有分量、充满正气的答复。为民执政、为民掌权的毛泽东，严格要求他的儿女“带头遵纪守法”，不能有半点特殊，更不能有丝毫违法行为。

“思齐不满18岁，不管你说什么，也不能同意你们在今年结婚。”毛泽东作出了斩钉截铁、似有一些家长独断的结论。

过了几天，岸英想通了，并向父亲做了检讨。毛泽东表扬道：“很好。这样，你就是一个模范的守法者，而不是一个违法者了。”

1949年9月，毛岸英、刘思齐为结婚的事，又请示毛泽东。这年，刘思齐已满18岁。毛泽东爽朗地说：“我同意。你们准备怎样办喜事呀？”

“我们商量了，越简单越好。我们都有随身的衣服，也有现成的被褥，不用花钱买东西。”

“这是喜上加喜，应该艰苦朴素。”在毛泽东看来，节约光荣，浪费可耻，把不花钱办喜事，看作是“喜上加喜”。他想了想，又说：“你们结婚是一辈子的大喜事，我请你们吃餐饭。你们想请谁就请谁。你们跟思齐的妈妈说一说，现在是供给制，她也不要花钱买东西。她想请谁都可以，就是来吃餐饭。”

岸英、思齐商量，请了邓颖超、蔡畅、康克清、王光美、谢觉哉、陈瑾昆等。谢觉哉、陈瑾昆是搞法律的，正在酝酿制定婚姻法。

毛泽东看了名单，郑重地说：“请了邓妈妈，就要请周恩来；请了蔡畅，就应请李富春；请了康妈妈，就应请朱总司令；请了谢老，就要请王定国；请了陈瑾昆，就应请梁淑华；还有少奇、光美同志。任弼时同志住在玉泉山医院，就不要麻烦他了。”

那时，正值新中国成立，毛泽东日理万机，百端待举，举行婚礼那天，还在开常委会，讨论国家大事。散会后，毛泽东就邀周恩来、刘少奇、朱德等来到中南海菊香书屋的西屋里欢聚。岸英穿着在外宾场合当翻译的工作服，思齐穿着灯芯绒上衣，半新半旧的卡机布裤，并排站在门口迎接。

婚礼后，毛泽东双手捧着一件黑色的呢大衣深情地说："你们结婚了，我很高兴，可是我没有什么好东西送给你们，这件大衣就送给岸英当作结婚礼物。"见刘思齐空着手，毛泽东又补上一句："哎，白天岸英穿，晚上你们两个当被盖，思齐也有份了嘛!"

○ 1949 年，毛泽东和毛岸英在双清别墅亲切交谈

己、"不是还有千千万万志愿军烈士安葬在朝鲜吗"

1950 年 6 月，朝鲜战争爆发，战火烧到了鸭绿江边，中国人民为了保家卫国，援朝抗美，彭德怀临危受命，准备率领中国人民志愿军赴朝作战。毛岸英随即向彭德怀呈请赴朝从军申请书。彭德怀未表态，毛岸英立即找父亲毛泽东。"好啊！你去朝鲜前线，可以在战火中得到锻炼。"毛泽东果断地答复。

彭德怀在东北组建中国人民志愿军总部，回京向党中央和毛泽东汇报，毛泽东便把毛岸英交给彭德怀：让他到朝鲜前线去受一点战火的考验。

在赴朝鲜前，毛岸英匆匆赶到北京机器总厂，向领导和工友们告别，然后又赶到医院看望因手术住院的刘思齐，到达医院时，已是黑夜了。

刘思齐见他来得这么晚，这么匆忙，有点惊愕：“这么晚，你还来干啥？”

出国作战是军事秘密，不能透露。毛岸英含糊地说：“我明天将要到一个很远、很远的地方去出差，所以急急忙忙赶来告诉你。我走了，通信不方便，如果你没有接到来信，可别着急呀！我走了，你出院后，每个礼拜六要去中南海看望爸爸。不要因为我不在，你就不去。希望你好好照顾岸青。能答应吗？”

“嗯……”刘思齐点点头。她根本没有想到岸英是奔赴抗美援朝前线，更没有料到这是生离死别，最后一次见面。

10 月 23 日，毛岸英跨过鸭绿江，奔赴朝鲜前线，在中国人民志愿军总部任机要秘书兼俄语翻译，兼管发送电报等工作。

10 月 25 日至 11 月 5 日，中国人民志愿军发动了入朝后的第一个战役，歼敌 15000 余人，迫使美国侵略军和李承晚军队退到清川江以南。

11 月 25 日，敌军采取报复行动，出动几十架飞机对我军阵地进行狂轰滥炸。上午 11 时左右，3 架美军轰炸机掠过中国人民志愿军总部上空，向北飞去，防空警报解除，毛岸英和作战参谋高瑞欣从防空洞里冲出来，奔向作战室，又投入紧张的工作。不一会，那 3 架敌机又飞回来，投下了几十颗凝固汽油弹。顿时，大火弥漫，一片火海，总部作战室被烈火吞没了，800 摄氏度的高温包围了未来得及撤退的毛岸英和高瑞欣，他们壮烈牺牲了。

当天，彭德怀总司令怀着极大的悲痛，起草一个电报：

今天志愿军司令部遭到敌机轰炸，毛岸英同志不幸牺牲。

彭总司令站起来，将电报递给值班参谋：“马上发，报告毛主席、党中央。”

毛岸英牺牲的消息传到北京，秘书叶子龙担忧病中的毛主席受不起这种打击，在征得周恩来的同意的情况下，压住了这封电报。抗美援朝的第二次战役从 11 月 7 日开始至 12 月 24 日结束，此役共歼敌军 36000 余人，收复了三八线以北的地区，迫使敌人由进攻转入防御，扭转了朝鲜战局。这时，彭德怀回国汇报战况，同时也汇报了毛岸英牺牲的经过。他心情沉重地说：“主席，我没有保护好岸英，我有责任，我请求处分！”直到这时，彭德怀的口头汇报，才第一次向毛泽东通报了毛岸英牺牲。1951 年 1 月 2 日，周恩来给毛泽东、江青信，将彭德怀的电报呈送毛泽东，并说明未及时呈报的原因：“毛岸英同志的牺牲是光荣的。当时我因你们都在感冒中，未将此电送阅，但已送少奇同志阅过。”

毛泽东点燃一支香烟，不断地抽着，听着，默默无语；有时还闭上眼睛，静静地思索；然后缓慢地说："革命战争，总是要付出代价的嘛！为了国际共产主义事业，反抗侵略者，中国人民志愿军的英雄儿女，前仆后继，牺牲了成千上万的优秀战士。岸英就是属于牺牲了的成千上万革命烈士中的一员，一个普通的战士。不要因为是我的儿子，就当成大事。不能因为是我、党的主席的儿子，就不应该为中朝两国人民共同的事业而牺牲，哪有这样的道理呀！哪个战士的血肉之躯不是父母所生……"

彭德怀默默地听着，眼里饱含了泪花。他深知，岸英的牺牲，对党，尤其是对毛泽东，是无法挽回的损失。

毛泽东双眉紧锁，眼泪泉涌，叹息道："谁叫他是毛泽东的儿子呢!"他凝视窗外萧瑟的柳枝，轻声地吟咏北周庾信的《枯树赋》："昔年种柳，依依汉南；今看摇落，凄怆江潭；树犹如此，人何以堪!"

29 岁，多么短暂的一生！和他母亲杨开慧牺牲的年龄一致！沉痛啊，沉痛！可是，他还需向秘书叶子龙和江青叮嘱：岸英牺牲"这个事不要急于告诉思齐，她还年轻，经受不了这个打击啊"！后来又向身边工作人员说："牺牲的成千成万，无法只顾及此一人，事已过去，不必说了。"

2 月 21 日，彭德怀在北京玉泉山向毛泽东主席汇报朝鲜战争情况后，再次对毛岸英的牺牲沉痛自责，毛泽东又一次以宽大胸怀，劝说彭德怀，不要检讨了。"打仗总是要死人的嘛！志愿军已经献出了那么多指战员的生命。岸英是一个普通的战士，不要因为是我的儿子，就当成一件大事。现在美国在朝鲜战场上使用各种飞机 1000 多架，你们千万不能疏忽大意，要采取一切措施保证司令部的安全。"

当时有不少人建议，将毛岸英遗体运回国内安葬，毛泽东没有同意，说："青山处处埋忠骨，何必马革裹尸还。不是还有千千万万志愿军烈士安葬在朝鲜吗?""毛泽东的儿子不能搞特殊。"

02

“岸英走了，今后你就是我的大女儿”

——毛泽东与刘思齐

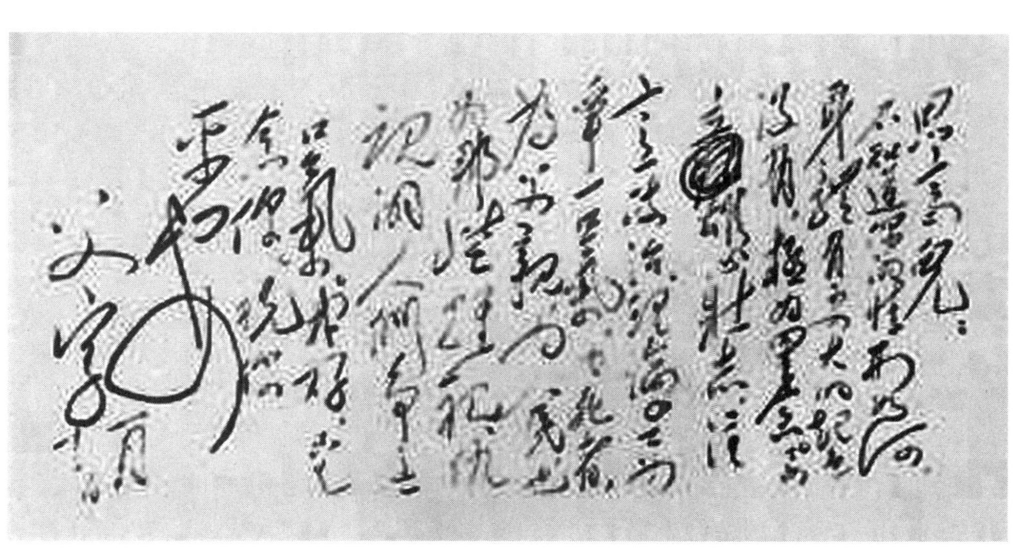

○ 毛泽东致刘思齐信

刘思齐，是毛岸英的遗孀，在毛岸英牺牲后，是毛泽东的“大女儿”。

刘思齐遵循丈夫毛岸英的委托，每周星期六去看望毛泽东，都要问问，岸英有信来没有？为何这么久不给我来信？毛泽东总是强颜欢笑，装得若无其事地宽慰她。这样的日子过了两年多。

有一天夜晚，在中南海院子里的大树下乘凉，毛泽东把家里五个烈士毛泽民、毛泽覃、杨开慧、毛泽建、毛楚雄的事迹和童年趣事，向刘思齐细数了一遍。这一次，足足谈了 4 个小时。至于兴味盎然地专题回顾毛岸英的童年趣事，数不清有多少次。这都是启示刘思齐，要做好思想准备，是为把毛岸英牺牲的情况告知她作铺垫。

朝鲜停战协定签订后，志愿军陆续被调遣回国，刘思齐日夜盼望岸英的归来。等了一段时日，还没有半点消息。她抱着希望跑到毛泽东的办公室，询问岸英的信息。毛泽东细心安慰，稳定她的情绪；同时，要秘书请周总理来一道和刘思齐谈心。周总理轻声细语地说："为抗美援朝，保家卫国，牺牲了无数战士，岸英也是其中之一。这些烈士，都是中国人民的优秀儿女，人们是不会忘记的。"尽管总理的话讲得很轻，对刘思齐说来，却是晴天霹雳。她痛不欲生，倒伏在毛泽东的肩上，撕心裂肺地哭泣。

毛泽东木偶人似的坐着，脸色苍白，一句话也说不出来。

周恩来让刘思齐躺在沙发上缓缓气力。当他的手碰到毛泽东的手时，他心里惊了，急忙低声向刘思齐耳语："思齐，你要节哀。你爸爸的手冰凉啦！"

思齐一愣，又哭着去安慰爸爸。毛泽东压抑着悲伤，劝慰思齐："战争总是要死人的，不能因为岸英是我的孩子，就不应该为中朝人民而牺牲。""岸英走了，今后，你就是我的大女儿。"

甲、把怀念毛岸英的情感转嫁给刘思齐

毛泽东特别疼爱刘思齐，亲自过问她的衣食住行，对她的学习、工作非常关注。每一次通信，总是称她为"娃""思齐儿""亲爱的思齐儿""我的大女儿"。

由于丧夫悲痛，刘思齐寝食不安，神经衰弱，却有人落井下石，造谣打击。刘思齐把此事写信给爸爸毛泽东。毛泽东开导她："谣言不足信，可以置之不理，因为不胜其理。你的心要清闲些，把身子养好要紧。"

由于长期过于悲伤，刘思齐体质日渐衰弱。毛泽东主张她换一个环境，建议她赴苏联学习，一是有利摆脱苦闷，二是以利将来自食其力。

1955 年 8 月，正当她准备赴苏联学习时，却又感冒重病多日。毛泽东写信叮嘱她："好生休养，恢复体力，以利出国。如今日好些，望来此一看；否则不要来。最要紧是争一口气，学成为国效力。""你要的《列宁选集》两卷，给你送上。"

在苏联学习期间，刘思齐常给毛泽东写信。毛泽东以解放战争时期的化名"得胜"复信：

亲爱的思齐儿：

给我的信都收到了，很高兴。希望你注意身体，不使生病，好好学习。我们都

好，勿以为念。国内社会主义高涨，你那里有国内报纸否？应当找到报纸，看些国内消息，不要和国内情况太隔绝了。

祝好。

得胜

一九五六年二月十四日

刘思齐在苏联莫斯科大学数学系学习，由于语言方面的困难，准备回国学习，但又担心他人风言冷语，写信给毛泽东，征求意见。这年12月12日毛泽东复信：

思齐儿：

两信均收，甚慰。留一年，很有益。别人闲话，可以置之不理。

1957年8月4日，毛泽东在青岛给刘思齐复信：

思齐儿：

信收到，回来了，很高兴。转学事是好的，自己作主，向组织申请，得允即可。如不得允，仍去苏联，改学文科，时间长一点也不要紧。不论怎样，都要自己作主，不要用家长的名义去申请，注意为盼。祝你进步。

此信特别指明“不要用家长的名义去申请”，毛泽东历来禁止子女们以他的名义去谋取个人利益与方便。

8月9日毛泽东又复信：

思齐儿：

……下决心在国内转学文科。一切浮言讥笑，不要管它。全部精力，应当集中在转学后几年的功课上，学成为国服务。

刘思齐转入了北京大学俄罗斯语言文学系。不久，她感觉这个专业和自己的兴趣有距离，而对中国文学、中国古典文学更有兴趣，于是，又请毛泽东再给她拿主意。毛泽东说：你已经读了这个专业了。这个专业，也开设了中国文学，没有矛盾。不是太迫切的话，我给你当中文老师。我来教你。中国文学也要懂历史，先看历史书籍。随即开了一个书目，《史记》《汉书》《三国志》《水浒传》《西游记》《红楼梦》《聊斋志异》，等等。刘思齐把书目看后，笑道：“读完这些书，我就老了。”毛泽东说：“人活一辈子，就要读一辈子的书。”

在外地视察期间，毛泽东惦念着刘思齐，把怀念毛岸英的情感转嫁给刘思齐。1959年毛泽东在庐山写信给刘思齐，教导她，要站得高，看得远；要树雄心壮志，摆脱一切愁思：

娃：

你身体是否好些了？妹妹考了学校没有？我还算好，比在北京时好些。“登高壮观天地间，大江茫茫去不还。黄云万里动风色，白波九道流雪山。”这是李白的几句诗。你愁闷时可以看点古典文学，可起消愁破闷的作用。久不见甚念。

爸爸

八月六日

1960年新春佳节将近，毛泽东又写信给刘思齐：

思齐儿：

不知道你的情形如何，身体有更大的起色没有，极为挂念。要立雄心壮志，注意政治、理论。要争一口气，为死者，为父亲，为人民，也为那些轻视、仇视的人们争这一口气。我好，只是念你。祝你平安。

父亲

一月十五日

这两封信，都强调治病要以“意志为主，医药为辅”。这就抓住了她的病因，说到了刘思齐的心坎里。

乙、青山处处埋忠骨，何必马革裹尸还

刘思齐提议将毛岸英的遗骨运回国内安葬。毛泽东摇摇头：“青山处处埋忠骨，何必马革裹尸还，不是还有千千万万志愿军烈士安葬在朝鲜吗?”“毛泽东的儿子不能搞特殊。”这是毛泽东一贯的原则。

刘思齐悲痛欲绝地说：“不在国内安葬，我哭的地方都没有。”

毛泽东强忍着泪花，轻言细语道：“要哭，你就在我这里哭吧！我死后，你就到我的墓地去哭吧!”

有一天，刘思齐向毛泽东提出：“我要去给岸英扫一次墓。因为他生不见人，死不见坟。我总得看见埋他的地方，我的心才能踏实下来。”

毛泽东同意她去朝鲜扫墓：“你还得有一个人陪同去，让你妹妹邵华陪你去。”

出发前，毛泽东仍不放心，又安排中南海警卫处的沈同同志，领着她们前往。出发时，交代三点：第一，来回的路费和开销，全部由他的稿费里支出；第二，到了朝鲜以后，不要惊动官方；第三，这些活动不要见报。

刘思齐在毛岸英的墓前泪如雨下，十年来堆积的忧伤，一下子全部释放出来。

悲伤过度的刘思齐病倒了，毛泽东很快获悉了病情。

丙、动员刘思齐再婚

就在这一年，毛泽东多次劝刘思齐再婚，重建家庭。然而，思齐没有这心思。她说："岸英一直在我心里走不出去。他走不出去，就想不了别的。"毛泽东劝说："人总不能这样一个人过一辈子嘛。成家立业，有家庭，有孩子，是人生不可缺少的一部分。一个女孩子应该在30岁之前成家立业。"

1961年6月13日，毛泽东写信，再次劝她找一个合适的朋友，早日结婚。

女儿：

你好！哪有忘记的道理？你要听劝，下决心结婚吧，是时候了。五心不定，输得干干净净。高不成，低不就，是你们这一类女孩子的通病。是不是呢？信到，回信给我，为盼！问好。

父亲

六月十三日

毛泽东亲自托人帮助刘思齐找对象。空军学院的院长介绍该校教员杨茂之，毛泽东立即派人去了解，证实了该院院长介绍的情况，劝刘思齐与杨交往。

毛泽东给刘思齐的这些信，充满了父亲的慈爱。在他的催促下，1962年2月，刘思齐与杨茂之结婚。毛泽东把最近创作的《卜算子·咏梅》抄录一幅作为贺礼，同时说："我不知送你什么东西好。给你三百元，让你自己去买需要的东西。"

与杨茂之结婚后，刘思齐改名刘松林。

江青说："刘思齐不是我们家的人。"很快，出入中南海的特别通行证被没收。因此，刘思齐不能自由出入中南海，不能经常去看望毛泽东，岸英生前离别时交给她的任务无法继续下去，病倒了。毛泽东得悉，多次写信安慰。

刘松林曾满怀深情地回忆：早在延安的时候，毛泽东就关注自己的成长，"尤其是在岸英牺牲后，他关心着我的思想，我的学习，我的工作，我的健康，甚至我闲暇时阅读的书籍。到后来，他还像慈母一样地关怀着我的婚姻……"在纪念毛泽东诞辰110周年时，她对来访者说："主席对我的照顾，已经超出了一个公公对我的关爱，而是一个亲生父亲的关爱，不仅仅是亲生父亲的，而且是一种非常慈祥的，想得非常周到的这么一种爱护。在这个世界上最关心我、最爱护我的人就是毛泽东。他对我的关爱，甚至超过我的母亲。"

03

他不仅是一个伟人，还是一位慈父

——毛泽东与毛岸青、邵华

○ 毛泽东与毛岸青、邵华合影

毛岸青是毛泽东与杨开慧的第二个儿子。

毛岸青，字远义，曾用名杨永寿，哥哥毛岸英曾取名杨永福。杨永福、杨永寿是毛泽东上井冈山后，杨开慧带着他们隐居长沙东乡板仓时的名字，后来他们至上海，在地下党创办的幼儿园，也是用这个名字。

甲、“这孩子有志气，刻苦用功”

在上海流浪的日子里，毛岸青在电线杆上写了“打倒帝国主义”的标语，被警察发现，打成脑震荡，留下了后遗症，听力衰退。1935 年赴苏联学习，在幼儿园、七年制中学、东方大学，都很刻苦，成绩优秀。1946 年岸英回国向父亲汇报了岸青的情况。毛泽东听后，既心疼，又高兴，心疼的是他多灾多难，被国民党反动派的警察打伤，留下了疾病；高兴的是“这孩子有志气，刻苦用功”。他立即提笔，给岸青写信：

岸青，我的亲爱的儿：

岸英回国，收到你的信，知道你的情形，很是欢喜。看见你哥哥，好像看见你一样，希望你在那里继续学习，将来学成回国，好为人民服务。你妹妹（李讷）问候你，她现已五岁半。她的剪纸，寄你两张。祝你进步、愉快、成长！

岸青很小去苏联，在苏联开始读小学，只识俄语，不识中文。毛泽东与毛岸青的来往信件，都由毛岸英翻译。

1947 年 9 月 12 日，毛泽东写了一封信给毛岸英，其中提道：

永寿这孩子有很大进步，他的信写得很好。复他一信，请你译成外国语，连同原文，托便带去。

此时，毛岸青已准备同贺子珍、娇娇（李敏）一道回国。自毛泽东领导湘赣边秋收起义，与杨开慧母子告别算起，他与毛岸青整整 20 年没有见面了。

同年 10 月 8 日，毛泽东给岸英信：

“告诉你，永寿回来了，到了哈尔滨。”要求进中学，补学中文，“我已同意。这个孩子很久不见，很想看见他。”

1949 年春暖花开的时候，毛岸青、李敏从东北哈尔滨来到了北京香山，来到了毛泽东的身边。毛岸青与父亲 22 个春秋未见面，李敏也有 9 年不见父亲了。在解放战争节节胜利的情况下，两个孩子的归来，真可谓双喜临门，毛泽东非常高兴，带着他们游览香山，尽享天伦之乐。

乙、“我爱岸青，也非常同情他。他苦啊，苦啊！”

毛岸青最初分配在中共中央宣传部马列主义著作编译所，参加翻译《马克思恩格斯选集》《列宁选集》等经典著作。他干得很顺利、很愉快、很有成果的时候，听到同生死、共患难的哥哥毛岸英牺牲的消息，脑袋里就似一颗原子弹爆炸，突然晕倒了。过度悲伤，旧疾复发并加剧。他常常感受到脑子里有一个小家伙在作怪，老是对他说“跳进水里去，跳进水里去”，没有办法摆脱它。有一次，他拉着李敏的手，要她一起跳进中南海的南海，幸亏被卫士发现，把他们拉开了。

毛泽东知道这件事后，心情十分沉痛。他与杨开慧生了三个儿子，最小的儿子毛岸龙在上海流浪的日子里病逝，长子毛岸英在朝鲜战场牺牲，第二个儿子毛岸青又身有疾患。他心疼岸青，曾对李敏说：“我爱岸青，也非常同情他。他很小的时候，就跟岸英一块沦落上海街头，受尽了苦难与折磨，多次遭受警察的毒打，这些摧残，对他的刺激太大了。他苦啊！”“岸英的牺牲，又给他猛烈的刺激，精神上受到了摧残。他苦啊，苦啊！”

毛泽东为毛岸青的伤痛，花了不少心血。首先安排他去苏联治疗，得知效果不佳，又安排他回国治病。先在青岛医疗，几个月后，毛泽东赴青岛做调查研究，顺便看望了岸青。岸青说：“爸爸，你说怪不怪，几十年没有见到的妈妈，昨夜她来了，笑眯眯地说：孩子，我不能给你爸爸抄文章了，你要练好字给他抄啊！”顿时，毛泽东的心头加重了沉痛，好久好久，才恢复过来，缓慢地说：“你看看，这是我写的《蝶恋花·答李淑一》。”然后，他给岸青讲述了写这首词的经过。还未讲完，毛岸青已放声大哭，毛泽东的眼泪也夺眶而出。最后，他把毛岸青安置在大连治疗。经过较长时间的医治，毛岸青的健康状态逐渐好转。

丙、邵华是个好孩子，再加一点男儿味

毛岸青在大连治疗期间，邵华也来到大连疗养，两人常来常往，互相鼓励。毛泽东听说后，非常高兴，挥笔致信。

岸青我儿：

前复一封信，谅收到了，甚念。听说你的病体好了很多，极为高兴。仍要听大夫同志和帮助你的其他同志们的意见，好生静养，以求痊愈。千万不要性急。你的嫂嫂思齐和她的妹妹少华来看你，她们十分关心你的病情，你应好好接待她们。听

说你同少华通了许多信，是不是？你们是否有做朋友的意思？少华是个好孩子，你可以好好同她谈一谈。有信，交思齐、少华带回。以后时时如此，不要别人转。此外娇娇也可以转。对于帮助你的大连市市委同志，医疗组织各位同志们，一定要表示谢意，他们对你是很关怀的，很尽力的。此信给他们看一看，我向他们表示衷诚的谢意。祝愉快，父亲。

邵华和思齐是同母异父姐妹，她的父亲是陈振亚，母亲张文秋，于 1938 年生于延安。乳名安安，学名少华，大名“邵华”由此而来。1939 年陈振亚、张文秋在新疆被反动军阀盛世才逮捕下狱，他们的三个女儿刘思齐、陈少华、陈少林也一同被捕入狱。后来，陈振亚在狱中病逝，直至 1946 年张文秋及三个女儿才被营救出来。

1946 年 7 月 20 日，刘思齐、邵华随母亲张文秋回到延安，受到毛泽东等中央领导人的亲切接见，并与当时从新疆营救出来的全体同志合影，还特地给 20 多个孩子拍了一张照片，并在照片上题字：“饱受铁窗风味的娃娃们”。由于战争环境，邵华直到进入北京才有上学的机会。她在毛泽东的关怀下，小学、中学、大学的成绩都是优等。有一天，邵华欢天喜地地捧着成绩单送给毛泽东看。毛泽东见是满篇红，全是五分，教导说：一个人的精力是有限的，你不要把精力平均地使用在每一门功课上，应根据你喜欢的，你认为值得学习的那一门功课多下功夫，使那门功课更突出，成为你的特长。不要以为都是满堂红就是好的。

邵华在北京大学中文系学习期间病倒了，毛泽东将她送往大连治疗，让她与毛岸青有更多的机会接触，互相了解，并常写信给邵华安慰、鼓励：“要好些养病，立志奔前程。女儿气要少些，加一点男儿气，为社会做一番事业。”毛泽东料到，在未来的岁月里，毛岸青的家需要邵华来支撑，希望邵华少一点女儿气，多一点男儿气。

1960 年毛岸青和邵华在大连举行婚礼，毛泽东虽然没有时间去参加婚礼，却送来了当时较贵重、难得购到的礼物——“熊猫牌”收音机，另外，赠给邵华一块手表。毛泽东对这桩婚事非常满意，不仅因为邵华是自己看着长大的，更因为有了这个婚姻，两家亲上加亲了，毛岸青也有人照顾了。

丁、把对毛岸青的关照，寄托在邵华身上

1962 年，毛岸青和邵华从大连回到北京，邵华继续到北京大学中文系学习。有一天，毛泽东说，新媳妇应到老家去，到长沙板仓看看外婆，应该去给他们的妈妈杨开慧扫墓，应回韶山见见韶山的父老乡亲。他俩遵照毛泽东的叮嘱，先到板仓拜

见外婆、为母亲扫墓，然后至韶山拜访乡亲。

1963 年 9 月 1 日，毛岸青、邵华请父亲书写《蝶恋花·答李淑一》。那天，毛泽东情绪饱满，铺开宣纸，提笔书写“我失杨花君失柳”。刚刚落笔，邵华惊奇地说：“爸爸，不是‘骄杨’吗?”以为是笔误，特地提醒他。毛泽东笑道：“称‘杨花’也很贴切。”原诗词是给战友柳直荀的夫人李淑一题词，把杨开慧、柳直荀两位烈士并提时用“骄杨”，体现的是战友之情；给儿子媳妇书写此词，则表现的是亲情，用“杨花”更能表达亲情，很贴切。

毛岸英从苏联回国时带回一部“捷夫”牌照相机，邵华用这部照相机，拍摄了许多毛泽东与家里人一起的生活照。毛泽东同意她拍照，但约法三章：第一，不许拿到外面去冲洗；第二，不许发表，就是不能给报社、杂志投稿；第三，不许送人，传播出去。

毛泽东把对毛岸青的关照，寄托在邵华身上，因而对她也是特别关心。

自从邵华考上北京大学中文系后，毛泽东与她研讨诗词的机会多了。有一天，他问邵华喜欢曹操还是曹丕、曹植的诗词。邵华顺口就答喜欢曹植的诗词，尤其是那“七步诗”。他有才华，哥哥曹丕逼迫他，在七步的时间内做出一首诗，否则，就要杀掉他。曹植边沉思，边漫步，果然在七步之内作出了一首诗：“煮豆燃豆萁，豆在釜中泣。本是同根生，相煎何太急。”可见他才华横溢。毛泽东说他更喜欢曹操的诗，随即书写、讲解了曹操《观沧海》《龟虽寿》，赞扬曹操的诗直抒胸襟，豁达洒脱，应当学习。

毛泽东同邵华多次讨论唐代诗词。他称赞李白的诗文采奇异，气势磅礴，有脱俗之风。《将进酒》《蜀道难》等，立意新颖，百读不厌。白居易的《琵琶行》不但文采焕发，描写逼真细腻，而且作者同琵琶演奏者能处于平等地位，尤为难能可贵。他特别赞美初唐四大文豪之一王勃年轻有为，才高博学，为文婉畅流利，二十几岁就写了十六卷诗文，可惜死得太早了。他对王勃的《送杜少府之任蜀州》中的“海内存知己，天涯若比邻”的名句尤为欣赏。他把王勃《滕王阁序》中的佳句“落霞与孤鹜齐飞，秋水共长天一色”，书赠给邵华留作纪念。

邵华回忆，毛泽东的形象一直活跃在她的脑海里。“他不仅是一个伟人，还是一位慈父，他很体谅、很了解孩子们的心情。只要我们的愿望是正确的，是可以接受的，他就能够满足我们的愿望，所以我深深感到，父亲永远活在我们心中。”

04

“父亲留下的遗产是可以使我与广大民众共享的思想，而没有半点儿的家私”

——毛泽东与李敏

★

○ 毛泽东与李敏合影

1936年冬，毛泽东与贺子珍的女儿李敏出生在陕北的保安县。李敏出生之时，赶来贺喜的邓颖超看她长得又瘦又小，怜爱地说："真是个小娇娇呀!"于是，在一旁的毛泽东当时就给孩子起了个小名"娇娇"。但几个月之后，贺子珍远赴苏联，把娇娇留在了延安。4岁时，娇娇被送到苏联，和贺子珍一起生活，因为自小在苏联长大，娇娇对中文半懂不懂，是个十足的"洋娃娃"。

甲、你是我的亲生女儿，我是你的亲生父亲

1947年深秋，娇娇跟随母亲贺子珍、二哥毛岸青从苏联回到了哈尔滨。有一天，贺子珍对女儿娇娇说："你回国一年了，还没有给你爸爸写过信，你应该给爸爸写封信才是。"娇娇立即用俄语写信，这是她出生以来第一次给父亲写信。

怎么称呼呢？虽然二哥岸青看到各国共产党领导人的照片，指着毛泽东的照片向娇娇介绍："这是我们的爸爸。"母亲贺子珍点头认可，但他本人是否认可？娇娇不便贸然称呼。她按照众人的称呼"毛主席"，写了第一封信：

毛主席：

大家都说你是我的爸爸，我是你的亲生女儿。但是，我在苏联，没见过你，也不清楚这回事。到底你是不是我的爸爸，我是不是你的亲女儿？请赶快来信告诉我。

娇娇

贺子珍将这简明扼要的信译成中文，附在娇娇写的俄语信之后，一并寄给毛泽东。毛泽东收到信后，马上动笔写了回信。由于急迫答复女儿，又改为电报：

娇娇：

看到了你的来信，很高兴。你是我的亲生女儿，我是你的亲生父亲。你一定长大长高了吧？爸爸想念你，也很喜欢你，欢迎你来。希望你赶快回到爸爸身边来。

毛泽东

贺子珍把电报内容译成俄语，讲给娇娇听。娇娇高兴得跳起来。"乌啦！我有爸爸了！我要见到爸爸了。"搂住妈妈的脖子，给了她一个响亮的甜甜的吻。贺子珍也双手捧着娇娇的脸，回给她一个亲亲的吻，然后坐在椅子上，不笑，也不说话，愣愣地看着娇娇，蕴含着一种沉痛的心思。

随后，毛泽东委派贺子珍的妹妹、毛泽覃的遗孀贺怡到东北接娇娇与毛岸青。贺子珍把毛岸青、娇娇两兄妹从哈尔滨送到沈阳，与贺怡会面，并与苏联驻中国大使尤金接头。

乙、“我家有个会说外国语的洋宝贝”

1949 年 5 月，正是北京鲜花盛开的季节，娇娇与毛岸青到达北京香山，尤金将他们送到毛泽东身边，说，“主席先生：我将你的公子和千金都给你送来了。”

这是一位目光慈祥、和蔼可亲，个子高高的、身材大大的爸爸，娇娇情不自禁地扑上去，柔情地呼出“爸爸”，便投入了那宽大温暖的胸怀。当时江青已带着女儿李讷去苏联养病。

毛泽东兴奋地把娇娇抱起来：“娃娃，我的小娃娃!”用自己的脸紧贴着娇娇的脸。他还向周恩来、刘少奇等领导人夸耀说：“我家有个会说外国语的洋宝贝、洋娃娃。”

同年 7 月，毛泽东一家从香山双清别墅搬进了中南海丰泽园的菊香书屋。

娇娇上中学时，毛泽东给她取名字。娇娇说：我有“娇娇”这个名字了。毛泽东告知她，那是小孩子时使用的名字，要有一个学名。他借用《论语・里仁》中的“君子欲讷于言而敏于行”这句话，给他的女儿取名，希望她们成为联系群众，谦虚谨慎，善于听取群众意见，少说空话，多做实事的人。李讷在入小学时就已取名，“你就取名李敏吧!”随即，毛泽东取来《辞源》，指着“敏”字道：“敏”字有多个解释。敏捷、聪敏、奋勉。《论语・公冶长》中有“敏而好学，不耻下问”，这个“敏”，是聪敏而好学、通达事理的意思。“敏”还可作“灵敏迅速”“敏捷多智”等解释。杜甫《不见》一诗中就有“敏捷诗千首，飘零酒一杯”。

娇娇追着问，岸英、岸青哥哥都姓“毛”，我为什么姓“李”，不姓“毛”呢?毛泽东讲了来历：在国民党胡宗南匪军进攻延安，我们转战陕北时，我的化名是李德胜，即离开延安，不是单纯地避敌，保存自己，而是为了取得全国的胜利。李德胜就是“离得胜”的谐音。我很喜欢这个化名。你们两姐妹姓“李”，不姓“毛”，可以防止以我的特殊身份为你们取得特殊待遇，有益于接近同学，做一个普通学生、普通的老百姓。

丙、赠送曹操诗《观沧海》，鼓励女儿立大志

1954 年夏天，李敏、李讷到北戴河休假，游泳，玩得很开心。她们写信给父亲毛泽东，希望他快快来，共同享受这大自然的欢乐。

毛泽东复信：

李敏、李讷，我的亲爱的女儿：

你们的来信都收到了，很喜欢。北戴河、秦皇岛、山海关一带是曹孟德到过的地方。他不仅是政治家，也是诗人。他的碣石诗是有名的，妈妈那里有古诗选本，可请妈妈教你们读。我好，勿念。

爸爸

1954 年 7 月 23 日

这封信，文字不多，却充满着父爱和对女儿学业的关心。

曹孟德，即曹操。他撰写的“碣石诗”，即是《观沧海》。原文是：

东临碣石，以观沧海。水何澹澹，山岛竦峙。树木丛生，百草丰茂。秋风萧瑟，洪波涌起。日月之行，若出其中；星汉灿烂，若出其里。幸甚至哉，歌以咏志。

这首诗的主题是立志。曹操巡视秦皇岛，远眺大海，汪洋无际；近观海岛，生机勃勃。秋风怒吼，海涛汹涌，在阳光照耀下，日月星辰似乎都在波涛中运行、跳动。人生应有大海一样的宽广胸怀，包容万象，有远大的志向、美好的梦想。毛泽东生平向往、赞美、执着追求的也是这种包容万象的胸怀和理想。他引用曹操的《观沧海》，是为启发子女要立雄心，树壮志，要敢于面对波涛汹涌的人生，到大海中去游泳，到波涛中去搏斗。

不久，毛泽东来到北戴河，带领娃娃们下海游泳，共享亲近大自然的快乐。畅游之后，抒写了气势雄壮的《浪淘沙·北戴河》：

大雨落幽燕，白浪滔天，秦皇岛外打鱼船。一片汪洋都不见，知向谁边？

往事越千年，魏武挥鞭，东临碣石有遗篇。萧瑟秋风今又是，换了人间。

丁、要“与人民同呼吸，共命运”

毛泽东时时处处教育子女怎样做人，做一个什么样的人。他时刻教育子女们恪守本分，即办事、说话要有分寸，待人接物要有礼貌。要求子女们扎扎实实地干事，堂堂正正地做人，生活上不能有半点特殊。拿早餐来说，每天都是“老三样”：稀饭、馒头、咸菜。后来干脆让子女们到机关大食堂就餐。毛泽东对子女是以教为主，不主张管得很严。他说：“孩子淘气好，说明他健康；会淘气的孩子更好，说明他智力发达。”他的教育方法，往往是寓教于诗词、历史故事、典故和幽默话语中。

李敏在中学时，许多同学申请入党，她也跃跃欲试。当她把想入党的想法告诉父亲时，毛泽东却给了她一个意外的反问：你为什么要入党？李敏不理解，别人的父亲都说鼓励话，我的父亲却要反问我！经过考虑，李敏回答：为了共产主义事业。毛泽东认为：这种认识很浅薄，没有把自己摆进去，没有说明自己的入党动机和如何以实际行动争取入党。毛泽东没有详解，而是让李敏去思考。

1958 年 2 月 16 日《中国青年》第 4 期发表了毛泽东的一条批语和王桂芹的《假期回乡日记》。王桂芹是李敏的高中同班同学。1957 年暑假，王桂芹回到河北阜平县家乡探亲半个月。她将在故乡的见闻和参加劳动的体会写在自己的日记中，从 8 月 4 日至 17 日共计 14 篇，一万多字。李敏阅读这些日记时被毛泽东发现了，借过来一篇篇地翻阅，并写了三条批语："此文可在报刊上发表。"其他两条是："每年暑假回乡一次，极为有益。此文写得很好。住半个月不够，最好住一个月。""李讷细看两遍，退李敏。李敏也要看两遍。"毛泽东一贯主张青年学生要到基层去锻炼，要与劳动生产相结合。后来，李敏、李讷都到农村和五七干校锻炼过。

毛泽东关注子女的品德修养，特别是独立自强精神的培养。他从来不把子女当作私有财产，不主张把子女拢在自己的身边，靠着他这棵大树乘凉，更不允许子女们以他的名义、地位、权势去为自己的生活、学习、工作诸方面谋私利、谋方便。他常说："你们是我毛泽东的子女，处处、事事、时时都要夹着尾巴做人，做一个普通人。""你们的工作去向、生活安排，完全由组织上去调动处理。""靠我毛泽东不行，还是要靠你们自己去努力，去奋斗，不要把我挂在你们的嘴边上去唬人。"李敏上小学的第一天，毛泽东叮嘱："不要说你是毛泽东的女儿。"走上工作岗位时，又交代："不要说你是毛泽东的女儿。"

毛泽东为几个孩子定了规矩：无论办任何事，都必须通过工作人员，同他们商量，不得号令工作人员为你们办私事，更不许你们盛气凌人地对待他们，对他们要绝对尊重。在毛泽东的教育下，他的子女们都与他身边的工作人员保持着亲如兄妹、密如朋友，互相关心、互相爱护、互相帮助的同志加弟妹的友情。

1956 年毛泽东散步时，问身边的卫士："李敏、李讷怎么样？"卫士答："都很好，她们对我们都很尊重，她们没有高干子弟的优越感，她们要求自己很严格，有上进心。"毛泽东摇摇头："我看她们不如你们有出息，也不如你们有前途。她们比你们吃苦少，能吃苦的人才能有出息。"卫士说："她们比普通人家的子弟吃苦多了。"毛泽东回应："你说得不对。你讲吃苦的思想不对头，因为你首先把她们看成是我的女儿，所以你就给她们规定了不同一般人家子女的标准。她们吃苦不就是吃大食堂吗？大食堂的伙食要比多数农民家庭的伙食好多了嘛！人哪，生活还是向低的比有好处。不比贡献比享受，那就没有出息。”他又说：“穷人的孩子早当家。”

1965 年，毛泽东曾对李敏说：“干部子弟是一个大灾难。”当时李敏不理解这句话。后来搬出中南海独立生活，全部家具是一板车，家产是每月几十元工资，后来，又下放劳动锻炼，进五七干校，参加各项社会活动，学会了生活，逐步领悟了“穷人的孩子早当家”的含义，更懂得高干子弟若是目中无人，自以为了不起，不求上进，不愿过艰苦生活，没有独立自强精神，过着衣来伸手、饭来张口的寄生生活，确是一个“大灾难”。

“与人民同呼吸，共命运”是毛泽东经常与子女们耳提面授的问题。他说无论是在什么情况下，心里都要想着人民，想着群众。“为人民服务”就是任何时候都不要忘记人民群众，关心他人胜于关心自己。他常说：“我们活在世界上，不是为吃世界，是为改造世界。”

戊、要李敏看京剧《打金枝》

男大当婚，女大当嫁。李敏、孔令华恋爱，征求父亲的意见。毛泽东没有门当户对的陈腐观念，但他用心帮天真的女儿把关。他问：小孔的父亲是哪个，在哪里工作？李敏却答不上来，说自己没问过，孔令华也没说过。后来，李敏告诉毛泽东，小孔的爸爸是孔从洲，是解放军中将，沈阳高级炮兵学校校长。毛泽东笑道：此人我认识。好、好、好。

毛泽东并不包办代替，乾纲独断。有一天，他对李敏郑重地说：“你们的事是个大事，我同意了，还得征得你妈妈的同意。如果你妈妈没意见，你就跟小孔去见他的父母。俗话说丑媳妇要见公婆哩！我的娇娃不丑，更要见公婆。”按照毛泽东的安排，李敏、孔令华先到南昌见了贺子珍。贺子珍说：“你爸爸同意，我也同意。”1959 年庐山会议期间，毛泽东约见贺子珍，倾听别后思念之情和她在苏联期间的苦难，也征求她对李敏的婚事安排。8 月下旬，毛泽东回到北京，29 日就在中南海丰泽园家里为李敏、孔令华主持婚礼。参加婚礼者有蔡畅、邓颖超、王光美等人。婚礼简朴而热闹。毛泽东举杯对女婿说：“不用忧来不用愁，二人心意两相投。”逗得满堂欢笑。

李敏结婚，洞房的家具全是借用机关仓库里的旧家具，床上的被盖也是旧被褥，套着白色的被单。孔令华穿的衬衣、毛料裤子和一双皮鞋，是李敏积攒的 45 元零用钱购买的。

李敏回忆，结婚前后，毛泽东让她看京剧《打金枝》。这出戏是讲唐代宗之女升平公主，嫁给汾阳王郭子仪第六子郭暧为妻后发生的纠纷。按照唐代的礼仪制度，婆媳相见，公婆要拜公主，公主则拱手不答。夫妻见面，也得先行君臣之礼。郭暧的母亲七十岁寿辰，文武百官都来拜寿，公主以君臣有别，说什么也不肯给婆婆拜寿，使郭暧在众兄嫂姐妹面前丢了脸。他羞愤地离席回家，踢倒红灯，怒打公主，并在气头上说："你依仗着你父亲是天子吗？我父亲还不屑做天子呢！"

公主挨打，这还了得！她一气之下跑回宫殿哭哭啼啼，要求父皇为她做主。郭子仪闻讯，又急又怕，捆绑儿子上殿，请代宗发落，自己则跪在一边请罪。唐代宗急忙命人扶起郭子仪，笑道："不痴不聋，做不得阿家翁。儿女闺阁中语，不必挂怀。"他一边下令给女婿松绑，扶起郭子仪，一边劝女儿跟丈夫回府，并当着众人说："他父亲确是不屑做天子，要不然，天下岂是我家所有？"郭子仪是中唐名臣，是平定"安史之乱"的功臣，史家评论他对唐王朝有"再造之功"。

李敏回忆说："我爸爸一再让我看《打金枝》这出戏，意在让我明白自己婚后应怎样对待令华及他家的父母亲人。"

李敏说："爸爸给我们的是做普通人，融于人民群众，尊重生活、尊重别人和自己的生命。我作为他的女儿，是普通百姓中的一个。无论是过去还是将来，我都为此而骄傲。""父亲留下的遗产是可以使我与广大民众共享的思想，而没有半点儿的家私。"

05

“严”字就是“爱”字

——毛泽东与李讷

○ 毛泽东与李讷合影

李讷是毛泽东与江青的女儿，是在毛泽东身边生活时间最长的满女。李讷出生在抗日战争的最艰苦时期，幼儿时又处在撤出延安，转战陕北、晋绥根据地时期，缺衣少食。进入大学读书时，又遇上全国大饥荒的三年困苦时局，她体质较弱，毛泽东很关心这个小女儿。从毛泽东与李讷的书信往来，我们看到，毛泽东对子女的爱，集中在一个“严”字，这个“严”字就是“爱”字，就是严于教育子女。毛泽东是一位独具特色的教育家，是一个严谨的家庭教师，他给李讷的书信，就是一部极为珍贵的教育学、育儿经，洋溢着伟大的父爱。

甲、给女儿赠王昌龄《从军行》

李讷的名字来历有两种说法：一是源于《论语·里仁》中的“君子欲讷于言而敏于行”这句话，意为善于听取人民群众的意见，把正确的意见吸取，并化为自己的行动。另一种说法，是在毛泽东身边工作长达 27 年的机要秘书叶子龙的回忆：“说起李讷的名字，还有一点要交代。江青本姓李，叫李云鹤，李讷又是随了母亲的姓。为什么叫讷？因为她小时候说话时吐字不清晰，毛泽东为此事与女儿开过多次玩笑，所以在起学名时就叫‘讷’。这是毛泽东亲口对我说的。”

有一次，李讷因病住医院，毛泽东告诉送她去医院的身边工作人员沈同：“你们绝不能为毛泽东任何一个子女搞特殊。为了避免医院对李讷有特殊照顾，住院时改名沈娟，作为沈同的女儿登记。”

李讷患急性盲肠炎，急需住院手术。又因她小时候，有一次打针，针头断在肉内，限于当时根据地的医疗条件，一直未取出，也要动手术。经研究，决定两个手术一齐做。手术后，伤口感染，引发高烧，李讷心情很不痛快，写信给父亲。

2 月 3 日毛泽东复信：

念你。害病严重时，心旌摇摇，悲观袭来，信心动荡。这是意志不坚决，我也常常如此。病情好转，心情也好转，世界观又改观了，豁然开朗。意志可以克服病情。一定要锻炼意志。你以为如何？……李讷，再熬几天，就可痊愈，怕什么？

随信附诗一首：“青海长云暗雪山，孤城遥望玉门关。黄沙百战穿金甲，不斩楼兰誓不还。”

这首诗是唐代诗人王昌龄《从军行》七首之一。其中第四句是“不破楼兰终不还”，毛泽东将“破”字改为“斩”字，将“终”字改为“誓”字，加重了语气，勉励李讷以“不斩楼兰誓不还”的意志去战胜疾病。爱女之心，跃于纸上。

乙、鼓励多读唐、宋诗词

李讷爱好学习，受毛泽东的熏陶，喜欢文史。她阅读了父亲圈点批注过的1180首诗，378首词，12首曲，20篇赋，总计1590首。文史不分家，她考入北京大学历史系，无疑有父亲的影响。

1957年8月1日毛泽东对宋代词人范仲淹的《苏幕遮》《渔家傲》两首词的评注，是写在给江青和李讷的信内。他写道：

词有婉约、豪放两派，各有兴会，应当兼读。读婉约派久了，厌倦了，要改读豪放派。豪放派读久了，又厌倦了，应当改读婉约派。我的兴趣偏于豪放，不废婉约。婉约派中有许多意境苍凉而又优美的词。范仲淹的上两首，介于婉约与豪放之间，可算中间派吧；但基本上仍属婉约，既苍凉又优美，使人不厌读。

1959年12月30日毛泽东给李讷信：

病好了没有？想你。要读浅近书，由浅入深，慢慢积累。大部头书少读一点，十年、八年渐渐多读，学问就一定可以搞通了。

丙、父女交心

1962年至1963年，毛泽东与李讷的通信，有10封左右，其中鼓励李讷最多的是立志。为人一定要立志，要有志气，要有毅力。毛泽东在信中引用了许多古诗，如引用曹操《龟虽寿》中的“盈缩之期，不但在天；养怡之福，可得永年”，“老骥伏枥，志在千里；烈士暮年，壮心不已”，勉励李讷树雄心、立壮志，坚忍不拔，勇往直前。

1962年元旦，李讷给父亲寄去了一张贺年片。1月9日毛泽东给李讷复信：

贺片收到，高兴。你为什么不写封信给我呢？为什么那样吝啬呢？你不爱爸爸了，是不是呢？我希望不是，你是爱我的，只因我对你帮助太少，缺乏长谈，互不交心，所以如此。你给我来封信吧。祝你上进！

毛泽东把女儿不写信的原因，归咎于自己对女儿帮助太少，缺乏长谈，互不交心。

1963年1月4日，毛泽东给李讷信：

刚发一信，就接了你的信。喜慰无极。你痛苦、忧伤，是极好事，从此你就有希望了。痛苦、忧伤，表示你认真想事，争上游，鼓干劲，一定可以转到翘尾巴、自以为是、孤僻、看不起人的反面去，主动权就到了你的手里了。没人管你了，靠你自己管自己，这就好了，这是大学比中学的好处。

15日，毛泽东又收到了李讷自我批评的信，再次复信鼓励：

信收到，极高兴。大有起色，大有壮志雄心，大有自我批评，大有痛苦、伤心，都是极好的。你从此站立起来了。因此我极为念你，为你祝贺。读浅，不急，合群，开朗，多与同学们多谈，交心，学人之长，克己之短，大有可为。

毛泽东对李讷提出的“读浅”，就是从通俗读物学起，开初不要去啃大部头书，不去钻《易经》《离骚》那种难度大的古籍。“不急”就是要循序渐进，不要急于求成。“合群”就是要紧密联系群众，与同学打成一片，不要自高自大，以高干子女自居，不要孤芳自赏、孤陋寡闻，把自己封锁起来。这封信，给李讷指明了努力的方向。

丁、读庄子《秋水》，克服骄、娇二气

1963年，我国国民经济情况大有好转，全国人民的生活得到了改善，李讷的身体也得到了恢复。新年伊始，李讷给父亲写信，详细反映了自己一年来的思想变化，特别是读了《庄子·秋水》的感想。《庄子·秋水》记述了自高自大的河伯和虚怀若谷的北海之间的对话。河伯，是传说中的黄河水神，是《庄子·秋水》中的主人公之一。秋天水涨，百川灌河，河伯盲目自大，以为天下浩大壮观之水都归集于己。他顺流而东行，到了北海，看不到海水的尽头，方知自己渺小。河伯在与北海的对话中，意识到了自己的狭隘和浅薄。李讷读了此文，大受启发，觉得自己有点像河伯，自高自大，自以为是，有骄、娇二气，不能合群，未能与同学打成一片。毛泽东收到这封信，就像收取最丰厚的礼物，自言自语：“李讷长大了，长大了。”

毛泽东从不利用手中的权力为子女的晋升开绿灯。他的大公无私，有如日月，光照人间。1968年10月9日毛泽东审阅周恩来、陈伯达、康生、江青报送的《出席中共八届扩大的十二中全会名单（草案）》时，删去肖力、毛远新的名字，并郑重批示：“肖力、毛远新二人不宜参加。”肖力就是李讷，当时任中央文革办事组成员、《解放军报》总编。毛远新当时是辽宁省革命委员会成员，是毛泽民的儿子。11月，在另一个报告中批示：“又李讷、毛远新二人不宜为代表。”即不同意他们为中共九大代表。

回首往事，李讷对毛泽东感激不尽：“我觉得父亲给子女留下的最大财富，就

是他对我们的教导，是精神财富。这精神上的财富是最宝贵的，是我们一生取之不尽、用之不竭的。当年他那样严格要求我，完全是为我好。假如不是那样严格，后来我一个人带着孩子时，恐怕很难过得来。他那是真正的父爱。”

★

九

不忘初心，坚守信仰

坚守信仰，坚守马克思主义，就是不忘初心。习近平同志说："不忘初心，方得始终。中国共产党人的初心和使命，就是为中国人民谋幸福，为中华民族谋复兴。""一切向前走，都不能忘记走过的路，走得再远、走到再光辉的未来，也不能忘记走过的过去，不能忘记为什么出发。"列宁说："忘记过去，就意味着背叛。"毛泽东与蔡和森、罗学瓒、彭璜的通信，揭示了他们寻找马克思主义的"初心"和艰难历程；与李达的通信、交往，可以洞察他们坚守共产党人的信仰；与烈士家属、后代的交往，郑重叮嘱他们继承烈士遗志，"为人民服务"，就是教育后代，坚守前辈的初心，坚守马克思主义信仰。毛泽东是完全、彻底为人民服务的典范。他从小同情劳动人民，他一生为国家的独立、富强，为人民的解放、幸福，为中华民族的伟大复兴，而革命，而执政。他在生命的最后一息，还在为人民政权的千秋万世而操劳。他批阅的最后一份文件，是中共中央关于唐山地震的调查报告。他是为人民而生，为人民而死，鞠躬尽瘁，死而后已！这就是他的人生价值观。

01

“四种迷，说得最透彻”

——毛泽东与罗学瓒

毛泽东在湖南第一师范读书时，在他周围聚集的同学，都是一些思想上积极进取，不屑于谈论琐事、家庭、爱情，只乐于讨论人的道德修养、学问进取、人类社会的改造、世界宇宙等问题的人。在这些人中就有罗学瓒。

罗学瓒是一位有志青年。他曾写了一首《自勉》诗：

“不患不能柔，惟患不能刚；惟刚斯不惧，惟刚斯有为。将肩挑日月，天地等尘埃。何言乎富贵，赤胆为将来。”又有一首《随感》：“汗怀天下事，不言家与身。登高翘首望，万物杂然陈。光芒垂万丈，何畏鬼妖精？奋我匣中剑，斩此冤孽根！立志在匡时，欲为国之英。”从这些诗词中，我们可以看到罗学瓒爱国、担当、修身、奋进的拳拳赤子心。

身怀鸿鹄之志的罗学瓒，非常重视结交朋友，认为这是“欲有为于社会”的人们的重要基础，但他不滥交朋友。他定了交友的三条原则：第一是欺压人民有“势利眼”的人不交，不但不交，而且要远离他；第二是品行卑污，无远大志气的人不交；第三是好阿谀奉承的人不交。毛泽东与他的志趣一致，正是他希望结交的对象。他们都是湘潭人，都是湖南第一师范第八班的同学，都是湖南一师湘潭学友会的发起人，也是新民学会的发起人。他们之间的友谊特别深厚。在一师的日子里，几乎形影不离，磋商不绝。

罗学瓒好学勤思，性格温和，做事踏实，为人诚信，很适合做教育工作。因此，还在罗学瓒去北京留法预备班学习前，毛泽东就写信给他，不要去法国勤工俭学，而应留在国内担负起为新民学会培育后备人才的责任。1918 年 8 月 11 日毛泽东致罗学瓒信写道：“兄于从事工艺，似乎不甚相宜；而兄所宜，乃在教育。弟与蔡君等往返商议，深以同人多数他往，无有几个从事小学教育之人，后路空虚，非计之得。”可见，毛泽东等组织新民学会是有长远设想，不是限于学术研究和品德修养。

是时，罗学瓒已回家乡湘潭马家河（今株洲县境），他接到毛泽东的信时，赴法勤工俭学事已准备就绪，赴北京留法预备班的决心已定了。

罗学瓒是蔡和森等组织的首批赴法勤工俭学生。罗学瓒到法国后，先在蒙达尼公学学习三个月的法语，随后进入法国的施乃德钢铁厂学电工。他于 1919 年 11 月 14 日致信毛泽东，告诉他留学的乐趣，认为勤工俭学可以大发展。“惟弟甚愿兄求大成就，即此刻宜出洋求学。若少迟延，时光既过，人事日多，恐难有多时日求学矣。……润之兄啊！你是一个有志的人，是我们同伴中所钦佩的人，你何如带一个头，权且努力于研究学问的事呢?”

在罗学瓒眼中，中华民族要立于世界之林，必须有大哲学家，如德国的柏格森。而在学友中，毛泽东是有这方面的潜才。他从到法国以来的体验，又认为出国留学是“有益于社会及个人的最经济的方法”。于是，他力劝毛泽东出国，做一个“伸足世界学者之林”的学者，而且建议周世钊也出国留学，成为一个伟大的文学家。

1920 年 5 月 25 日，罗学瓒给毛泽东、周世钊、陈书龙、蒋竹如的信详细地介绍了法国政治状态，通报了他与李维汉、张昆弟、李富春等人已组织勤工俭学励进会。不久改称“工学世界社”，其中许多人信仰马克思主义，成为共产党员和社会主义青年团员。参加勤工俭学励进会人员多是新民学会会员，“将来即以会内诸人为通信员”，由罗学瓒负通信的总责。计划每人负责一个月的通信，通信的内容拟以法国的社会情况、工人性情习惯、工厂组织、工人生活、华工情况、勤工俭学情况、旅法感想……就各人所见所闻详细记载，形成文字，寄予毛泽东。

毛泽东收到罗学瓒信，看了多遍，深受感动。1920 年 11 月 26 日，他复信罗学瓒：“你的话我没有不以为然的。我已经决定了一种求学的办法，暂时也不必说，只是你的话我一定要行就是。”毛泽东已经决定了的办法，是组织自修学社，创办自修大学。他继续写道：你现在处境很好，在工厂一面做工，一面从事周密的观察和深湛的思考。“我现在颇感觉专门用口用脑的生活是苦极了的生活，我想我总要有一个时期专用体力去作工就好。”在上海的时候，李中就曾劝说毛泽东进工厂。“他现寓上海法界渔阳里二号，帮助陈仲甫先生等组织机器工会，你可以和他通信。”这年 6 月，陈独秀已创立了共产党上海早期组织，正与北京、武汉、长沙、广州、济南等地的马克思主义者联络，筹建中国共产党。李中是共产党上海早期组织成员，协助陈独秀做工人运动。

对于出国留学问题，毛泽东在给周世钊的信内阐明得很详尽，那就是先在国内做周密的调查和系统的研究，然后再考虑出国求学。他写道："我觉得我们要有人到国外去，看些新东西，学些新道理，研究些有用的学问，拿回来改造我们的国家。同时也要有人留在本国，研究本国问题。我觉得关于自己的国家，我所知道的还太少，假使我把时间花费在本国，则对本国更为有利。"这是基于改造中国，必须对中国社会有周密的调查和研究，然后才能把国外的科学理论与对中国社会的改造结合起来。

毛泽东曾写信给罗学瓒，请他将在法国亲见亲闻和考察法国社会与研究的成果寄回，以便收入新民学会会员通信集，或送报刊发表。

罗学瓒在法国一边做工，一边做调查研究。他对法国社会进行了多方面的考察，以"日不暇给之势"，寻求改造社会的方法，并把调查的情况和研究的心得，随时以书信形式寄给毛泽东，转交新民学会会友和湖南一师湘潭学友会成员，有的在长沙各报刊发表。他撰写的《法兰西工人》有16000余字，寄给毛泽东，送《湖南日报》发表。这是他对法国工人罢工调查研究的结果。该文的结论是：工人靠通常的罢工，是不能获得彻底解放的。工人阶级必须对资本主义经济制度进行彻底改造，把资本主义财产私有制变为社会主义的公有制。这个认识在当时留法勤工俭学生中是极先进、难能可贵的。

毛泽东对勤工俭学励进会（后来改名"工学世界社"）感应很快，要求罗学瓒将"组织、进行、事务"等详情及时告知。1921年10月毛泽东在欢送赴俄学生的集会上说："我们总要为有主义的进行，在法同学组织的工学世界社——革命团体——那办法很好。"

罗学瓒每次向毛泽东为首的长沙会友写信时，还要另纸给毛泽东一函，研讨学习马克思主义的心得。1920年7月14日罗学瓒致毛泽东信，用马克思辩证唯物主义分析了人们认识上的四种迷雾。他写道：

"我近与各处友人交接，常觉得中国人求学的头脑，太不明了。"有些青年不善于观察和分析问题，在认识论上存在四种"迷"。第一类是"感情迷"，即感情用事，以个人感情的好恶，来判定事物的是非。第二类是"部分迷"，没有普遍的观察，拿一部分来推断全体。举例说，托尔斯泰反对工业化，无政府党反对专政，废除货币、商贾，都是这种观察之误。第三类是"一时迷"，即用一时的现象去推断结局，无因果的观察，如康有为说中国贫穷和有战争，不能实行共和政体。第四类是“主观迷”，以主观去判断一切，用个人主观的认识强加在客观事物上。这四种迷，任何人都在不同程度上存在，包括我自己在内。这四种迷，“是思想界混乱的原因。总而言之，中国人大多数还是没有科学的头脑”，不能以马克思主义的辩证唯物主义观察分析问题，“四种迷”就是实例。罗学瓒批评的四种迷，至今不少人的头脑里依然存在。

毛泽东对罗学瓒“四种迷”的批判很欣赏，于 1920 年 11 月 26 日复信罗学瓒，赞扬道：“兄七月十四日的信，所论各节，透澈之至。”“四种迷，说得最透澈，安得将你的话印刷四万万张遍中国人每人给一张就好。”毛泽东在罗学瓒论述的基础上进一步发挥：“感情的生活，在人生原是很要紧，但不可拿感情来论事。以部分概全体，是空间的误认。以一时概永久，是时间的误认。主观概客观，是感情和空间的合同误认。四者通是犯了论理的错误。”即是说，这“四种迷”都背离了马克思主义的辩证唯物主义和历史唯物主义。他结合自己的实际，自我反省：“我近来常和朋友发生激烈的争辩，均不出四者范围。我自信我于后三者的错误尚少，惟感情一项，颇不能免。惟我的感情不是你所指的那些例，乃是对人的问题。我常觉得有站在言论界上的人我不佩服他，或发见他人格上有缺点，他发出来的议论，我便有些不大信用。以人废言，我自知这是我一个短处，日后务要矫正。”这里所指“近来常和朋友发生激烈的争辩”，是指要不要组织共产党长沙早期组织的问题，是以什么主义来指导组党问题。“以人废言”确实找到了自己的缺陷所在。这个缺点在他晚年也有表现。

毛泽东反对以“感情来论事”“以部分概全体”“以一时概永久”“主观概客观”，则是他以马克思主义认识论为指导，反对主观主义最早的文献记载。

毛泽东与罗学瓒“四种迷”的讨论，是他们开始运用马克思主义的辩证唯物主义和历史唯物主义分析问题的标志之一，是他们世界观转变的标志之一。他们从唯心史观转到了唯物史观，并能自觉地运用唯物辩证法开展党内批评和自我批评。

1921 年 11 月罗学瓒回到上海，参加了中国共产党。次年春派回湖南，协助毛泽东从事工人运动、农民运动，先后担任中国劳动组合书记部湖南分部执委，中共醴陵县委书记、中共湘潭县委书记，直到 1928 年 5 月离开湖南，由中共中央派往山东工作，随后委任为中共浙江省委书记。1930 年夏，因叛徒告密，在杭州被捕牺牲，时年 36 岁。

02

“唯物史观是吾党哲学的根据”
——毛泽东与蔡和森

毛泽东与蔡和森的友谊，忠诚、纯洁、坚贞。蔡和森家里断炊，饮岳麓山的泉水充饥，勤学苦读。毛泽东得知，与萧子升商议，买了一袋米，送往蔡家；并劝说蔡和森搬到萧子升住处，由萧子升、何叔衡供给伙食费。这是1916年的事，毛泽东还在湖南第一师范读书，萧子升、何叔衡在长沙楚怡学校任教。1919年春，毛泽东母亲重病，由毛泽民送来长沙在湘雅医院治疗，毛泽东已去北京大学图书馆工作，就住在蔡和森家里，由蔡母葛健豪和其妹妹蔡畅照料、护理。他们同是新民学会的发起人，是湖南青年留法勤工俭学运动的倡导者。他们在筹建新民学会，研讨学会章程时，就力主学会的发展方向，使其在三年之后，成为“中国之重心点”，为建立一个政党做了思想和干部的准备。

甲、寻找救国真理

他们经刻苦学习、社会调查，上百次的讨论，决定：“集合同志，创造新环境”，“革新学术，砥砺品行，改良人心风俗。”遂于1918年4月创建了新民学会。从现在观点理解，这个宗旨就是要审察中华民族的传统文化，吸取外来文化的精华，以利指导中国革命；要相互砥砺品行，加强道德修养，培育德才兼备的人才，为改造社会、改造人心风俗做准备。

新民学会成立后的一项重大活动，是组织留法勤工俭学。新民学会会员公推蔡和森、萧子升“专负进行之责”。

1919年12月，蔡和森与母亲葛健豪、妹妹蔡畅、好友向警予赴法勤工俭学，毛泽东在领导驱逐皖系军阀、湖南督军兼省长张敬尧的斗争中，专程到上海给蔡和森等人送行。

蔡和森在法国蒙达尼男子公学，经过短时间学习后，就订有一份法文《人道报》，购了一本华法字典，天天进入蒙达尔纪公园自学。他是公园里每天第一个踏破朝露的“游客”，也是最后一个送走晚霞的“主人”。公园的管理人员为他的勤思苦学所感动，给了他特殊待遇，免收门票，还主动当了他的法文辅导员。经过四个月的苦学，他就能硬译法文，能够深入法国工人中会话、调查。他凭借词典，译出了《法兰西内战》《共产党宣言》《社会主义从空想到科学的发展》等马恩著作，自信“和森为极端马克思派”，完成了由激进民主主义者向马克思主义者的转变。

乙、四种革命武器中先要组织共产党

新民学会成立时，毛泽东、蔡和森就有“经纶天下之大经，立天下之大本”，向政党发展的远见。1918 年 7 月 26 日，毛泽东致信蔡和森，提出“才、财、学”三者的关系，认为这三者是辩证统一的关系。三者中是以“人才为基，有人就可以生财”。改造社会，需要人才；建设国家，需要人才。人才的培育有多种途径；赴法勤工俭学，是一个途径，应该鼓励会友们去。但是，人才“要讲经济”，有计划地分布，不要集中在一处。天涯海角都要去人。要有人去法国勤工俭学，也要有人去东南亚从事华侨教育事业，还要有人留在国内从事中小学教育，从多方面培育人才。从事小学、中学的基础教育是“可大可久之业，失此不为，后虽为之，我等之地位不同，势不顺，而机不畅，效果难比于此日矣”。他再三强调“吾辈总要如何秉了现在之志向，于现在立一可大可久的基础，以为后来活动地步”。他自己打算留在长沙从事教育工作，并表示他若离开长沙，“后路空虚”，将有遗憾之感。

蔡和森赞同毛泽东“才、财、学”的意见，8 月 27 日蔡和森给毛泽东信：“兄对于会务，本有经纶天下之大经、立天下之大本的意趣，弟实极其同情，且尤不讳忌嫌疑于政党社会党及诸清流所不敢为者之间。”这是指毛泽东、邹彝鼎起草会章时，就有将新民学会逐步向政党发展的内容。《新民学会会务报告》记载：“会章系鼎丞、润之起草，条文颇详；子昇不赞成将现在不见诸行事的条文加入，颇加删削。”

蔡和森在北京为新民学会会友们联系赴法勤工俭学事宜时，连续给毛泽东写信，提出要“仿效列宁”，“加倍放大列宁……之所为”，凝聚了湖南人的担当精神。“弟愿今日之中国，多出做事之人；其未做事时，稳立做事之根基。”“以才为基，以财为用，以学为体，此万世之业，不必忧其一时无成也。”他设想：“三年之内，必使我辈团体，成为中国之重心点。”

蔡和森在1920年8月13日、9月16日，1921年2月21日先后给毛泽东、陈独秀写了三封信，系统精确地阐明他对马克思主义的信仰和创立中国共产党的理论。

8月13日给毛泽东的信中道：“我到法后，鲁莽看法文报，现门路大开，以世界大势律中国，对于改造（中国）计划略具规模。现搜集各种重要小册子约百种，拟编译一种传播运动的丛书。”

他高兴地告诉毛泽东：“我近对各种主义综合审缔〔谛〕，觉社会主义真为改造现世界对症之方，中国也不能外此。”“我现认清社会主义为资本主义的反映，其重要使命在打破资本主义经济制度。其方法在无产阶级专政，以政权来改建社会经济制度。故阶级战争质言之就是政治战争，就是把中产阶级那架机器打破（国会政府），而建设无产阶级那架机器——苏维埃。”

他从马克思主义阶级斗争学说的观点出发，说现今世界只有两个敌对阶级的存在，那就是资产阶级和无产阶级，其他各阶级都可并入到这两个敌对阶级的阵营。他系统地批判了第二国际机会主义和工团主义，详细地介绍了列宁领导的第三国际和世界各国共产党的情况，以及西欧、东欧各国无产阶级革命的形势。

他还认为中国的现状与十月革命前的俄罗斯大体相同。中国现在四万万人中有三万万五千万人不能生活了。摆在这三万万五千万人面前的出路只有两条，一是流为盗贼、土匪、流氓、痞子以至于饿死。另为革命，为革命而死，死得荣誉。

蔡和森在阐述无产阶级革命的四种利器时，特别指出组织共产党的重要性。他写道：“我以为先要组织党——共产党。因为他是革命运动的发动者，宣传者，先锋队，作战部，以中国现在的情形看来，须先组织他，然后工团，合作社，才能发生有力的组织。革命运动，劳动运动，才有神经中枢。”“我以为非组织与俄一致的（原理方法都一致）共产党，则民众运动劳动运动改造运动皆不会有力，不会彻底。”

他向毛泽东明确提出：“我意中国于二年内须成立一主义明确方法的当和俄一致的党，这事关系不小，望你注意。”他希望毛泽东“准备做俄国的十月革命”，因此，“你在国内不可不早有所准备”。

9月16日，他在信中重申：“我认为党的组织是很重要的。”怎么组织呢？蔡和森介绍了列宁组织布尔什维克的经验：布尔什维克的加入条件“极严格”，凡要求入党者，都要做到：信守马克思主义，承认党的纲领、章程，遵守“铁的纪律”和党的民主集中制原则，出具志愿书，经两个党员介绍，地方支部讨论通过，并在党的训练所接受3个月的训练。只有如此，“才能养成少数极觉悟极有组织的份子，适应战争时代及担负偌大的改造事业”。

具体组织的步骤，蔡和森提议：①结合极有此种了解及主张的人，组织一个研究宣传的团体及出版物。②普遍联络各地做一个要求集会、结社、出版自由的运动，取消治安警察法及报纸条例，为创党创设一个有利环境。③严格地物色如彭璜一样的确实党员，分布各职业机关、工厂、农场、议会等处。这种方法，得之于布尔什维克。“明目张胆正式成立一个中国共产党。”并嘱咐：这些准备工作宜“潜在从事”，扎扎实实。因为现在国内，特别在湖南，政治环境非常恶劣，“组织此事须秘密。乌合之众不行，离开工业界不行”。

可见，蔡和森在掌握列宁建党学说方面是中国人中最早的一个，是第一个完整地提出“中国共产党”全称的创始人，也是第一个系统地提出建党的理论家。他论述了党的阶级基础是无产阶级；阐明了党的性质和指导思想，党是无产阶级的领导者、先锋队、作战部、神经中枢；提出了党的指导思想是马克思主义，是马克思主义的唯物史观；指出了党的奋斗目标是共产主义，达到目标的步骤，是经过阶级斗争夺取政权，建立无产阶级专政；指明了党的组织原则是民主集中制；强调了党要高举国际主义旗帜，联合世界无产阶级和一切被压迫的人民共同奋斗。他坚信马克思主义的基本原理，自信“和森是极端的马克思派”。

丙、走“俄国式的革命”道路

毛泽东对蔡和森很尊重。他对蔡和森从法国寄回的书信，总是反复琢磨，含英咀华，破除臆见，服从真理。他大约在11月同时收到蔡和森、萧子升、李维汉的信，结合自己的实践，经过多日思考，乃至痛苦的思索，最终写出了12月1日复萧旭东、蔡林彬并在法诸会友信。复信结合批判罗素在长沙的演说，阐明自己的观点，赞成蔡和森的见解。

毛泽东说：罗素的观点，“意与子升及和笙同，主张共产主义，但反对劳农专政，谓宜用教育的方法使有产阶级觉悟，可不至要妨碍自由，兴起战争，革命流血”。对于罗素的观点，毛泽东给了一个评语“理论上说得通，事实上做不到”。因为用教育的方法，一要有钱，二要有人，三要有教育机关，这些东西都握在地主、资本家手里。教育之所以落在地主资本家手里，就因为他们掌握了政权。议会、政府、法律、军队、警察等国家机器，银行、工厂和各种文化、教育机关都握在资本家、地主手中。在这种情况下，“共产党人非取政权，且不能安息于其宇下，更安能握得其教育权?”“所以我觉得教育的方法是不行的。我看俄国式的革命，是无可如何的山穷水尽诸路皆走不通了的一个变计。并不是有更好的方法弃而不采，单要采这个恐怖的方法。”毛泽东用“山穷水尽诸路皆走不通”十个字，总结了近代以来仁人志士探索中华民族复兴之路的苦涩心路历程，也是他对湖南自治运动的反省。

毛泽东继续写道：从心理习惯上说，纵然革命者掌握了一两个学校和报社，也不能触动资本主义的一根毫毛，使资本家“回心向善”。小资本家必想做大资本家，大资本家必想做最大的资本家；“历史上凡是专制主义者，或帝国主义者，或军国主义者，非等到人家来推倒，决没有自己肯收场的。”人心不知足，得陇又望蜀，地主资本家的私欲无止境，绝不能以些小教育之力所能感化。用教育的方法，不足以摇动资本家、专制主义者、军国主义者心理上的一根毫毛。

再次，理想固然要紧，但现实尤其要紧，用平和的方法去达到共产目的不知要何日才能成功。假若要一百年，这一百年中宛转呻吟的无产阶级，我们如何救助?现在无产者已觉悟到自己应该有产，而受无产的痛苦是不应该，因无产的不安，而发生共产的要求，已经成了一种事实。“事实是当前的，是不能消灭的，是知了就要行的。因此我觉得俄国的革命，和各国激进派共产党人数日见其多，组织日见其密，只是自然的结果。”毛泽东从接受马克思主义之日开始，就确立了以人民为中心，以人民利益为核心的价值观念。

最后，他对蔡和森、萧子升、李维汉的来信表态：“因上各层理由，所以我对于绝对的自由主义，无政府的主义，以及德谟克拉西主义，依我现在的看法，都只认为于理论上说得好听，事实上是做不到的。因此我于子升和笙二兄的主张，不表同意。而于和森的主张，表示深切的赞同。”

次年 1 月 21 日，毛泽东再致蔡和森信，提出“唯物史观是吾党哲学的根据”。他写道：唯物史观是客观存在的事实，并能够证实的原理，是人类社会历史发展的客观规律反映，不像唯心史观不能得到证实。无政府主义完全是一种唯心史观，它不承认无产阶级的社会主义革命取得胜利之时，务必建立无产阶级专政。用无产阶级专政来改造旧社会，建设新社会。工团主义，也是一种唯心史观，它以为一个国家的政治组织与工厂的政治组织不同，就可以不要国家机器来管理，以工厂的政治组织代替国家的政治组织，由各个工厂自行管理。这种观点，与无政府主义的观点，没有差异。依照唯物史观的原理，非彻底打碎旧的国家机器，建立无产阶级专政的政权，就不能保护革命成果，不能进行经济建设、社会建设、文化建设，不能发展革命成果。因此，毛泽东说：你两封信中的观点“我没有一个字不赞成”。

毛泽东复蔡和森信，是毛泽东世界观转变的重要标志，是他由唯心论、经历心物二元论、再到辩证唯物论的重要标志。这时，他刚刚过完 27 岁的生日，提前实现“三十而立”。他一旦接受马克思主义对历史的正确解释以后，对马克思主义的信仰就没有动摇过。

习近平同志说：“中国共产党人的初心和使命，就是为中国人民谋幸福，为中华民族谋复兴。”这几封毛泽东、蔡和森、萧子升的交往信件，足以反映早期共产党人的初衷。

03

主义之争，不得不争
——毛泽东与彭璜

★

毛泽东给彭璜信，至今保存有三封，即 1921 年 1 月 6 日、28 日、30 日的信。

彭璜，湖南湘乡珍莲乡崟塘小坳（今湘乡市翻江镇大乐村）人，家境贫寒。他很想到国外去留学，先是想去法国留学，因无经费，未能成行；后希望去俄国留学，仍因经济窘迫，没去。有一天，他向文化书社借用有限资金，未允，迁怒于经理易礼容，并提出要毛泽东兼管文化书社资金。毛泽东从中调解，矛盾没有解决，还引发彭璜认为毛泽东有偏袒易礼容的误解。为此，1921 年 1 月 6 日毛泽东致信彭璜：

“殷柏兄：两信收到，均诵悉。我与你本来无问题，此后也当然无问题。即有问题，亦不必再用口舌证明，各以行事证明可也。书社款遵嘱归我任。弟自知过，愿兄亦稍自察，意气是无用的。兄对礼容似失忠厚之道。实对兄说，兄一月来对礼容态度，我颇不满意，大违兄平日恢恢之度。礼容即万不当，亦不宜以此非人世所堪之意态对之，面誉人与面毁人同非人世所堪。私见如此，未审高明以为何如?”

批评彭璜对易礼容的态度过当，立意不十分诚恳，泄忿之意多，而与人为善之意少。

1 月 28 日，毛泽东又写信给彭璜进行竭诚帮助，其内容是：高度概括彭璜的才能，颂扬彭璜“高志有勇，体力坚强，朋辈中所少”。彭璜曾任湖南学生联合会主席，在湖南五四学生运动、驱张斗争、湖南人民自治运动中，表现出卓越的胆识、高超的组织才能、坚定的马克思主义信念、百折不挠的斗争精神，是站在革命群众运动最前列的指挥员。同时，他坦诚地指出彭璜的弱点：1. 言语欠爽快，态度欠明决，谦恭过多而真面过少。2. 感情及意气用事而理智无权。3. 时起猜疑，又不愿明释。4. 观察批判，一以主观的而少客观的。5. 略有不服善之处。6. 略有虚荣心。

7. 略有骄气。8. 少自省，明于责人而暗于责己。9. 少条理而多大言。10. 自视过高，看事过易。毛泽东给彭璜指出这10个缺点之后，紧接着说："弟常常觉得一个人总有缺点，君子只是能改过，断无生而无过。兄之缺点，弟观察未必的当。"

在这封信里，毛泽东深层地作了自我反省，坦率剖析。他指出彭璜的这些弱点，"除一、三两条及第五条弟自信所犯不多外，其余弟一概都有"。"弟有一最大缺点而不好意思向人公开者，即意弱是也。兄常谓我意志强，实则我有自知之明：知最弱莫如我之意志！我平日态度不对，向人总是断断，讨人嫌恶，兄或谓为意强，实则正是我弱的表现。天下惟至柔者至刚，久知此理，而自己没有这等本领，故明知故犯，不惜反其道而行之，思之悚栗！"又说："弟两年半以来，几尽将修养工夫破坏：论理执极端，论人喜苛评，而深刻的自省工夫几乎全废。"

毛泽东这个自我批评是恰当的，是抓住了要害："论理执极端，论人喜苛评"，刚胜于柔，而不是刚柔相济，好胜心特别强，不及在学生时代那样谦虚谨慎。

他觉得同志之间应该开展批评和自我批评，克服这些缺点。他写道："吾人有心救世，而于自己修治未到，根本未立，枝叶安茂？工具未善，工作奚当？"为了人民的解放，为了国家的独立与富强，文明与和谐，应该加强自我修养。如果自己的修养功夫未到，犹如一棵树扎根不深，哪有茂盛的枝叶呢？

他在这信里，阐明自己的为人之道："略可自慰者，立志真实（有此志而已），自己说的话自己负责，自己做的事自己负责，不愿牺牲真我，不愿自己以自己做傀儡。待朋友：做事以事论，私交以私交论；做事论理论法，私交论情。"这种正确处理朋友关系、公私关系的大原则，贯穿他的一生。在今天仍具有真理性，应该大力宣传、推崇。

更重要的是，在这封信里，毛泽东阐明了共产党人能够开展批评和自我批评的理论基础，是共同的信仰。他说："吾人惟有主义之争，而无私人之争，主义之争，出于不得不争，所争者主义，非私人也。私人之争，世亦多有，则大概是可以相让的。""兄与礼容之争，吾谓乃属于后者。"这里的"主义"无疑是指马克思主义。党内同志之间一般的争论和"私人之争"是常有的，而且是可以相让的；但是，"主义"之争，是不可相让的，不可和稀泥。这是贯穿毛泽东一生的大原则和思想作风。青年毛泽东与萧子升的友谊达到"一天不见，如隔三秋"，同床而卧，同枕共眠；但因信仰不一，"主义之争"，最后决裂。中华人民共和国成立后，毛泽东通过萧三、周世钊致信请他回国，他也拒绝了。他至死仍在坚守蒲鲁东的无政府主义。

最后，这封信的开头和结尾，分析了“私人之争”产生的原因和克服的思想方法。“私人之争”往往是起源于“占据的冲动”与“意力之受拂”。也就是说，私人之争，往往是由于个人利害冲突，或者是意志、精神受到压抑。“意力之受拂”最难受，如果遇上思想修养欠缺的人，一遇此种情形，少有不勃然奋起者。能够战胜这种错误思想方法的人，“惟有所谓‘眼界宽’与‘肚量大’者能受之”。私人之争，往往是由主观看问题造成的。一个人有长处，也有短处，性情习惯也有好有坏，不可只看一点而忽视其他。他愿与彭璜共勉，加强修养，克服私心，尊重客观，克服主观。

毛泽东的信，光明正直，态度诚恳，真正做到了与人为善，既有批评别人，又有自我批评，把自己摆进去，做到将心比心，以理服人，坚持原则，公私分明，洋溢着共产党人的高贵品德和优良传统作风。

毛泽东与彭璜是志同道合的新民学会会友，是共产党长沙早期组织的主要创立者，最亲密的战友，他们之间的交谈、书信往来特别多，但保存下来的仅有三封。

在 1921 年夏初，彭璜突然精神失常，毛泽东、易礼容将他送入湘雅医院治疗。第二天再去看他，医院说他不告而别，不知去向。当时，毛、易等人寻遍长沙、湘乡城乡，没有下落。后在湘江中发现他的遗体（1982 年易礼容给中共湖南省委党史研究室的复信）。这是共产党长沙早期组织的重大损失。

04

“他一生坚守马克思主义”

——毛泽东与李达

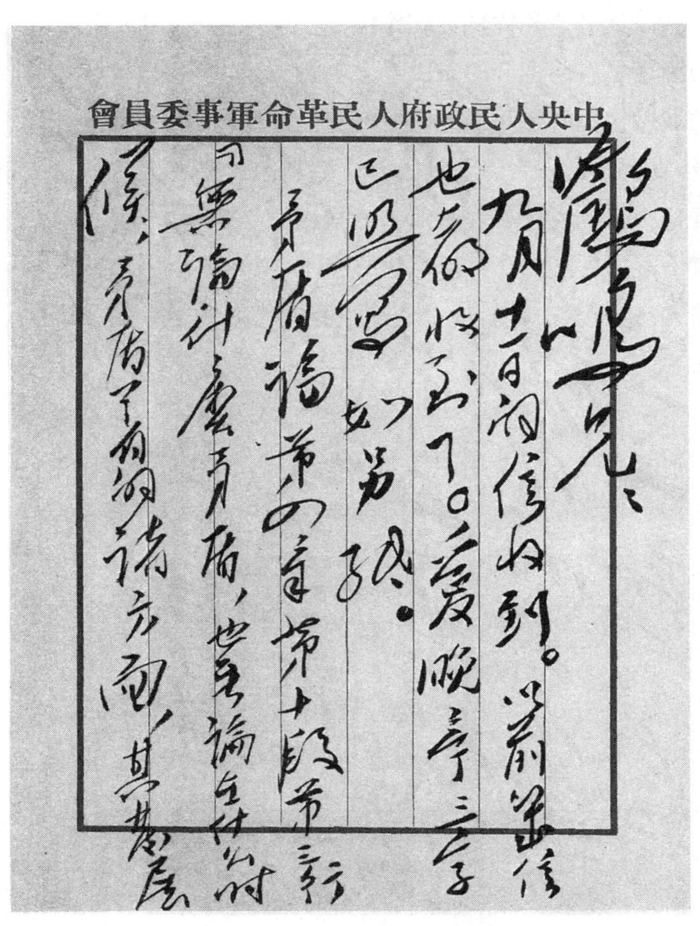

中央人民政府人民革命軍事委員會

○ 1952 年 9 月 17 日，毛泽东致李达信

李达，是中国共产党的创始人之一，毛泽东称他为“本公司的发起人之一”。他一生坚守马克思主义，宣传马克思主义，是坚守初心、矢志不移的马克思主义者。他与毛泽东的知己情谊，一生不变。

1947 年 10 月，李达接到中共湖南地下党转来的一封信：“吾兄系本公司发起人之一，现公司生意兴隆，望速前来参与经营。”李达看了，喜出望外，告诉他的助手湖南大学法律系助教陈力新。“力新，从文字的口气，无疑是润之写的。这么多年，我为自己的脱党而感到内疚。当初和我一起发起建立共产党的老战友，有的牺牲了，有的仍在浴血奋战，他们确是顶天立地的英雄！我自愧不如。”陈力新是中共华南局派来担任李达助手的，看了这封信，当然相信不疑。

这封信写得很巧妙：首先肯定李达是中国共产党的创始人之一，对创立中国共产党有贡献；接着，展现当前的有利形势，“现公司生意兴隆”，人民解放军转到了反攻阶段；最后恳切提出希望，“望速前来参与经营”，希望他迅速去解放区，一道担负开创新中国的伟大事业。

甲、“吾兄系本公司发起人之一”

李达收到这文字简明、含义深刻的信，当晚，彻夜未眠，一幕幕的往事涌上心头。

李达与毛泽东的初次见面，是 1920 年在上海，毛泽东因欢送留法勤工俭学的新民学会会员萧三等赴法第三次到上海，在陈独秀的住处会见了李达。此时，李达正与陈独秀等人筹建共产党上海早期组织。李达在日本留学期间，就读了不少马克思主义著作，发表了《什么叫社会主义》《社会主义的目的》《女子解放论》《马克思还原》《社会革命的商榷》等文，毛泽东在这前后，阅读了他的不少文章。文如其人，这次相见，他给毛泽东的印象是一个学者、理论家。

陈独秀在创建中国共产党的活动中，看重毛泽东在长沙的活动，把长沙列入他的建党计划内。陈独秀去广州工作时，委托李达与毛泽东联系。共产党上海早期组织创办的理论刊物《共产党》月刊，主编是李达。他按时把《共产党》月刊寄给了毛泽东；毛泽东及时地分赠给何叔衡、彭璜等人，并选择《社会革命的商榷》等文集体学习、议论，并推荐给湖南《大公报》转载。1921 年 1 月 21 日毛泽东给蔡和森的信中介绍：《共产党》月刊“颇不愧‘旗帜鲜明’四字”。

李达最早知道毛泽东创立了共产党长沙早期组织。中共第一次代表大会召开的通知，就是李达发送给毛泽东的。在中共一大期间，毛泽东简要地汇报了共产党长沙早期组织的活动情况，给李达留下了深刻的印象。他重新入党时写的《自传》记载：“这时候党代表中多半带有浪漫的气氛，见面时总要谈到恋爱的故事。当时毛泽东却始终沉着，常常独自一人搔首寻思，绝不他顾。同志们见了他这种神气，总说是神经质，殊不知他正在计划着回到长沙后如何推动工作。毛泽东同志后来做全党领袖的作风，在这时已经显露了端倪。”1958 年他在《“七一”回忆》中说：“当时的同志们对于马克思的唯物史观、剩余价值论、阶级斗争学说，大体上是懂得的，对于马克思主义在中国革命的具体应用却是不会。至于中国革命的理论研究工作，却还不曾开始。但在这一群人中，有一个特殊的人物，那就是毛泽东同志。毛泽东同志对于马克思主义好学深思，实事求是。他阅读那些介绍马克思、列宁和苏联的著作，总是细心体会那些著作中的理论在中国究竟如何应用？如何适合于中国的国情？他每读一篇文章和一本书，总能得到相当的益处。最主要的地方，是结合中国的实际去读，这是别的同志所不及的地方。”“当时党的工作很注意宣传与工人运动两项。……长沙小组宣传与工人运动都有了初步的成绩。看当时各地的情形，长沙的组织是比较统一而整齐的。”

中共一大后，毛泽东回到湖南，建立了中共湖南支部，创办了湖南自修大学。

万事开头难，湖南自修大学创立起来了，但缺少马克思主义理论的指导员。毛泽东曾在一大会议期间，与李达有约，请他回湘讲学。1922 年 5 月，李达应邀到湖南自修大学讲授马克思主义，并与毛泽东一起到衡阳指导工作。

中共二大后，李达因张国焘在中共二大会上玩弄阴谋“踏倒别人，抬高自己”；又与陈独秀在工作作风上的不一致，对陈独秀独断专行的家长作风颇有不满，出现了一些摩擦，未任中共中央宣传部长一职，离开上海回湘讲学了。1922 年 11 月，毛泽东向李达发出邀请信，请他任湖南自修大学学长。李达回复，愿尽绵薄之力。这年 12 月 23 日，湖南《大公报》刊载一条消息《自修大学新聘学长到湘》，云：“自修大学新聘学长李达……已于前日到湘，该校自修学生于昨晚开会欢迎。”这条消息报道，郑重说明李达是一位马克思主义理论家、著名的学者，是来担任湖南自修大学的学长，指导自修大学学生自由研究学术的。

这条消息，引起了湖南省长赵恒惕的注意。赵恒惕正在物色社会名士、学者，为他装饰门面，特派他的亲信前往拜访。李达出来一看，并不认识此人，转身就往湖南自修大学教学楼走去。来客紧紧跟随说：“李先生，鄙人是赵省长门下的人。

今奉省长之命，请先生到省审计院任职。赵省长拟在家设便宴款待先生。”并将请柬递给李达。李达不屑一看，说：“你回去告诉省长，李某乃草民一个，不敢登省府大门。”来人只得灰溜溜地走了。李达轻蔑地笑了一笑，说：“黄鼠狼给鸡拜年，没安好心，随它去吧！”

想不到，在第二天的湖南《大公报》刊载的省审计院公职人员名录中，竟有李达的名字。“时事通”毛泽东首先发现，便对李达说：“鹤鸣兄，赵恒惕请你赴宴，你不去，人家干脆把你的名字登在报上，造成既成事实，以混淆视听。”

李达激动起来，连声骂道：“卑鄙，卑鄙至极。明天，我也要在《大公报》上发表启事，以正视听。”

1923 年 1 月 8 日至 10 日，连续三天，湖南《大公报》刊载了《李达启事》：“鄙人别号鹤鸣，此次由沪返湘，专在自修大学担任教职，并未在他处就事。昨日各报载审计院公职人名中，有与鄙人名姓相同者一人，系另一李达，兹因各方友人之函询，特登报声明。”

毛泽东见《李达启事》幽默地说：“鹤鸣兄果真是泾渭分明，眼里容不得半粒沙子，佩服，佩服！”李达坚守初衷——坚持马克思主义的研究、讲学、宣传，不愧为中国共产党的创始人之一。

1923 年 6 月，中共三大召开前，李达在上海就国共两党合作采取什么形式问题，与陈独秀发生了争论。陈独秀经历了“不能合作”“党外合作”“党内合作”，最后到“一切工作归国民党”，放弃无产阶级领导权。他的思想发展过程，是受共产国际代表马林的影响。李达的思想是由“不能合作”到“党外合作”，不同意采取“党内合作”。在争论中，陈独秀的家长作风发作了，既骂人，又拍桌、摔茶杯；李达的湖南辣椒精神也爆发了，两人对着干了一场，“像你这种草寇式的英雄主义者做党的领袖，前途一定无望”，“不做你这种鲁莽家长下的党员”。自此，李达离开了党组织，成了“守寡”的马克思主义理论家。

乙、他是“真正的人”

李达与毛泽东个人的关系，在大革命时期没有间断。1926 年李达应毛泽东的邀请在中央农民运动讲习所任教。1936 年 8 月，刚到陕北保安的毛泽东写信给在上海的易礼容，“李鹤鸣、王会吾夫妇与兄尚有联系否？我读了李之译著，甚表同情，有便乞为致意，能建立友谊联系更好”。

《社会学大纲》，是李达在北平大学任教时写出的教学讲义，1937 年 5 月，由上海笔耕堂书店正式出版。《社会学大纲》共 42 万余字，是李达的代表作。它以缜密的逻辑、充分的论证和独特的见解，系统阐述了辩证唯物主义和历史唯物主义的基本原理。《社会学大纲》的主旨是“促进社会变革”。这本书开宗明义地写道：“社会学的唯一的科学方法，是唯物辩证法。这个科学的方法，是把社会当作不断发展的、生动的有机体解释的。”《社会学大纲》在我国是第一次系统地阐明马克思主义的矛盾学说。李达说：“对立统一的法则，是在自然、社会及思维的过程中认识其互相排斥、互相否定的矛盾与对立的诸倾向及其由一种形态转变为其他形态的法则。……对立统一的法则，是辩证法的根本法则，是它的核心。这个根本法则，包括辩证法的其他法则——由质到量及由量到质的转变法则、否定之否定的法则、因果性的法则、形式与内容的法则等。这个法则是理解其他一切法则的关键，也是认识任何事物的根本法则。”

公开出版的《社会学大纲》扉页上写有：“献给英勇的抗日战士。”李达选出一本散发着油墨清香的样书，用牛皮纸包裹，挥笔写上“延安毛泽东收”。

这本书经过地下通道、辗转曲折地到达延安。毛泽东如获至宝，连夜通读。毛泽东的军事参谋郭化若回忆，《社会学大纲》毛泽东看了 10 遍。1938 年 2 月，毛泽东的日记写道：“20 年没有写日记了，今天起再来开始，为了督促自己研究一点学术。看李达的《社会学大纲》，1 月 17 日至昨日看完第一篇，唯物辩证法，从 1 ~ 385 页。今天开始看第二篇，当作科学看的历史唯物论。”毛泽东阅完这本巨著后，写了一封很长的信给李达，赞美他是“真正的人”。因为马克思主义的辩证唯物主义和历史唯物主义，是共产党人的世界观、价值观的理论基础，唯有坚守马克思主义的信仰，才有毫不利己、全心全意为人民服务的精神，才能做一个有益于人民的“真正的人”。

丙、“环境怎么样恶劣，我这个老寡妇是不会失节的”

1939 年，李达应冯玉祥的邀请，为冯将军及其研究室人员讲授马克思主义哲学，到达重庆。毛泽东得此信息，曾托人带信给李达，希望他去延安。当时周恩来也在重庆，曾委托李达的学生吕振羽去看望，征求他的意见，是否去延安。李达当即表示：“只要有一碗饭吃，我就愿意去。”当时正值平江惨案和抗日战争中第一个反共高潮的前夕。李达毫不迟疑地向吕振羽表示：“不管形势怎么样变化，环境怎么样恶劣，我这个老寡妇是不会失节的。”由于周恩来去莫斯科治病，董必武也不在重庆，吕振羽就将李达的情况告知博古。博古却说：“去延安干革命，还讲什么条件？”没有表示欢迎。周恩来回到重庆时，李达已离开重庆了。周恩来很气愤，说：“难道干革命就不吃饭吗？李达同志这句话，就是无条件地去延安吧！”

1948年初，毛泽东曾三次电示华南局护送李达去解放区，并通过党的地下交通，三次传话给李达。李达恨不得插上翅膀，飞向解放区。但事与愿违，他正患上严重的胃溃疡，不能立刻登车北去。他托人搞到一部旧收音机，夜深人静时，全神贯注地秘密收听新华社的消息。一位地下党的学员给他送来了一份《群众》杂志，这是中国共产党中央的机关刊，载有毛泽东为新华社写的1949年新年献词《将革命进行到底》。李达把它读了又读，说：“天快亮了，天快亮了！”

这时，中共湖南地下党正在做湖南省长程潜的工作，程潜也在酝酿起义。1948年11月19日，程潜的高级顾问方叔章宴请李达，漫谈时局问题，在座的都是程潜的亲信：肖作霖、邓介松。在漫谈一些寻常琐事后，他们向李达询问：在当前政局下，程潜究竟怎样处理才好？李达回答三句话：“程潜应当保卫湖南的和平（意即湖南的和平解放）；蒋介石不会有兵到湖南，只是白崇禧从武汉后退时，在湖南有一个时期的停留，程潜应善于自处；要把程潜的儿子程洪博（注：中共地下党员，时在上海）叫到长沙来，让他们父子多商谈。”

程潜深知李达与中共领导毛泽东过去有联系，现在有往来，又得知将去北平，特请李达带去他准备起义的口信。1949年4月16日深夜2时，在地下党的护送下，李达秘密离开长沙，前往香港，乘英国商轮北上，经天津，于5月14日到达北平。

李达等人到达北平时，毛泽东派人驱车到车站迎接。李达作为毛泽东的客人，被单独接到北京饭店。5月18日，李达受邀请到党中央临时办公地——北京郊区香山“双清别墅”——毛泽东家里做客叙谈。这是一个不寻常的会见交谈，桩桩往事，历历在目，都从尘封的记忆库里搬出来了。最后，李达谈起了湖南的形势：程潜先生已初步下定了和平起义的决心，但就是对共产党的政策仍有些怀疑，特别是对今年1月1日共产党公布他是战犯而感不安，主要怕共产党和人民不能原谅他的过去。

毛泽东听后，爽直地说：这一点，请颂公（程潜）放心好了。我们共产党的政策一贯是既往不咎，只要他为人民做了好事，人民是不会忘记他的。当然对于他的过去，他自己能够认真反省就行了。至于把他列入战犯名单，可能还会给他起到保护作用。

李达接过话语说：颂公（程潜）这次是认真的。我来北京得到了他的帮助，而且他请我带口信给你，请求你们尽快派先头部队与他接洽，商量一些具体事宜。

毛泽东当即答复：我们会要林彪率领的第四野战军和湖南的地下党组织与他联系。

老朋友久别重逢，说不完的话，不知不觉就到了晚上 12 点。毛泽东说："你就睡在这里。"李达问："那你呢！"毛泽东回答："我还要工作。"当晚，李达就睡在毛泽东的床上，做了一次东汉时的严光了。

丁、"同意你重新加入中国共产党"

1949 年 9 月 21 日至 30 日，李达以中国社会科学工作者的代表身份，出席了中国人民政治协商会议第一届全体会议，并被选为第一届全国政协委员。10 月，被任命为政务院文化教育委员会委员和法制委员会委员。

12 月初，在毛泽东住所菊香书屋，李达会见了刘少奇、林伯渠、李维汉等。当着这些老朋友的面，李达坦荡地反省过去，表示今后决心为党为人民贡献毕生精力。毛泽东听完他的自述后，严肃地说："鹤鸣兄，你与陈独秀吵架后愤而离开党组织，这是不对的。是在政治上摔了一跤，对党，对自己，都是一个很大的损失。往者不可咎，来者犹可追。你现在认识这问题上的错误是很好的。"毛泽东当着这些湖南老乡的面继续说："鹤鸣兄，你的为人与个性，我都是了解的，认准了的事九条牛也拉不回来。你坚信马克思主义。你早期传播马克思主义，创建中国共产党，都做出了很大贡献；即使是与陈独秀赌气，作出了离开共产党的错误决定后，仍然坚持研究、宣传马克思主义；从大革命失败到今天的 20 多年，在国民党统治区教书，独自坚持马克思主义这块理论阵地，写了很多书。我在延安时就读了你的《社会学大纲》和你翻译的《辩证唯物论教程》，并向同事们推荐了。在座的同志都读过你的这两本书。你宣传马克思主义，遭到过国民党特务的毒打。你在湖南大学，配合湖南地下党同志，推进了湖南的和平解放，做了功德无量的大好事。对这些，党是不会忘记的，人民不会忘记的。"

李达听了，双眼涌现热泪，说："润之，你对我的评价太高了。我没有同你上井冈山，没有到延安，这是我感到内疚的。现在只要党能让我重新加入，我就心满意足了。"

毛泽东当即答复："同意你重新加入中国共产党。我将向党中央建议，你的入党问题由党中央直接办理，不要候补期。当然，还是要正式办一个手续。在座的对你都很熟悉，大家都希望你回到党内来。少奇同志你就作他的介绍人，我、李维汉作你的历史见证人。"在座的刘少奇、李维汉、林伯渠频频点头。

不久，李达正式履行了重新入党的手续。经少奇同志介绍，毛泽东、李维汉、张庆孚为历史见证人，党中央特批李达为中国共产党正式党员。

李达的重新入党，是党中央对他脱党20多年政治表现的最好结论。每当谈及这件事，李达激动地说："这么多年了，毛主席没有忘记我。是毛主席的关怀和鼓励，才使我获得新的政治生命啊！"他还意味深长地说："从此，我'守寡'的日子结束了。我决心为共产主义事业奋斗到底，鞠躬尽瘁，死而后已！"

第一次全国政协工作会议后，毛泽东与李达谈话，要留他在北京工作，但李达一再请求回湖南大学，继续从事高等教育工作。

1950年8月，李达出席在北京召开的全国司法工作会议。会议期间，李达通过毛泽东身边的工作人员联系，请求毛泽东为湖南大学题写校名。毛泽东当即挥毫题写了"湖南大学"四个苍劲有力的字。李达收到题字后，立即派人送回湖南大学。直到现在，湖南大学挂的仍然是毛泽东题写的"湖南大学"题字。

岳麓山的爱晚亭，是毛泽东在青年学生时代常与蔡和森等新民学会会员讨论救国救民、修身养性、锻炼身体的地方。湖南大学的学生要求校长李达给毛主席写信，为爱晚亭题字。毛泽东接到李达的信后，立即写了"爱晚亭"三个大字。长沙市政府特批专款，维修爱晚亭。至今金碧辉煌的"爱晚亭"三个字，高悬在历史悠久、雄伟壮观的爱晚亭上。

戊、"用通俗的言语宣传唯物论"

1950年底，毛泽东的《实践论》重新发表，李达以极大的政治热情宣传这篇著作。在短短的几个月内，撰写了《〈实践论〉——毛泽东思想的一个基础》《怎样学习〈实践论〉》《〈实践论〉学习提纲》《〈实践论〉解说》，并在校内外做了几次辅导报告。他写作《〈实践论〉解说》时，胃病时时发作，他忍着疼痛，喝一杯开水，吃一片蛋糕，缓和一下，又继续写。他勤奋钻研，力求深入浅出，准确无误地表达原著的观点，常常工作到深夜。为了不出现错解，他每写一部分，就及时送北京请毛泽东斧正。毛泽东在百忙中亲笔修改，及时返回。

1951年3月27日，毛泽东致李达信："鹤鸣兄：两次来信及附来《〈实践论〉解说》第二部分，均收到了，谢谢您！《解说》的第一部分也在刊物上看到了。这个《解说》极好，对于用通俗的言语宣传唯物论有很大的作用。待你的第三部分写完并发表之后，应当出一单行本，以广流传。第二部分中论帝国主义和教条主义经验主义的那两页上有一点小的修改，请加斟酌。如已发表，则在印单行本时修改好了。关于辩证唯物论的通俗宣传，过去做得太少，而这是广大工作干部和青年学生的迫切需要，希望你多多写些文章。顺致敬意。"写完后，又在信末尾补充一句"《实践论》中将太平天国放在排外主义一起说不妥，出选集时拟加修改"。毛泽东对自己原著中不妥之处，做了修改的打算，顺便告诉李达。

毛泽东对李达《〈实践论〉解说》稿第二部分的主要修改有下列几点：一是在《解说》中谈到中国人民对列强作排外主义的自发斗争的地方，加写了这样一句话："中国人民那时还不知道应当把外国的政府和人民、资本家和工人、地主和农民加以区别。我们应当反对侵略中国的外国地主资本家和政府官员，他们是帝国主义者；而在宣传上争取外国的人民，并不是一切外国人都是坏人，都要排斥。"二是在《解说》中谈到孙中山当年所倡导的民族主义完全以清政府为对象，从未提起过反帝国主义。毛泽东在此处加写了这样一句话："虽然辛亥革命实际上起了反帝国主义的作用，因为推翻了帝国主义的走狗——满清政府，当然就带着反帝的作用，因而引起了帝国主义对于辛亥革命的不满，不帮助孙中山而帮助袁世凯；但是当时的革命党人的主观上并没有认识这一点。"三是《解说》中谈到"唯物论的'唯理论'是今日教条主义的来源，唯物论的'经验论'是今日经验主义的来源"。毛泽东把这句话修改为"唯物论的'唯理论'与今日教条主义相像，唯物论的'经验论'则与今日经验主义相像"。毛泽东还将《解说》中所有"毛主席"的称呼，一律改为"毛泽东同志"。

李达收到毛泽东的回信和对《〈实践论〉解说》的修改后，立即对第二部分作了改动，使《〈实践论〉解说》更符合毛泽东的原意。《〈实践论〉解说》先在《新建设》杂志连载。1951年7月出版了单行本。他在书中写道："《实践论》是无产阶级实践的哲学。毛泽东同志的实践论，是马克思主义实践理论的发展，是毛泽东思想的哲学基础，是辩证唯物论的基本原理与中国革命具体实践的结合，它是中国革命行动的理论，是毛泽东的思想方法与工作方法的科学总结……""实践论论证了实践是检验真理的唯一标准……""实践论发展了马克思主义的认识论……""实践论是革命行动的指南……”。

李达完成《〈实践论〉解说》的写作、出版后，随即投入《〈矛盾论〉解说》的写作中。他解释道：“《矛盾论》是论证事物的矛盾法则，即对立统一法则的学说，是马克思主义的辩证法，是共产党的宇宙观。这个宇宙观，具备了严谨的科学的客观性、共产党人的主观能动性及其对于历史实际和革命实际的党性。这个宇宙观在社会领域中扩张起来，就显示出工人阶级对于特定社会之社会主义改造的道路。”

“《矛盾论》教导我们去认识人类社会发展的普遍规律，认识特定社会发展的特殊规律，并且根据这一般规律去决定革命斗争过程的总目标和总路线，拟定革命斗争的战略和战术，为实现社会主义、共产主义社会而奋勇前进。”

“《矛盾论》主要说明矛盾的普遍性和矛盾的特殊性之辩证的关系。它在分析事物的矛盾法则时，先分析矛盾的普遍性的问题，然后再着重分析矛盾的特殊性问题，最后仍归到矛盾的普遍性的问题。”

李达将《〈矛盾论〉解说》寄给毛泽东，请他提出修改意见。毛泽东遵其愿望，对《〈矛盾论〉解说》的每一条都进行了仔细推敲。审阅完后，于1952年9月寄信给李达：

《矛盾论》第四章第十段第三行“无论什么矛盾，也无论在什么时候，矛盾着的诸方面，其发展是不平衡的”。这里“也无论在什么时候”八字应删，在选集第一卷第二版时，已将这八个字删去。你写解说时，请加注意为盼！

1954年李达撰写了《胡适的政治思想批判》《胡适思想批判》两篇文章寄给毛泽东，征求修改意见。12月28日毛泽东复信：

鹤鸣兄：十二月二十日的信及两篇文章，收到看过了，觉得很好。特别是政治思想一篇，对读者帮助更大。……你的文章通俗易懂，这是很好的。在再写文章时，建议对一些哲学的基本概念，利用适当的场合，加以说明，使一般干部能够看懂。要利用这个机会，使成百万的不懂哲学的党内外干部懂得一点马克思主义的哲学。未知以为如何？

他们之间的书信往来，都是称兄道弟，平易近人，是密友、诤友，有什么意见、建议，都是坦诚相见，诚信待人。

己、“理论界的‘黑旋风’”

20世纪50年代末60年代初，毛泽东去湖北，多次与李达会晤。毛泽东第一次在东湖客舍下榻时，对湖北省委副秘书长梅白说："有一个人要见我，你们谁也不能挡驾。"

"是不是李达同志？"

毛泽东道："我叫他鹤鸣兄，他叫我润之。只要他来，随来随见。"

有一次，李达想喊"主席"，可又不习惯，连续"主"了好几次，"席"字跟不上来。毛泽东制止说："你主……主什么？我从前叫过你李主任吗？（中共一大时李达当选为中共中央宣传部主任），现在我喊你李校长好不好？你过去不是叫我润之，我叫你鹤鸣兄吗？"

二人入座后，李达面有愧色，再次说："我很遗憾，没有跟你上井冈山，没有参加二万五千里长征。"

毛泽东道："你遗憾什么？你是黑旋风李逵，你比他还厉害。他只有两板斧，你有三板斧。你有李逵之大仁、大义、大勇，还比他多一个大智。你从五四时期，直到全国解放，都是理论界的'黑旋风'。胡适、梁启超、张东荪、江亢虎，这些大人物，都挨过你的'板斧'。你在理论界跟鲁迅是一样的。"

1958 年湖北省鄂城县委大门口贴了这样一条标语："人有多大胆，地有多高产。"李达认为：人的主观能动性的发挥是有条件的。比如"一夫当关，万夫莫及"，那是有险要关口可做屏障，才能"一夫当关，万夫莫及"。有一天，李达见到毛泽东的第一句话："润之，我要单刀直入！"毛泽东不知由来，愣了一下，诙谐地说："噢，是不是鸿门宴呀！"李达颇认真地说："'人有多大胆，地有多高产'，是不是马克思主义的？"毛泽东问清了来由，便说："凡事都有两面性嘛！'人有多大胆，地有多高产'，是讲人有主观能动性。"李达听了不高兴。毛泽东注意到了他的神情，便接着问李达："新疆大不大？内蒙古大不大？西藏大不大？你看，浙江人多地少，但能够卖余粮；而新疆、内蒙古和西藏这些地方地大人少，却要供应粮，这就是主观能动性嘛！这样的事多得很。三大战役、直罗镇战斗的胜利，都是发挥人的主观能动性的结果。"

事后，毛泽东对梅白说：孔子说：六十而耳顺。我今年六十四岁，但不耳顺，刚才听了鹤鸣兄的话，感到很逆耳。请你转话给他，我感激他的逆耳忠言。

庚、"还是李达同志正确"

20 世纪 60 年代，林彪、康生和"四人帮"鼓吹"顶峰论""天才论""走捷径”，把毛泽东思想庸俗化、简单化。李达对他们的谬论，在他的助手中进行批判："谁也不能把马克思主义发展到顶峰，因为事物总是不断发展的，不可能一次就完成。马克思主义的发展，是根据形势的发展变化而发展变化。你们以后在写文章时，特别在编写我们这本书时，绝不能出现这种字眼。”

“文化大革命”的灾难来临了，李达的末运，也就来到了。林彪、“四人帮”以李达反对“顶峰论”，将他打成武汉大学“三家村的黑头目”，戴上“叛徒”“地主”帽子，开除党籍，进行批斗、迫害。在残酷迫害下，李达针锋相对地回答：“我是中国共产党党员”“我对毛泽东思想是极端信奉的！”

1966 年 7 月 16 日，毛泽东到达武汉。李达得知这消息，高兴极了。他写了一封简短的信向毛泽东求救：“主席，我有难，请救我一命。李达顿首。7 月 19 日。”

不知何故，8 月 10 日毛泽东才见到李达的信，立即批示：“陶铸同志阅后，转任重同志酌处。”当日，中共中央书记处常务书记陶铸接到毛泽东的批示，立即批转：“即送任重同志。”谁知，竟有人把李达给毛泽东的信前后压了一个多月。8 月 24 日，李达与世长辞了。

就在李达逝世前几天，即 8 月 17 日，他嘱托妻子石曼华：“我如果死去，请转告陶德麟等同志，我唯一的恳求，就是希望他们一定要把《马克思主义哲学大纲》下册编出来，把上册改好，帮我完成毛主席交给我的任务。”这是指 1958 年 8 月 25 日在庐山，毛泽东与他长谈时，希望李达把旧作《社会学大纲》修改重新出版。李达考虑好了修改计划：1.《唯物辩证法》即《社会学大纲》；2.《中国革命的唯物史观》；3. 修改《〈实践论〉解说》；4. 修改《〈矛盾论〉解说》；5.《〈关于正确处理人民内部矛盾的问题〉读后记》；6.《毛泽东思想方法和工作方法》。这计划，后来，他的弟子陶德麟等人不负老师的重托圆满完成了。

1969 年 4 月，在党的第九次代表大会预备会上，毛泽东回顾说：“李达是党的一大代表，是武汉大学校长，前两年去世了。”面容沉痛，怀念永恒。林彪阴谋败露后，毛泽东接见湖南的同志说：“现在看来，还是李达同志正确，他是反对林彪搞‘顶峰论’的。”毛泽东亲自给李达平反了。

05

继承父辈遗志，为人民国家的建设服务
——毛泽东对烈士后代的期望

“为有牺牲多壮志，敢教日月换新天”，中国革命的胜利，中华人民共和国的创立，是无数革命先烈用他们的鲜血换来的。仅韶山地区就有140多人献出了宝贵的生命。毛泽东介绍入党的五位党员毛新梅、庞叔侃、钟志申、李耿侯、毛福轩，都先后牺牲。跟随毛泽东从事农民运动的战友贺尔康、蒋梯空、谭天明、毛爱堂、毛钦明、彭公达、林蔚等都献出了年轻的生命。毛泽东的亲密战友郭亮、夏明翰、罗哲、陈章甫、向钧、向警予、蔡和森、罗学瓒等都被国民党反动派杀害。柳直荀、张昆弟等在党内所谓“肃反”中被错杀。对于这些曾一道出生入死、共同奋斗过的战友，毛泽东时时怀念。当他们的家属致信给他时，更觉“极可痛惜”。凡烈士家属来信，他必亲笔回音，鼓励他们继承烈士遗志，全心全意为人民服务。从五四运动到秋收起义同他一起战斗的战友、学生，在大革命失败后牺牲者在百名左右。新中国成立后，他给这些烈士的家属的复信则在半数以上。郭亮的遗孀李灿英、罗哲的遗孀曹云芳……他都致信安慰、勉励、支助，为烈士书写墓志铭。

谭天民是韶山乡竹鸡村人，原是一位乡村教师。1925年毛泽东从事韶山农民运动时吸收谭天民入党，送往广州第五届农民运动讲习所学习。毕业后，曾以国民党湖南省党部农运特派员身份，到湘乡开展农民运动，任湘乡县农民协会委员长、中共茶陵特委书记等职。1927年10月被国民党茶陵县政府逮捕杀害。1950年4月，谭天民的弟弟谭天佑给毛泽东写信，并寄去谭天民牺牲前的照片。4月19日，毛泽东复信：

来信并附天民同志照片收到，极为感谢。天民同志为革命事业牺牲生命，深为悼念。尚望吾兄努力进修，多做与人民有益的工作。

林蔚与彭公达同是韶山市永义乡人。林蔚曾留法勤工俭学，1922 年加入中国共产党。1925 年进入莫斯科军事学院，1926 年回国。大革命时期曾任中共湖南省委组织部长、省委常委、秘书长。马日事变时任中共湖南临时秘密省委负责人。毛泽东领导湘赣边界秋收起义时，他是省委成员，做地方军事暴动工作。1928 年春兼任中共醴陵县委书记，正在部署醴陵暴动的会议时，遭到敌人的包围袭击。当他掩护与会同志突围时，受了重伤，倒在田野里。他眼见敌人正在追捕陈策同志，便坚强地站起来，举枪向敌人射击，并高呼："我是你们要抓捕的共产党人！"那些匪兵掉转枪杆向他射击，壮烈牺牲。

1950 年 3 月 10 日，他的胞兄林谷生致信毛泽东，呈报弟弟牺牲情节。5 月 7 日毛泽东亲笔复信：

林蔚同志死事极可痛惜，将来自应与全国各地死难同志一同有所纪念。

现在，韶山市永义乡修建有他与彭公达两位烈士的陵园，以资纪念。

毛爱棠是韶山乡韶山村人，系毛泽东的族叔，1925 年赴广州参加革命，曾为广东省中共党组织的工作人员。北伐战争中在湖北武昌牺牲。其胞弟毛爱桂于 1950 年致信毛泽东，寻找毛爱棠的去向。5 月 12 日毛泽东复信：

"令兄爱棠于一九二六年参加北伐军，在广东曾见过一面，以后即未见过。有人说已牺牲了，极为可惜。这是为国牺牲的，是光荣的。"鼓励家属化悲痛为力量，努力为新中国建设事业服务。

蒋梯空原是一位乡村教师，1925 年毛泽东从事韶山农民运动时参加中国共产党，曾任中共湘潭韶山特别区委宣传委员，特别区农民协会副委员长。在蒋梯空带动下，他家参加革命的很多，牺牲者也不少，是享有盛誉的革命家庭。1927 年 11 月，蒋梯空在韶山被国民党团防局枪杀。1950 年 8 月 23 日毛泽东复信其兄蒋浩然：

尊府参加革命工作者甚多，令弟为国牺牲，极为光荣。

鼓励他发扬全家的革命传统，为新中国的建设多做贡献。

罗哲，湖南株洲人，中国共产党党员。大革命时期跟随毛泽东从事农民运动，在武昌中央农讲所工作时，曾任毛泽东的秘书，其夫人曹云芳亦随罗哲一起，同住武昌督府堤 41 号。1928 年罗哲在中共湖南省委工作时，被叛徒出卖，不幸牺牲。1956 年 8 月 11 日，毛泽东复信曹云芳：

云芳同志：

七月八日的信收到，甚慰。罗哲同志英勇牺牲，早就听到一些消息。一九四五年在重庆的时候，见到张维兄，曾打听你们的下落，他只告知你姐姐王夫人已故，你的情形他不知道。现知你仍健在，并有两个女儿能继承罗哲遗志，我很高兴。罗哲为党艰苦工作，我可作证，当时没有别的证件。恤金由谁领的问题，应由当地政府去作决定，如果决定给继子，不给女儿，也就算了，不必为此去争论。坟墓可由家属修理。现寄上三百元，请你酌量处理。今后如果还有困难，可以告我设法。你见过的两个孩子，一个在战争中牺牲了，一个也已病废。你们在贵阳工作有成绩，向你们致贺。顺祝

康吉。

1958年7月，毛泽东为罗哲烈士题写了“罗哲烈士之墓”的墓名。同时给曹云芳书写了“为建设社会主义而奋斗”的题词，这信件和题字，展现了毛泽东对烈士的怀念、尊敬和对烈士家属的殷切关怀与期望。

陈章甫，又名陈昌，湖南浏阳人，是毛泽东在湖南第一师范时志同道合、形影不离的同学，新民学会会员，是中国共产党早期党员。毛泽东与杨开慧结婚时，他们都在湖南第一师范附小工作，陈章甫的爱人毛秉琴闹着要做喜酒，并由她当厨师，做了一席菜，花了6块银圆。在餐桌上陈章甫举杯贺诗：

杨师爱徒，师之爱女；切磋切磨，亲密相处。北海定情，西窗共许；志同道合，共造环宇。

1930年元月，陈章甫由中共湖南省委派往湘西贺龙部队中去工作，行至常德地区时，被国民党反动派逮捕。2月23日，被敌人杀害于长沙浏阳门外。陈章甫牺牲时，三女儿陈文新才3岁。

陈文新，因母亲姓毛，称毛泽东为“舅舅”。1951年陈文新在武汉大学农学院学习，写信给毛泽东，汇报学习情况。4月29日毛泽东复信：

“你的信和你母亲的信都收到了，很高兴。希望你们姊妹们努力学习或工作，继承你父亲的遗志，为人民国家的建设服务。”信封上收件人的地址中的“武汉大学”四个字，被学校提取出来作为校名和校徽，一直沿用至今。

陈文新曾三次见到毛泽东，每次见面，就受到一次教育。

第一次是1951年下半年，陈文新到北京华北农科所实习，遵循母亲的嘱咐，前去看望毛泽东。毛泽东拉她坐在身旁，询问她母亲近况及家乡人民生产生活情形，还说，从前曾两次到过陈章甫的家浏阳炭坡，并深沉地回忆：“你父亲是个好同志，他为人民牺牲了自己的生命，要学习他这种精神，好好为人民服务。”临别时，毛

泽东在陈文新的笔记本上郑重地签署“努力学习”四个字。

第二次是 1954 年，陈文新在北京外国语学院留苏预备班学习时，在一个星期六的下午，在中南海又一次见到了毛泽东。毛泽东说：你是武汉大学农学院毕业生，应该懂得土壤学，中南地区土壤如何改造，如何提高农业生产水平？陈文新回答：我们学的是苏联李森科的土壤学，是草田轮作制。毛泽东仔细听完陈文新的介绍，说：我国农民一家只有几亩地，拿去种草，人吃什么？畜牧业不发达，草种了干什么用？脱离中国实际，照搬别人的东西是行不通的。

第三次会面是 1957 年 11 月 17 日，毛泽东在莫斯科大学接见留苏学生。留学生聆听了他的讲演：世界是你们的，也是我们的，但是归根结底是你们的。你们青年人朝气蓬勃，正在兴旺时期，好像早晨八九点钟的太阳，希望寄托在你们身上。

毛主席的教导，是陈文新终身从事科学事业的精神动力。陈文新归国后，在北京农业大学从事教学与科研工作，她系统地研究了豆科植物与根瘤菌的关系，建立了目前国际上最大的一个根瘤菌库，发现了中慢生根瘤菌，为建立国际根瘤菌系统发育体系做出了重要贡献。她是我国现代根瘤菌分类研究的奠基人和开拓者。2001 年当选为中国科学院院士。

郭亮，是毛泽东在第一师范时的学生，早期革命活动的战友，湖南工人运动的著名领导人，曾任湖南省总工会委员长、中共湘区委员会委员、中共湖南省委代理书记、中共中央委员、中共湖北省委书记、中共湘鄂赣边特委书记。1928 年 3 月 29 日（阴历二月初七）牺牲，敌人将他的头颅挂在长沙市司门口，示众三天三晚，又移至他的老家铜官东山寺戏台示众，企图以革命者的头颅吓退革命潮流。鲁迅曾撰文痛斥国民党反动派这种凶残、愚蠢的卑劣行径，严正指出：“历史上的革命潮流未有被挂头吓退的。”

1949 年 11 月 13 日，郭亮的遗孀李灿英（即李静蓉）致信毛泽东，询问远在苏联学习的儿子郭志成的情况，同时也想去北京看看郭亮的老师兼老朋友、老战友毛泽东。1950 年 5 月 8 日，毛泽东复信李灿英：

去年十一月十三日来信收到，极为欣慰。在莫斯科时曾看见志成，情形是好的，大约不要很久可以毕业回国。你在湖南工作很好，如工作需要，不必来北京。

郭亮牺牲时曾给李灿英留有遗嘱：“灿英吾爱：亮东奔西走，无家无国。我事毕矣！望善抚吾儿，以继余志。”郭志成由此而得名。

郭志成生于 1925 年 5 月，正是中华民族外受帝国主义侵略，内遭封建军阀割据的混乱岁月；正是上海五卅运动爆发，全国工人运动高涨，身任湖南全省工团联合会总干事的郭亮工作最紧张的时刻。有一天，郭亮抽空回家看望新生的儿子，李灿英问他给儿子带来什么见面礼，他从口袋里掏出一纸，说："一万元大洋！"原来是一张省长赵恒惕悬赏一万元大洋缉捕他的"布告"。郭亮给儿子取名"多难"，以激励他长大后，为解除民族灾难而努力奋斗。郭亮牺牲后，母亲李灿英带着他仍坚持地下斗争，辗转上海、武汉等地从事党的地下交通、机关掩护等工作。为了隐蔽身份，他们母子多次改名。郭多难曾改名郑志坚袁志坚，最后定名郭志成。

1938 年，中共湖南省委指示李灿英，将儿子郭志成和已转来湖南的张太雷的遗孤张芝明，带到武汉八路军办事处，再由周恩来安排送往延安。在延安住了十多天，由蔡畅带领郭志成、张芝明、蔡转（蔡和森小女）、林琳（林伯渠二女儿）前往莫斯科，进入莫斯科莫尼诺国际儿童院。郭志成在苏联高等学校——莫斯科动力学院毕业，于 1951 年 6 月学成归国。此时，李灿英担任湖南衡阳市妇联主任，很想儿子回湖南工作，或者回来与她见一次面。但因工作需要，郭志成放弃了母子团聚的机会，迅速奔赴东北。就在这一年，李灿英突发脑出血而撒手人间。这是郭志成没有料到而留下的遗憾。

郭志成没有辜负父辈们的希望，先后在抚顺发电厂、齐齐哈尔市富拉尔基热电厂、辽宁发电厂、北京水利电力部规划设计院任总工程师、专家委员会副主任等职，为我国的电力事业的奠基与发展献出了心血。由于劳累过度，1991 年突发脑出血而殉职。

06

用稿费救济对革命有过贡献的贫困者

助人为乐是一种美德。毛泽东在幼年时期就乐于助人。新中国成立后，他常用自己的稿费支持贫困者。毛泽东的稿费，由中共中央办公厅中央特别会计室管理，根据他制定的“取之于民，用之于民”的原则，稿费的用途除救济贫苦人民、烈士家属，资助贫穷朋友外，还用于购书，帮助警卫战士学文化和身边工作人员下乡调查研究，报恩“还债”和各种公益事业上。据《毛泽东书信选集》《毛泽东致韶山亲友书信集》统计，他以稿费帮助过的人不下 20 名。有韶山故居的邻居邹普勋，堂弟毛泽连、毛泽荣，私塾同学郭梓材，东山学校的同学谭世英，湖南省立第一中学的同学易南屏，湖南第一师范的地理老师黄宗溍、校长张干，都给予过支持。还常委托私塾老师、堂兄毛宇居和湖南第一师范同学周世钊根据实情，救助贫困的乡亲和湖南第一师范的同学、老师及新民学会会友，他们的手中都存有毛泽东给予的救助金。

郭梓材，湖南韶山市韶山乡朝阳村人，曾是毛泽东的私塾同学，在湖南新军中又是战友。大革命时期参加了毛泽东领导的韶山农民运动。他的爱人刘天民，在韶山农民运动中，与杨开慧结成了好友，来往密切。1950 年 8 月 29 日毛泽东复信郭梓材：

梓材学兄：

来信收到，极为欣慰。北京人浮于事，吾兄工作问题，还以就当地熟悉吾兄情况的友人筹谋解决，较为适宜。愚见如此，尚祈斟酌。

不因是故乡人，又是同学、同事、战友而失去原则，私自介绍工作，而又热情地指出可行之道。

就在这一年，郭梓材在当地友人的推荐下，在湘潭建中猪鬃厂找到了一份适宜他的工作。但是，他们的子女多，上有老，下有小，身体也衰弱，生活仍窘迫。毛泽东得知这些情况，以自己的稿费给予帮助。1954 年 10 月 29 日，毛泽东致信郭梓材、刘天民：

十月十五日来信收到。寄上人民币三百万元（注：折合 1955 年 3 月 1 日起发行的新人民币 300 元），为补助日用之费。嗣后有困难，尚可设法帮助。不要来京，以省往返之劳。

毛泽东先后六次寄款给郭梓材夫妇，合计 1700 元。这在 20 世纪 50 年代确是一个不小的数字，足见其友谊之深远。

郭耿光是韶山乡朝阳村人，原是律师，中华人民共和国建立时已是古稀之年。郭耿光在大革命时期曾对革命活动深表同情，参与其事。1950 年，他曾写信给毛泽东请求协助解决工作问题。毛泽东建议他：

“以就近和熟悉先生情况之人筹商解决，较为适宜。”1954 年 12 月 6 日郭耿光再次致信毛泽东，重诉苦情，年老体衰，无依无靠，又遭病魔。12 月 18 日，毛泽东复信安慰，并“寄上人民币贰百万元（注：今 200 元），以助急需”。

《毛泽东致韶山亲友书信集》所提起的资助贫苦乡亲的现金有 7 次，计 1650 元。

湖南第一师范地理老师黄宗漕，1956 年已越古稀之年，仍依赖教书的微薄薪金维持生活。他多次写信给毛泽东，希望求得湖南省文史馆馆员一职。1 月 26 日毛泽东复函：“多次惠书均已收到，迟复甚歉！文史馆事，已将尊函转去，成否不一定。送上人民币一千元，聊佐杯水之资。”

毛泽东也经常委托周世钊资助贫困老师和同学。在 1963 年 5 月 26 日，毛泽东致信周世钊：“信收到，甚谢！复信一封，人民币二千，请转致张次仑先生为盼。”张次仑，即张干。往后，张干直至生命终结，年年获得毛泽东的资助。

同年 12 月 13 日又致函周世钊：“看了田仁尊兄的信，表示生活极为困难，似有求助之意。送上五百元，请予转交田仁尊兄为盼。”“如有其他穷师友，因生活困难，日子难过的事，请告我，应即援助，都由你经手。这是一种社会主义援助性质。”

1964 年 1 月 31 日，毛泽东致信周世钊：“两次惠书及大作两首，另附余同学信，均已收到。寄上二千元，请分致一千五百元赠李先生作医药费，五百元给余同学。”余同学系指在毛泽东湖南省第四师范学习时的同学余盖；“李先生”是毛泽东在湖南第一师范读书时的心理学教员，当时任湖南省文史研究馆的馆员。

1965 年 1 月 11 日晚上，毛泽东邀请程潜、章士钊、周世钊、王季范到中南海菊香书屋便餐小叙。周世钊谈到湖南第一师范学校的校友彭庆，一生以教书为业，现退休，生活困难时，毛泽东说：“这个问题恐怕要我来出面解决，我有稿费。”“他们两人”中，其中一人是彭庆。

12 日致信周世钊：“寄上三千元，请你酌处。他们两人或者不要送得太多，或者要送此数。如果不要送得太多，剩下来的即存你处，有人要，由你酌送。”不仅请周世钊经办，而且送多送少也由周去决定。

除上面寄来的外，还有周去北京时，当面交的钱。周世钊没有辜负毛泽东的重托，他按毛泽东指定名单赠送后，剩余的钱存入长沙银行，其存折的存户姓名为“毛谊”。“毛谊”，即毛泽东的友谊。“毛谊”存折，专门对穷师友的生活困难负责援助。周世钊逝世后不几日，在北京生病的一师同班同学邹蕴珍来函请助，周的亲属立即给邹汇寄了“毛谊”的一笔余款。

毛泽东的稿费还常常用来资助贫寒的民主人士、统战对象。1964 年 2 月 15 日《给章士钊的信》：“行严先生：送上人民币二千元，请为转致载涛先生为荷。”载涛，即爱新觉罗·载涛，是清朝末代皇帝溥仪的叔父。当时任第三届全国政协民族组副组长。20 世纪 60 年代他住的房子倒塌，没有钱修复，毛泽东闻知，从稿费中支出 2000 元，托章士钊专程送至载涛手中。

吴连登，1961 年来到毛泽东的身边当服务员，1964 年至 1976 年 9 月，任生活管理员。吴连登回忆道：主席的工资原来是一级，月工资是 610 元。1958 年后，国家遇到了前所未有的困难。毛泽东提出：“太高了，不要拿那么多钱嘛！”他带头把自己的工资从一级降到了三级，404. 80 元，一直到他逝世。李敏回忆：父亲每月要听生活管理员吴连登报告全月各项开支。再三嘱咐，不能超支，不能用稿费来补充生活费。

“文革”中在国内出版的所有“毛著”，与举国上下的著作人一样，没有分文稿费。毛泽东的稿费，主要来源于国外的出版界翻译毛泽东的著作所付稿费。到他逝世时，准确数字是人民币 124 万元。毛泽东曾向吴连登交代：“任何人无权动我稿费里的一分钱。这个稿费来自人民，我还要把这个钱还给人民，用在为人民服务的方方面面。”

毛泽东极爱看书，特别喜欢线装书。他晚年视力不行，要印成大字本线装书。印书的钱就从稿费中开支。他用稿费印一批书，给每个政治局委员发一套。

他常派身边的工作人员回家乡做调查研究工作，因为他亲自下去调查，只能看到好的，看不到问题，了解不到真实情况。“大跃进”中，他曾从基层调来一批人员，一方面担任警卫任务，另一方面搞调查研究，“调查结果直送给我。这些人的路费由我来出。”

毛泽东逝世后，剩余124万元稿费，依旧存中央特别会计室。毛泽东的女儿李敏回忆：1981年，中共中央办公厅派人找她了解她的生活和要求。她回答：“我没有什么奢求，如果可能，我只想要爸爸原来要给我的一份。”那就是人民币8000元。原来，在1975年毛泽东曾批给李讷8000元，同时，也答应给李敏8000元，当时没有兑现。不几天，李敏得到了中央办公厅送来的人民币8000元，另有一部彩电、一台电冰箱。与此同时，中共中央办公厅也给毛岸青、李讷送去同样的一台彩电、一台电冰箱。毛泽东的儿女所继承父辈的稿费遗产，如此而已！

★

十

胸怀中国梦，践行价值观

为建设一个伟大的社会主义国家而奋斗是毛泽东的“中国梦”。他为实现这个梦奋斗了一生。他为马克思主义与中国社会主义革命和社会主义建设实际相结合进行了艰苦探索。他提出了“我们要进行第二次结合，找出在中国怎样建设社会主义的道路”；提出了三个方面的变革模式和对外开放的设想；提出了社会主义社会可以分为两个阶段，第一个阶段是“不发达的社会主义”即“社会主义初级阶段”，第二个阶段是“比较发达的社会主义”；根据社会主义社会可以划分为两个阶段的论点，确立了社会主义建设可分“两步走”的战略。他回答黄炎培的历史“周期率”时，提出了跳出历史“周期率”的新路，就是“民主”。他唤醒全党，不要骄傲自满，不要沾染官僚主义作风，要注重政治思想工作，以德治国，弘扬正气，以法治国，从严治党，把德治与法治结合。他要求共产党员，所有党政干部，以人民为主体，全心全意、完全彻底为人民服务。爱国为民，无私奉献，是他的社会主义核心价值观的精髓。

01

“不要重犯胜利时骄傲的错误”
——毛泽东号召全党同志读郭沫若《甲申三百年祭》

沫若兄：

大示读悉。奖饰过分，不敢承当；但当努力学习，以副故人期望。武昌分手后，成天在工作堆里，没有读书钻研机会，故对于你的成就，觉得羡慕。你的甲申三百年祭，我们把它当作整风文件看待。小胜即骄傲，大胜更骄傲，一次又一次吃亏，如何避免此种毛病，实在值得注意。倘能经过大手笔写一篇太平军经验，会是很有益的；但不敢作正式提议，恐怕太累你。最近看了反正前后，和我那时在湖南经历的，几乎一模一样，不成熟的资产阶级革命，那样的结局是不可避免的。此次抗日战争，应该是成熟了的罢，国际条件是很好的，国内

○ 1944 年 11 月 21 日，毛泽东致郭沫若信

1944年3月19日，郭沫若在重庆《新华日报》上发表了一篇著名文章《甲申三百年祭》，是纪念明朝末年李自成领导农民起义胜利三百周年而写的。这篇文章，讲述了明朝末年农民起义军领袖李自成占领北京之后，被胜利冲昏了头脑，忽略敌人，有些将领生活腐败，并发生宗派斗争，互相残杀，终于导致败亡。这篇文章，后来在延安和各解放区印成单行本。

同年11月21日毛泽东致信郭沫若："你的《甲申三百年祭》，我们把它当作整风文件看待。小胜即骄傲，大胜更骄傲，一次又一次吃亏，如何避免此种毛病，实在值得注意。""我虽然兢兢业业，生怕出岔子，但说不定岔子从什么地方跑来；你看到了什么错误缺点，希望随时示知。"伟人的谦虚请教，表现了无产阶级革命家与农民起义领袖完全不同的境界。

郭沫若的《甲申三百年祭》对毛泽东的影响很深刻。这年4月12日，毛泽东在延安高级干部会议上说：我党历史上曾经有过几次表现了大的骄傲，都是吃了亏的。全党同志对于这几次骄傲，几次错误，都要引为鉴戒。近日我们印了郭沫若论李自成的文章，也是叫同志们引为鉴戒，不要重犯胜利时骄傲的错误。

在中国革命胜利的前夕，在中国共产党七届二中全会上，毛泽东同志再次郑重地说：我们很快就要在全国胜利了。这个胜利将冲破帝国主义的东方战线，具有伟大的国际意义。夺取这个胜利，已经是不要很久的时间和不要花费很大的气力了；巩固这个胜利，则是需要很久的时间和要花费很大气力的事情。因为胜利，党内的骄傲情绪，以功臣自居的情绪，停顿起来不求进步的情绪，贪图享乐不愿再过艰苦生活的情绪，可能生长。因为胜利，人民感谢我们，资产阶级也会出来捧场。敌人的武力是不能征服我们的，这点已经得到证明了。资产阶级的捧场则可能征服我们队伍中的意志薄弱者。可能有这样一些共产党人，他们是不曾被拿枪的敌人征服过的，他们在这些敌人面前不愧英雄的称号；但是经不起人们用糖衣裹着的炮弹的攻击，他们在糖弹面前要打败仗。我们必须预防这种情况。夺取全国胜利，这只是万里长征走完了第一步。如果这一步也值得骄傲，那是比较渺小的，更值得骄傲的还在后头。中国的革命是伟大的，但革命以后的路程更长，工作更伟大，更艰苦。"这一点现在就必须向党内讲明白，务必使同志们继续地保持谦虚、谨慎，不骄、不躁的作风，务必使同志们继续地保持艰苦奋斗的作风。"

两个"务必"是历史经验教训，是中国革命经验总结。2013年7月中旬，习近平同志在河北调研时说：在中国革命即将取得全国胜利之际，毛泽东同志在党的七届二中全会上向全党郑重提出“两个务必”，要求全党同志做到谦虚谨慎、艰苦奋斗，是经过了深入思考的。这里面包含着对我国几千年历史上治乱规律的深刻借鉴；包含着对我们党艰苦卓绝奋斗历程的深刻总结；包含着对胜利了的政党永葆先进性和纯洁性、对即将诞生的人民政权实现长治久安的深刻忧思；也包含着对我们党坚持全心全意为人民服务根本宗旨的深刻认识，思想意义和历史意义十分深远。全党同志要不断学习领会“两个务必”的深邃思想，始终做到谦虚谨慎，艰苦奋斗、实事求是、一心为民。

在西柏坡，毛泽东还提出了防止骄傲自满的“六条规定”：一、不做寿；二、不送礼；三、少敬酒；四、少拍掌；五、不以人名作地名；六、不要把中国同志同马恩列斯平列。这“六条规定”与两个“务必”，两个“敢于”（敢于斗争，敢于胜利），两个“善于”（善于破坏旧世界，善于建设新世界），两个“学会”（学会管理和建设城市，学会做经济、文化、外交工作），两个“坚持”（坚持依靠群众，坚持团结统一），是对全党全军进行入城教育，是“进京赶考”的思想准备。

七届二中全会后，党中央和毛泽东、周恩来由西柏坡向北京进发。在行军途中，毛泽东幽默地说：今天我们是进京“赶考”。周恩来回答：我们应当都能考试及格，不要退回来。毛泽东说：退回来就失败了。我们决不当李自成，我们都希望考个好成绩。这段对话，被人们称为“赶考对”。

这些论断，是一个伟大领袖的天才预见、郑重警告、殷切期望。从贪污受贿、腐烂变质分子刘青山、张子善，到薄熙来、徐才厚……成千上万的事实，证实了这是光辉真理。历史告诉我们，执政党内部最大的危险就是腐败，这个问题解决不好，政权的性质就有可能改变。

“赶考”给我们党提出了一要经受执政的考验，不要像李自成那样从北京退出来，二要接受人民对我们的考验，必须把新中国建设好，实现国家富强、人民幸福两个考题，其中包含着居安思危、心系群众、励精图治、实干兴邦等内容，有着丰富的科学内涵。当前，在世情、国情、党情发生深刻变化的新形势下，我们党面临执政考验、改革开放考验、市场经济考验、外部环境考验，同时还面临着精神懈怠的危险、能力不足的危险、脱离群众的危险、消极腐败的危险。我们要牢记“赶考”精神，积极应对“四大考验”，努力防范“四大危险”，拒腐防变，永远立于不败之地。把我们党正在经受和将要经受各种考验的“考试”考好，是各级党政军干部应尽的责任。

02

周期律、民主、人民的官

——毛泽东与黄炎培

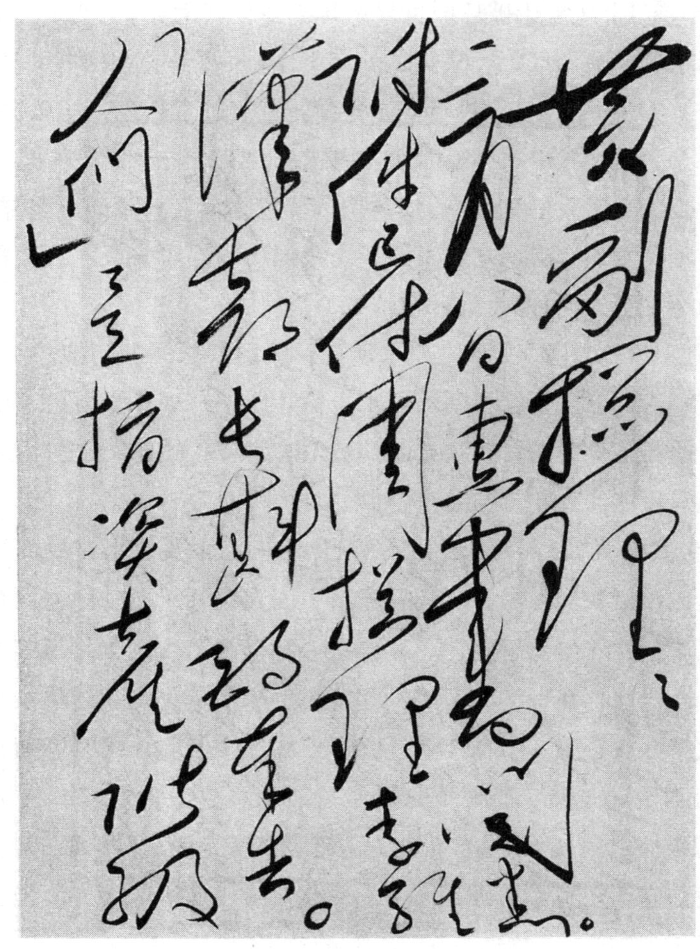

○ 1954 年 3 月 12 日，毛泽东致黄炎培信

人民是国家的主人，各级党政企事业的工作人员是人民的公仆，必须接受人民的监督。人民的监督，是国家权力机关不发生腐败、异化的保障。1945 年毛泽东回答黄炎培的质疑时，就是依据这个道理。

黄炎培是上海川沙人，1917 年在上海创办中华职业教育社，1940 年参与发起组织中国民主政团同盟，1945 年底发起建立中国民主建国会，长期是中国民主建国会主要负责人。

1945 年 7 月 1 日黄炎培、褚辅成、左舜生、傅斯年、章伯钧等 6 个参政员，从重庆来延安考察。林伯渠、谢觉哉前往机场迎接，至王家坪午餐，晚上在交际处为其洗尘。5 日，黄炎培等人返重庆。

考察期间，黄炎培广泛接触中共领导人，走遍延安的大街小巷，接近各方人士，看到、听到各方情况，与在重庆所见所闻有天壤之别。他对毛泽东说："我生六十多年，耳闻的不说，所亲眼看到的，真所谓'其兴也勃焉，其亡也忽焉'。一人、一家、一团体、一地方乃至一国，不少单位都没能跳出这周期律的支配力。大凡初时聚精会神，没有一事不用心，没有一人不卖力，也许那时艰难困苦，只有从万死中觅取一生。继而环境渐渐好转了，精神也就渐渐放下了。有的因为历时长久，自然地惰性发作，由少数演为多数，到风气养成，虽有大力，无法扭转，并且无法补救……一部历史，'政怠宦成'的也有，'人亡政息'的也有，'求荣取辱'的也有。总之，没有跳出这个周期律。中共诸君从过去到现在，我略略了解了的，就是希望找出一条新路，来跳出这个周期律的支配。"黄炎培不愧为一位知名的社会活动家，道出了一条以前的历史规律，渴望中共找出一条新路，跳出这个周期律。

黄炎培这一耿耿诤言，掷地有声。毛泽东高兴地作答："我们已经找到了新路，我们能跳出这周期律。这条新路就是民主。只有让人民来监督政府，政府才不敢松懈；只有人人起来负责，才不会人亡政息。"

黄炎培听完这席话，大受启发："我想，这话是对的……把民主来打破这周期律，怕是有效的。"他告别延安时，吟诗一首《留别延安》："飞下延安城外山，万家陶穴白云间。相忘鸡犬闻声里，小试旌旗变色还。自昔边功成后乐，即今铃语诉时艰。廊州月色巴山雨，一为苍生泪欲潸。"赞颂了中国共产党为人民当家作主，虚心听取人民群众的意见，代表了人民群众的利益；延安到处呈现欢乐祥和、勃勃向上的政治气氛，是抗日战争的中流砥柱。他告别延安时深有感慨地向谢觉哉说："凡在一个国家之内，全体人民的意见，在重要政策上能有一种操纵的力量……这种政府就可以称为民主政治。”

回到重庆后，黄炎培写了《延安归来》一书，坦然地宣布：“我认为中共朋友最可宝贵的精神，倒是不断地要好，不断地求进步。这种精神充分发挥出来，前途希望是无限的。”

延安5日，是黄炎培寻找救国救民真理历程中的一个重要转折点。他在毛泽东的启发下，这年底，他发起成立了中国民主建国会，亲任主任。

1949年，为了掩盖失败，欺骗人民，美国国务院发表了《美国与中国的关系》白皮书。随即，以黄炎培为首的中国民主建国会发表了痛斥美国白皮书的声明，题为《加强内部团结和警惕，答告美帝好梦做不成》。声明指出，白皮书所提的发展“民主个人主义”的好梦是做不成的。中国民族资产阶级和帝国主义基本利益的矛盾决定了它对一切帝国主义的态度，中国民族资产阶级，不会变成美帝发展“民主个人主义”的资本或条件。只有新民主主义才是它唯一的光明幸福的道路。8月26日，毛泽东致信黄炎培：“民建此次声明，不但是对白皮书的，而且说清了民族资产阶级所以存在发展的道理，即建立了理论，因此建立了民建的主动性，极有利于今后的合作。民建办事采用民主方式亦是很好的，很必要的。”

1949年3月由中共地下党组织安排，黄炎培秘密到达北京。3月25日下午，毛泽东、周恩来、刘少奇、朱德等从西柏坡到达北京，黄炎培与各民主人士到西郊机场迎接。第二天晚上，毛泽东设家宴邀请黄炎培晤谈，周恩来作陪。

新中国成立后，中央人民政府任命黄炎培为政务院副总理兼轻工业部部长。他欣然从命。他儿子黄大可问他：“你一生不做官，恁地年过七十而做起官来了？”

他郑重回答：“以往坚拒做官是不入污泥，今天是中国共产党领导的人民政府，我做的是人民的官啊！”

“人民的官”是为人民服务，做人民的勤务员。“民主”是打破“周期率”的重要武器，现在政权确确实实掌握在立党为公、执政为民的“人民的官”的手中，因此能彻底打破“周期率”，但假如政权握在以权谋私的人手里，那就可能摆脱不了“周期率”。

1951年初，他抱着“理必求真，事必求是”的态度，去苏南农村，调查土地改革情况。考察团住宿的地方是一间简陋的小土房，他和大家一起搬来砖头，架上木板，挤在一起睡觉。那时他年已73岁。回北京后，他亲自写了《访察苏南土改报告》，开宗明义说：“我们考察到的苏南土改，认为基本上是办得好的，好在哪里？

农民站起来了。"

1955 年春，不少地方出现"闹粮"风潮。黄炎培闻讯忧心如焚，数次致函毛泽东，反映民情，并于 6 月份再次南下，视察实情。临行前，毛泽东致函嘱咐："先生此次下去考察，望注意用全面分析方法。"他在江苏省无锡、苏州、镇江，听取当地负责同志的汇报，并下乡直接向农民了解情况，发现真正缺粮户仅有 5%左右。他还欣喜地见到农民生产情绪高涨，大多数人对统购统销满意。回京后亲自整理了《江苏视察报告》呈送毛泽东，"自感归时的心情比去时增加了乐观"，再次亲身体验了从群众中来，到群众中去的民主路线的正确性。

1956 年 10 月，黄炎培主持召开中国民主建国会中央常务委员会扩大会议，及在 11 月召开的第一届中央委员会第二次全体会议，采取了批评和自我批评的方法总结经验。这是黄炎培对"民主"的具体运用。毛泽东得知这个信息，于 12 月 4 日致信黄炎培："批评和自我批评这个方法竟在你们党内，在全国各地工商业者之间，在高级知识分子之间行通了，并且做得日益健全，真是好消息。"黄炎培是"民主"的渴望者，真诚的执行者。

03

以纪治党，依法治国

——严惩黄克功、张子善、刘青山

○ 1942 年，毛泽东发起整风运动。图为他在延安给干部作报告

1937年10月，延安发生了一起骇人听闻的事件。抗日军政大学第六队队长黄克功因恋爱失败，在延河边枪杀了陕北公学学生刘茜。

黄克功少年时加入红军，参加过井冈山的斗争，是毛泽东、贺子珍接触较多的战友，红军长征中，是毛泽东“得意之笔”的四渡赤水的娄山关战斗中立了头功的猛虎，在延安抗日军政大学任第六队队长，年轻有为，受到组织的重视和群众的尊敬。唯有一个心病，年已26岁，没有女朋友，见他人成双成对，羡慕不已，就似火烧眉毛，急于找对象，急于成婚。

1937年大批爱国知识分子，冲破国民党反动派的封锁阻拦，来到抗日圣地延安。一位美丽、年轻、活泼的姑娘刘茜，从山西太原来到了抗日军政大学学习，编入第六队学员队，队长是黄克功。激情似火的黄克功千方百计追求刘茜。年轻的老革命的关爱，使刘茜十分感动，两人很快坠入了爱河。在爱情的滋养下，刘茜迅速成为“年龄最小，表现最好”的学员，多次要求上前线打日本鬼子。

黄克功虽是一位红军干部，年轻有能力，但文化低，不善言辞；刘茜家境殷实，是一位有文化的知识分子，两人共同语言不多，性格也有差异，一个活泼，爱交际，一个木嘴，多疑。刘茜与其他男同学在一起活动，黄克功就大发雷霆，令刘茜难受烦恼。

正当他们处于冷战期间，组织上把刘茜等学员调到陕北公学继续学习、深造，见面的机会少了。在来往书信中，黄克功不是倾诉衷肠，而是反复指责刘茜。刘茜开初还做些解释，后来反感，最后提出分手。

10月5日晚，黄克功把刘茜拉到延河边，争争吵吵。黄克功火冒三丈，不容刘茜解释，就行使命令：“咱俩明天就结婚。”16岁的刘茜也就脱口而出：我嫁给谁也不嫁给你。黄克功拔出寒光闪闪的手枪顶着刘茜的脑袋：同意不同意？刘茜愤怒地回答：做梦去吧！话音未落，枪声响了。刘茜忍受剧痛，大呼救命，黄克功在慌乱中再次扣动扳机……

黄克功的枪声，惊动了延安城。有部分老同志主张严惩，挽回给红军造成的影响；有部分同志主张戴罪立功，让他上前线打日本侵略者；初到延安的青年女学生、知识分子思想动摇，产生疑惑。这枪声传到国民党统治区，反动派借此散布流言蜚语，阻挡进步青年进入延安抗日根据地。

黄克功的枪声激起的风波，引起毛泽东的特别关注，他立即指示边区政府认真处理这一恶性事件，亲自到抗大与学校领导研究如何处理这事件。抗大训练处处长李兴国坚决主张赦免黄克功，说 100 个刘茜也抵不上 1 个黄克功。黄克功自己也写信给毛泽东，希望看在过去的情谊上，给他血洒沙场的机会。

毛泽东说："我们的抗日救亡运动正在全国轰轰烈烈地兴起，不少青年学生向往延安。我们正处在从全国各地吸引爱国青年学生到延安来学习培养民族解放人才的时期，黄克功的所作所为，起了极大的破坏作用……"如果对黄克功不予严惩，共产党就会失去民心；中华民族的抗日斗争就会失去中流砥柱。他毅然致信陕甘宁边区高等法院院长雷经天，赞成法院对黄克功判处死刑。全文录于下：

雷经天同志：

你的及黄克功的信均收阅。黄克功过去斗争历史是光荣的，今天处以极刑，我及党中央的同志都是为之惋惜的。但他犯了不容赦免的大罪，以一个共产党员红军干部而有如此卑鄙的，残忍的，失掉党的立场的，失掉革命立场的，失掉人的立场的行为，如为赦免，便无以教育党，无以教育红军，无以教育革命者，并无以教育做一个普通的人。因此中央与军委便不得不根据他的罪恶行为，根据党与红军的纪律，处他以极刑。正因为黄克功不同于一个普通人，正因为他是一个多年的共产党员，是一个多年的红军，所以不能不这样办。共产党与红军，对于自己的党员与红军成员不能不执行比较一般平民更加严格的纪律。当此国家危急革命紧张之时，黄克功卑鄙无耻残忍自私至如此程度，他之处死，是他的自己行为决定的。一切共产党员，一切红军指战员，一切革命分子，都要以黄克功为前车之戒。请你在公审会上，当着黄克功及到会群众，除宣布法庭判决外，并宣布我这封信。对刘茜同志之家属，应给以安慰与抚恤。

毛泽东

一九三七年十月十日

这封信阐明了以纪治党，从严治党、治军、治政的理由：黄立功是在井冈山斗争、红军长征中有显赫战功的军事人才，是毛泽东很器重的年轻有为的老战士，但是，他缺乏道德修养，犯了"不容赦免的大罪"，失掉了党的立场、革命的立场，乃至人的立场。如果赦免，便无以教育党，无以教育红军，无以教育革命者，无以教育做一个普通的人。正因为他是一个多年的共产党员，多年的红军指战员，更必须从严惩治。

毛泽东历来主张以纪治党，从严治党、治军、治政。他在学生时代，在湖南省立一中的作文《商鞅徙木立信论》就有这一思想。他写道："法令者，代谋幸福之具也。法令而善，其幸福吾民也必多，吾民方恐其不布此法令，或布而恐其不生效力，必竭全力以保障之，维持之，务使达到完善之目的而止。政府国民互相倚系，安有不信之理？法令而不善，则不惟无幸福之可言，且有危害之足惧，吾民又必竭全力以阻止此法令。”这篇文章的重点议论幸福、人民与法律三者的关系。他认为：法令应是为人民谋取幸福的工具；好的法律“幸福吾民也必多”，人民对法律就会信服，就会维护法律的威严，务使它日趋完善。同时，还阐明了法律与诚信的关系，是毛泽东最早的法律观、法治观和诚信观，体现了中国传统的“言必信，行必果”的诚信观，令行禁止的行政观。毛泽东敏锐地指出了政府与人民的鱼水关系，只有国家与人民建立良性互动关系，人民才会对政府有信任感，只有建立在为人民谋福利之上，法令才会是善的。

毛泽东毅然“挥泪斩马谡”，让人民在司法案件中，感受到了共产党办事的公平正义，是公正立法、公正执法、依法执政、依法治国的典型。当年西南联合大学知名教授李公朴发表评论：“它为将来的新中国建立了好的法律的榜样。”老百姓称赞共产党办事公道，依法办事，为人民群众树立了严守法纪的榜样。民主人士赞扬共产党纪律严明，不论职位高低，资格多老，功劳多大，一旦犯罪就坚决处理，共产党纪律严明。即使是那些借“黄克功案件”大做攻击文章的报刊，也失语无声了。

刘青山、张子善贪污受贿案，是中华人民共和国成立后共产党执政时发生的，是新的历史条件下如何防止党不变色、国不变色的问题。刘青山、张子善贪污受贿案的揭露，立即引起毛泽东和中央领导的高度重视，下令彻底查处。

1951 年 11 月 29 日，华北局就天津地委严重贪污浪费的情况给毛泽东并中央的报告说：最近我们发现河北天津地委和专署有严重的贪污浪费和破坏国家政策法令的行为。据初步检查材料证实，前任地委书记刘青山和现任地委书记兼专员张子善，先后动用天津地区公粮，折款 25 亿元（注：旧币 1 万元等于现人民币 1 元）；宝坻县救济粮 4 亿元；干部家属补助粮，折款 1.4 亿元；从修潮白河的民工供应站中苛剥，获利 22 亿元；从修飞机场节余款和发给群众房地补价款中，贪污 45 亿元；冒充修建名义，向银行骗取贷款 40 亿元。总计贪污挪用公款约 200 亿元，投入地委机关生产，作投机倒把的违法活动。为贪图暴利，曾利用蜕化干部从东北盗运木材达 4000 立方米，勾结私商张文义等贩卖大批马口铁，从中贪污中饱，破坏国家政策。刘青山、张子善日常生活铺张浪费，任意挥霍。仅以有账可查者，达 5 亿元，向上级送礼达 1.3 亿元。张子善为消灭证据，曾亲手焚毁单据 178 张，约计 1.5 亿元。

11 月 30 日毛泽东起草中共中央批转华北局关于刘青山、张子善贪污受贿案调查处理情况的报告，批示道：天津地委前书记刘青山及现书记张子善均是大贪污犯，已经华北局发现，并着手处理，我们认为华北局的方针是正确的。这件事给各级党委提出了警告。必须严重地注意干部被资产阶级腐蚀发生严重贪污行为这一事实，注意发现、揭露和惩处，并须当作一件大斗争来处理。

12 月 1 日，中共中央迅速做出了《关于实行精兵简政、增产节约、反对贪污、反对浪费和反对官僚主义的决定》。随后，全国各地紧锣密鼓地开展以增产节约为中心的反贪污、反浪费、反官僚主义的斗争。

12 月 14 日，中共河北省委根据调查与侦讯结果，向华北局提出了对刘青山、张子善的处理意见：刘青山、张子善凭借职权，盗窃国家资财，贪污自肥，为数甚巨，实为国法党纪所不容，以如此高级干部知法犯法，欺骗党，剥削民工血汗，侵吞灾民粮款，勾结奸商，非法营利，腐化堕落达到极点。若不严加惩处，我党将无词以对人民群众，国法将不能绳之他人。

毛泽东对刘、张的量刑很慎重，召集各级领导讨论，广泛倾听基层群众呼声。从保障党不变色、国不变色出发，决定对刘青山、张子善处以极刑，杀一儆百。可是有些近视老干部，不能从全局出发，不能从人民利益出发，不能从巩固人民政权出发，依然替刘青山、张子善“说情”。毛泽东斩钉截铁地回答：不论职位高低，过去功劳多大，都必须依法严惩干部中的贪污腐化变质分子。宋代大诗人苏东坡说：“物必先腐，而后虫生。”他建议大家重读郭沫若的《甲申三百年祭》，阅读《资治通鉴》。他简洁明确地说：治国就是治吏；礼义廉耻，国之四维，四维不张，国之不国。如果我们党的干部变得寡廉鲜耻，贪污无度，胡作非为，而我们国家还没有办法治理他们，那么天下一定大乱。

1952 年 2 月 10 日，刘青山、张子善，经河北省人民法院公审，中央人民政府最高法院批准，被执行死刑。

处决刘青山、张子善震动了全国，各地迅速地掀起了反贪污、反浪费、反官僚主义的斗争和反行贿、反偷税漏税、反盗骗国家财产、反偷工减料反盗窃国家经济情报等“三反”“五反”运动，打退了不法资本家的犯罪活动，确保了社会的稳定、党政干部的廉洁，国民经济迅速恢复、发展。后来，毛泽东回顾说：杀刘青山、张子善时我讲过，杀他们两个，就是救了两百个、两千个、两万个啊！我说过的，杀人不是割韭菜，要慎之又慎。问题若是成了堆，就要积重难返了。

★

结束语

为国为民、无私奉献是毛泽东价值观的核心

毛泽东的价值观自成一套体系。世界观是其理论基础，人生观是世界观的核心，价值观又是人生观的核心。这三者之间是一个同心圆。

毛泽东一生的书信、谈话、讲演、题词和社会实践，都是以人民为主体，核心是为国为民无私奉献。

“人民”是毛泽东价值观的主体意识由来已久。人民，在他的心眼里是“上帝”。他在少年时代生活在贫苦农民的海洋中，深知人民的苦楚；他受儒家书籍的影响，有“为生民立命”的传统伦理；后来又接受“人生而平等”的外来观念，特别是在长期的革命实践中，产生了为人民谋幸福的使命感、责任感。在他产生改造社会的观念时，就发出这样的呼声：“世界什么问题最大？吃饭问题最大。”让所有的中国人都吃上饭、吃好饭、吃饱饭，是毛泽东青少年时代就产生了的朴素愿望。中共一大后，毛泽东领导湖南工人运动，是以争取“劳工的生存权”相号召：“一个人在‘老’‘少’两段不能做工的时候应该都有一种取得保存他生命的食物的权利，这就是生存权。”1921 年 11 月，他在《劳工周刊》上发表文章：“劳动组合的目的，不仅在团结劳动者以罢工的手段取得优益的工资和缩短工作时间，尤在养成阶级的自觉，以全阶级的大同团结，谋全阶级的根本利益。”在领导农民运动时，他指出：革命就是要打倒封建地主阶级，“使中国大多数穷苦人民得享有经济幸福”。

1949 年 10 月 1 日，毛泽东伫立在天安门城楼上，按下电钮，亲手升起了中华人民共和国第一面五星红旗。随后天安门广场里 30 万人民举起彩旗，引颈高呼：“中国共产党万岁！”“毛主席万岁！”“中华人民共和国万岁！”毛泽东面对这激动的场面，伸出巨手高呼：“人民万岁！”“同志们万岁！”领袖与人民的呼声融为一

体，有如春雷，响彻了天安门的上空，震动了世界的东方。

“人民万岁！”是毛泽东为之奋斗的终身事业。在人民没有夺取政权之前，他为人民共和国的建立，南征北战，呕心沥血。在中华人民共和国成立之后，他为巩固人民政权，运筹帷幄，殚精竭虑。他在生命的最后一息，还在为人民政权的千秋万世而操劳。他批阅的最后一份文件是中共中央关于唐山地震的调查报告。他躺在床上，忍着心绞痛，看完报告，流着眼泪说：“华国锋，你代表我去看望唐山人民，一定要把灾区人民的生活安排好。”

在毛泽东的心里，除了胸有“人民”外，别无他物。周恩来说得好：“毛泽东是在中国的土壤中生长出来的巨大人物。”“我们的领袖是从人民当中生长出来的，是跟中国人民血肉相联的，是跟中国的大地、中国的社会密切相关的，是从中国近百年来和‘五四’以来的革命运动，多少年革命历史的经验教训中产生的人民领袖。”以人民为中心，人民至上，为民情怀，贯穿毛泽东一生。他始终生活在人民群众中，与人民心连着心。韶山的农民，井冈山的樵夫，北戴河的渔民，武汉、天津的市民，黄河岸边的纤夫……都有人握过毛泽东的巨手，与毛泽东拉过家常。毛泽东时刻关注着工人、农民、战士，在安源，在井冈山，在瑞金，在延安，都留下了许多动人的故事。

中华人民共和国成立后，也有不少动人的故事。一天，战士马维回家探亲带回了一个黑馒头，又黑又硬。毛泽东接过来，边吃边掉泪，说：我们是社会主义国家，我们的农民不应该吃这种窝窝头！要想个办法，想个办法。这一夜，他通宵未眠，“为什么是这样子呢？……”他停止不了思索，“人民当家作主了，不再为地主种田，是为人民群众自己搞生产，为什么生产力得不到解放呢？……”他连声自责：“对不起人民，对不起人民。”深感自己决策有错误。郑板桥有诗云：“衙斋卧听萧萧竹，疑是民间疾苦声。些小吾曹州县吏，一枝一叶总关情。”毛泽东常诵读此诗，鞭策自己，教育干部和身边工作人员。

以谁的利益和要求作为价值标准，是任何价值体系中的一个根本问题、核心问题。毛泽东的价值观，是人民主体论的价值观，是以人民群众的利益、要求、实践，作为最高价值标准和评价标准。他一生的著作、书信、题词和社会实践，都是以人民的利益为归真。他一生强调情为民所系，权为民所用，利为民所谋，全心全意、完全彻底为人民服务，是衡量人生价值的最高标准。他在悼念张思德会上论述人生价值：“人固有一死，或重于泰山，或轻于鸿毛。为人民利益而死，就比泰山还重；

替法西斯卖力，替剥削人民和压迫人民的人去死，就比鸿毛还轻。张思德同志是为人民利益而死的，他的死是比泰山还要重的。”

毛泽东在为中国人民的解放和社会主义建设事业不懈奋斗的一生中，彰显出的一个伟大革命领袖高屋建瓴的政治远见，坚定不移的革命信念，博大精深的理论、思想，勇于开拓创新的胆识、魄力，杰出高超的领导才能，炉火纯青的斗争艺术，坦荡宽广的胸怀，以民为本，心系人民，艰苦奋斗，全心全意为人民服务的精神，都源于他的为国为民、无私奉献的人生价值取向。

为国为民、无私奉献，是为了一个目的——中华民族的伟大复兴。1919 年毛泽东曾豪迈地预见：“他日中华民族的改革，将较任何民族为彻底，中华民族的社会，将较任何民族为光明。”

1949 年 9 月 21 日，毛泽东在中国人民政治协商会议第一届全体会议上庄严宣布：“占人类总数四分之一的中国人从此站立起来了。”实现了民族独立，人民当家作主的第一个目标。毛泽东充满信心地向参加会议者展望：“只要我们仍然保持艰苦奋斗的作风，只要我们团结一致，只要我们坚持人民民主专政和团结国际友人，我们就能在经济战线上迅速地获得胜利。随着经济建设的高潮的到来，不可避免地将要出现一个文化建设的高潮。中国人被人认为不文明的时代已经过去了，我们将以一个具有高度文化的民族出现于世界。”

今天，我们在习近平总书记领导下，在习近平新时代中国特色社会主义思想指导下，为实现中华民族伟大复兴的中国梦，正在进行新的长征。

实现中国梦，必须坚持走中国特色社会主义道路，必须弘扬以爱国主义为核心的民族精神，以改革创新为核心的时代精神，必须培育和践行社会主义核心价值观。因此，挖掘、继承、发扬毛泽东书信、著作、题词、谈话中蕴藏的以为国为民、无私奉献为精髓的价值观是有现实意义的。

2018 年 8 月 21 日习近平总书记在全国宣传思想工作会议上提出“举旗帜、聚民心、育新人、兴文化、展形象”是宣传思想工作的使命任务。他特别强调：“要强化教育引导、实践养成、制度保障，把社会主义核心价值观融入社会发展各方面，引导全体人民自觉践行。要抓住青少年价值观形成和确定的关键时期，引导青少年扣好人生第一粒扣子……要弘扬新风正气，推进移风易俗，培育文明乡风、良好家风、淳朴民风，焕发乡村文明新气象。”《毛泽东书信故事》的出版，对于“把社会主义核心价值观融入社会发展各方面，引导全体人民自觉践行”，正逢其时。

后记

《毛泽东书信故事》（原名《爱国、为民、奉献——毛泽东书信中的社会主义核心价值观》），是湖南省哲学社会科学基金2017年度规划项目，也是《湖南红色基因文库》编纂书目之一。

本书的撰写，经历了资料汇篇型、学术研究型、故事型等艰辛漫长的写作过程。原中共湖南省委党史研究室研究员唐振南把多年积累的部分毛泽东思想研究资料，于2013年汇编成《为民、求是、创新》。时任中共湖南省委组织部部长、省党史人物研究会会长赵培义作序，认为这本资料集“从四个不同的角度阐明了毛泽东是马克思主义中国化的开创者”。“从这本书，大体上可以看出毛泽东的成长过程、个性特征、人生观、价值观和主要贡献”。

在习近平总书记关于社会主义核心价值观的启示下，唐振南以“为民”部分做资料基础，撰写了《爱国、为民、奉献——毛泽东书信中的社会主义核心价值观》一书，在中共湖南省委宣传部副部长萧君华、省哲学社会科学规划基金办公室原主任骆辉、主任陈湘文同志关怀下，列入湖南省哲学社会科学基金2017年度规划项目。

本书是研究毛泽东、认识毛泽东的著作，凝聚了唐振南的汗水与心血。中共湖南省委党史研究院副院长王文珍参与了提纲研究编写指导和审改把关。彭岗、邹标昌、茶陵县档案史志局干部高青参与了本书的修改、统稿、编辑工作。原中共湖南省委党史研究室主任庄超、巡视员夏远生，湘潭大学教授李佑新，中共湖南省委第九巡视组组长赵强审读了书稿。在此，对本书成果得以问世做出帮助、贡献的同志，表示衷心的感谢。

由于编著者知识浅薄，书中不足之处，欢迎读者批评指正。

本书编纂组

2019年9月